文春文庫

その科学が成功を決める

リチャード・ワイズマン
木村博江訳

文藝春秋

私の良き友へ
変化の時代に

目次

その科学が成功を決める

はじめに

ソフィーの疑問
「自己啓発って、本当に効果あるの？　科学的な裏づけがあって、しかもすぐに効き目のある方法はある？」

あなたは、いまの自分を変えたいですか？　スリムになりたい、理想の相手を見つけたい、念願の仕事をはじめたい、とにかくしあわせになりたい。それなら、つぎのことを実行しましょう……。

目を閉じて、生まれ変わった自分を想像するのです。体にぴったりフィットしたデザイナージーンズできめ、ブラッド・ピットかアンジェリーナ・ジョリーとデートをするあなた。企業のトップにのぼりつめ、贅沢な革張りの椅子にゆったり腰かけるあなた。おだやかな波が打ち寄せるカリブの海岸で、ピニャコラーダ・カクテルを楽しむあなた。

このたぐいのことを実行するようにと、すでに何年も前から自己啓発の本やセミナーは勧めている。だがあいにく、大規模な調査によると、このたぐいのことを実践しても効果はなく、悪くすると有害な場合もあるという結果がでている。理想的な自分の姿を想像するのは、たしかに気分がいい。だが、こうした現実逃避を続けると、落とし穴が待っている。成功へのけわしい道のりに対して心構えがないため、困難を乗り越えることができず、最初の障害で早くも挫折してしまうのだ。地上で天国を夢見るだけでは、夢を現実には変えられない。

生き方が変わるとうたわれた数々の自己啓発の方法にも同様なことが言えるようだ。たとえばマイナス思考を頭から閉め出して、ひたすら「自分はしあわせだ」と思う方法は、逆に自分をふしあわせにすることばかり考える結果を招く。何人かが集まってたがいにアイディアを出しあう集団思考の方法は、個人が一人で考える場合にくらべて独創的なアイディアが出にくい。枕を叩いて大声でわめくという方法は、怒りやストレスを解消させず、むしろ増やしてしまう。

そしてかの有名な「イェール大学の目標達成研究」はどうだろう。一九五三年に、ある研究チームがイェール大の高学年の学生に面接し、うち三パーセントの学生に人生で達成したい目標を書き出してもらった。二十年後、同じチームが追跡調査をおこなった結果、目標を具体的に書き出した三パーセントの学生のほうが、書き出さなかった九七パーセントのクラスメートより成功していたという。感動的な話であり、目標を立てるとそれが力になる実証例として、自己啓発の本やセミナーでよく引用された。だがこの話には小さな問題が一つだけある――現在わかっているかぎりでは、この実験が実際におこなわれたという形跡はないのだ。二〇〇七年に、アメリカのビジネス誌「ファスト・カンパニー」の記者ローレンス・タバクがこの研究について追跡を試み、話を引用した自己啓発本の著者数名と、一九五三年にイェール大にいた学生部職員や研究員に連絡をとり、実験の事実をたしかめた。[1]だが誰一人実験がおこなわれた証拠を見つけだせず、タバクはこの話を広く流布した都市伝説にすぎないと結論した。自己啓発の権威たちは、事実を確認しないまま根拠として使っていたのだ。

世の人たちもビジネス界も、こうした現代の神話をうのみにしたために、目標や野心をかえって達成できなかった可能性もある。しかも悪いことに、挫折した人の多くは、自分には人生を切り拓く力がないと思い込んでしまう。これはとても不幸なことだ。ごくささいなことでも、無力感はその人の自信や幸福、さらには命にまで影響しかねない。ハーヴァード大学教授のエレン・ランガーがおこなった、有名な研究がある。ある介護施設で入居者全員に鉢植えの植物を配ったうえで、半数にはみずからその世話をしてもらい、べつの半数には植物の世話は施設の職員がすると言った。六か月後。そんなちょっとした仕事もさせてもらえなかった人は、植物の世話をした人にくらべて幸福感、健康、活力が大幅に減少した。[2]さらに悲しいことに、その間の死亡率をくらべると、植物の世話をした人たちの死亡率は一五パーセントだったのに対し、世話をしなかった人たちの場合は三〇パーセントだった。そして教育、仕事、健康、人間関係、ダイエットなど多くの分野でも、同様な結果がでている。そこからはっきり読み取れることがある――自分には人生を変える力がないと感じる人は、その力があると思う人より成功する率が少なく、精神的にも肉体的にも健康が保ちにくい。

数年前、私はソフィーという友だちとランチをした。ソフィーは仕事のできる三十ン歳の聡明な女性で、経営コンサルタント会社の上級職に就いている。ランチの合間に、彼女はしあわせになるための方法が書かれた有名な本を最近買ってみたのだが、自己啓発本についてどう思うかと訊ねた。私は自己啓発で勧められている方法の中には、科学的にかなり疑問のあるものもあると話し、自分を変えられなかった挫折感がどれほど精神的に人を傷つけるか説明した。ソフィーは表情を曇らせ、心理学的な根拠のある自己啓発の方法は作れないのと訊ねた。私は幸福感について込み入った専門的な説明をはじめた。だが、十五分ほど経ったところでソフィーがさえぎった。とても興味深いお話だけど、もっと手っとり早い方法はないのかしら。「手っとり早いって、時間にすると?」私が訊いた。彼女は腕の時計に目をやり、にっこりして答えた。「そうね、一分くらい?」

ソフィーの言葉に刺激され、私は考えはじめた。多くの人が自己啓発に興味をもつのは、それが人生の問題に手っとり早い解決法をあたえるからだ。あいにく、学問的な心理学はそうした方面に関心を向けず、答えのだし方もはるかに複雑で時間がかかる——ウディ・アレンの映画「愛と死」には、アレン演ずる主人公がセラピーを受け、目覚めたら二百年後になっていたことに気づき、こんなに時間をかければ治るのは当たり前だとぼやく場面がある。だが専門的な論文の中にも、確実な裏づけがあると同時に、実践に時間がかからない方法へのヒントが隠れていないだろうか。私は探ってみることにした。

数か月のあいだ、私は多岐にわたる心理学の研究論文が載っている専門誌を読みあさった。調べていくうちに、期待できそうなパターンが見えてきた。それぞれちがう分野で研究している科学者たちが、目標や野心を数か月ではなく数分で達成する方法を開発していた。私は行動科学の各分野から数百種の研究結果を集めた。気分にかかわることから記憶まで、説得から先延ばし行動まで、回復力から対人関係まで。それらの結果から見えてきたのは、手っとり早く自分を変えるための新しい科学だった。

昔から伝わる有名な話がある。講義の息抜きによく使われる、壊れたボイラーを修理する男の話だ。男は何か月も悪戦苦闘したのだが、直すことができない。彼はついにあきらめて専門家を呼んだ。技術者がやってきてボイラーの横を軽く叩くと、あっという間に直ってしまった。技術者が請求書を差し出すと、男は「一分しかかからなかったのだから」と修理代を値切った。すると技術者は、「この請求額はボイラーを叩いた時間に対してではなく、叩くべき場所を正確に見分けられるまでにかかった年数に対しての金額です」と説明した。このベテラン技術者と同じように、この本でご紹介する人生改善の方法には、じつのところ一分もかからない。肝心なのは、どこを叩けばいいかを正確に知っていることなのだ。

実験Ⅰ

「自己啓発」はあなたを不幸にする！

マイナス思考を抑制しようとすると、人はかえってその考えにとり憑かれてしまう

……ハーヴァード大学の心理学者ダニエル・ウェグナーの研究

宝くじに当たった人は、幸せではなかった

……ノースウエスタン大学、フィリップ・ブリックマンの調査

人間の幸福感のおよそ五〇パーセントは遺伝で決まっていて、変えることができない

……カリフォルニア大学の心理学者ソニア・リュボミルスキーの研究

しあわせは、なぜだいじなのだろう。ひとつには、そう、気分がよくなるから。だが、それだけではない。幸福はあなたの人生を楽しくすると同時に、人間としての成功にも仕事上の成功にも影響をあたえる。

数年前、カリフォルニア大学の心理学者ソニア・リュボミルスキーは二〇〇五年に仲間と共同研究をおこない、参加者をいい気分にさせたあと、その幸福感がどんな効果をもたらすか観察した。(1) 気分をよくするためにとられた方法は、摘みたての花の香りをかがせる、前向きな言葉を声にだして言わせる（「私はすばらしい人間だ」など）、チョコレートケーキを食べさせる、ダンスをさせる、笑える映画を見せるなど、さまざまだった。ときには意図的に「あなたの知能テストの結果は、非常に優秀だった」と伝えたり、〝たまたま〟道に落ちていたお金を拾わせたりもした。そしてどのような方法をとっても、導きだされた結果は明白だった。幸福は成功から生まれると同時に、成功を生む原因にもなるのだ。

二十五万人以上を対象にした何百件もの調査結果から、リュボミルスキーは幸福感の大きなメリットを発見した。幸福感は人を社交的にし、他人思いにさせる。自分と自分以外の人たちに対する愛情が強まり、問題解決能力が高まり、免疫システムも丈夫になる。その累積効果によって、人はよりよい人間関係を築き上げることができ、充実した人生を長く健康に送れるようになる。

そんなふうに、幸福には有形無形のメリットが数多くあるので、誰もがそれを望むのも無理はない。だが、たえず笑顔でいるために最も効果があるのはなにか。そう訊ねた場合、いちばん多く返ってくる答えは、「お金」ではなかろうか。数々の調査を見ても、幸福のために「欠かせないもの」の筆頭に、〝分厚い財布〟があがっている。[2] だが、しあわせは本当にお金で買えるのか。お金を求める者には、破滅への道が待ってはいないのだろうか。

宝くじに当たった人はしあわせになれた？

その疑問に一つの答えをだしたのが、一九七〇年代にノースウエスタン大学のフィリップ・ブリックマンが仲間とおこなった画期的な研究だ。[3] ブリックマンは、経済面で夢がかなったとき、人の幸福になにが起きるか調べてみたいと考えた。たなぼた的な運の良さで手に入れた幸福は長もちするのか。ひょっとすると最初の興奮はたちまち色あせ、恵まれた身の上が当たり前に思えてくるのではないか。ブリックマンは、イリノイ州の宝くじで莫大な賞金を引き当てた人たち（百万ドルを獲得した人もいた）に連絡をとった。同時に比較対照グループとして、彼はイリノイ州の電話帳から無作為に参加者を選びだした。そして全員に自分の現在のしあわせの度合と、将来どれくらいしあわせになりたいかを答えてもらった。さらに、毎日どれくらい楽しいことがあるかについても訊ねた。友だちと話す、笑える冗談を聞く、誰かにほめられる、などである。えられた結果から、幸福感とお金の関係について驚くべき事実が明らかになった。

一般に考えられているように、宝くじに当たった人のほうが当たらなかった人よりもしあわせ、ということはなかったのだ。そして将来のしあわせにかんしても、両者のあいだに大きなちがいはなかった。実際に、ちがう点は一つだけだった——宝くじに当たった人にくらべ、当たらなかった人のほうが日々の単純なことがらに喜びを見いだす度合が高かったのである。

ただし宝くじに当たるというのは、富をえる方法としては例外的だ。そこで心理学者は、働いて富をえた人たちの収入と幸福感との関係についても調べた。

その一つが、社会心理学者デヴィッド・G・マイヤーズがおこなった大規模な調査だった。人びとに自分の幸福度を査定してもらい(「非常に不幸」から「非常に幸福」までの十段階で評価)、国民総生産(GNP)に照らし合わせてその国の平均的な幸福度を割り出したのだ。[4] その結果、非常に貧しい国の人たちは富裕な国の人たちほどしあわせではないが、国家が適度なGNPを獲得した段階でその差はなくなることがわかった。給料と幸福との関係を調べた研究でも、同様なパターンが見られた。

イリノイ大学のエド・ディーナーが仲間とおこなった研究では、フォーブス長者番付トップ一〇〇に入る人たちでさえ、平均的なアメリカ人よりごくわずかにしあわせなだけだった。そのすべてを総合すると、一つの単純な事実が見えてくる。生きていくうえでの必要がみたされた場合は、収入が増えても人の幸福度が大きく変わるわけではない。

なぜ、そうなるのか。人が環境に慣れやすいということも、原因の一つだ。人は新車や新しい家を買っても当座は気分が高揚するが、すぐに慣れてしまい、喜びの度合は購入前の状態にもどる。心理学者デヴィッド・マイヤーズはこう指摘している。「名声や財産に対する人間の適応能力のおかげで、昨日の贅沢も、たちまち今日には当たり前に、そして明日には思い出になってしまう[5]」。お金で幸福が買えないとしたら、あなたがずっと笑顔でいるために、どんな方法がいちばんなのだろう。

リュボミルスキーの研究結果によると、あいにく人の幸福感のおよそ五〇パーセントは遺伝で決まっていて、変えることができないという[6]。そして一〇パーセントは、急には変えられない環境（教育、収入、既婚者か独身かなど）で決まる。だが、さいわい、残り四〇パーセントはあなたの日常的な行動や、あなたが自分や身の回りの人たちをどう受け止めるかによって変わってくる。つまり、ほんの少し知識があれば、あなたのしあわせ度はわずか数秒で大幅にアップするのだ。

プラス思考はしあわせをもたらす？

問題なのは、自己啓発の本やセミナーであたえられる助言が、科学的な研究結果と一致しない点だ。たとえば、プラス思考の威力。しあわせへの道は、マイナス思考を頭から閉め出しさえすれば、本当に開けるのだろうか。研究報告によると、そのように思考を抑えつけた場合、実際にはふさぎの虫が減るどころか増えてしまう可能性が高い。

一九八〇年代のなかばに、ハーヴァード大学の心理学者ダニエル・ウェグナーはドストエフスキーの著作『冬に記す夏の印象』の中に、少々風変わりながら興味をそそるつぎのような文章を見つけた。「ためしに自分にむかってこう命令してみたまえ。北極熊のことを考えてはいけない。するとその呪われた熊が、いつも君の頭から離れなくなってしまう」。ウェグナーはこの話が本当かどうか、単純な実験をしてみた。参加者に一人ずつ部屋に入ってもらい、ドストエフスキーの白い熊のことだけは考えないようにと頼んだのだ。そして禁じられた熊が頭に浮かんだら、そのたびにベルを押してもらった。するとあっという間にベルの音があちこちで鳴り響き、ドストエフスキーの言葉の正しさが証明された。ある考えを抑制しようとすると、人はかえってその考えにとり憑かれてしまうのだ[7]。

この効果が実生活にあたえる影響を調べたのが、ニューヨーク州ハミルトン大学のジェニファー・ボートンとエリザベス・ケイシーだった。二〇〇六年に二人がおこなった

実験は、思考の抑制が人の気分と自信にどのような影響をあたえるかを、鮮やかに示して見せた。(8)

ボートンとケイシーは、参加者全員に自分自身の最大の欠点を書き出してもらった。そして半数の人たちには続く十一日間はそのことを考えないように伝え、残りの半数にはふつうに暮らしてもらった。そして全員に、一日ごとに自分の欠点についてどのくらい考えたか書きだしてもらい、毎日の自分の気分、不安レベル、自信度を評価するよう頼んだ。

結果はウェグナーの「白熊」実験の結果とほぼ同じだった。自分の欠点について考えまいとしたグループは、実際にはふだん以上に欠点について考えていた。そして思考を抑制したグループは、ふつうに毎日をすごしたグループにくらべ、自分自身について不安であり、憂鬱で、自信がないと答えた。すでに二十年以上にわたる研究で、この矛盾した現象が私たちの日常のさまざまな面で起きることがわかっている。たとえば、ダイエット中の人にチョコレートのことを考えないようにしなさいと言えば、よけいチョコレートを食べてしまう。そして国政に馬鹿者を送り込んではいけないと大衆に訴えると、彼らはジョージ・ブッシュに投票してしまうのだ。

というわけで、マイナス思考を抑えつけることが解決にならないとしたら、どうすればいいのだろう。一つの可能性は、気をまぎらわすこと。家族とすごす、パーティーにでかける、仕事に熱中する、新しい趣味を見つける、などだ。ただしこの方法は人を短期的には幸福にさせるが、長期的な幸福感につながりにくい。それをおぎなうために、研究者たちは効果の高い日記をつけること、小さな親切を実行すること、感謝の気持ちをもつことを提案している。

実験結果1 悩みを他人に相談しても気持ちは晴れない

人は誰でも、生きているあいだにつらいできごとを経験する。長く続いていた関係が壊れる、愛する人が死ぬ、会社をくびになる。悪くすると、一日のうちにその三つが重なったりしかねない。いわゆる常識も、さまざまな心理セラピーも、不幸を乗り越える最良の方法はつらさを人と分けあうことだと教えている。「問題を分けあえば、つらさが半分になる」というこの方法を実行する人は、自分の感情を吐き出せば気持ちが浄化され、マイナスの感情を追い出して前に進むことができると信じている。たしかにいい方法に思えるし、感覚的に受け入れられやすい。一九九九年の調査によると、実際に九〇パーセントの人が、不幸な体験をほかの人に話せば気持ちがらくになると考えている。[9]だが、それは本当に事実だろうか。

嫌なことがあったら人に話すより、「打ち明け日記」を書こう

この問題について、ベルギーのルーヴァン大学の心理学者エマニュエル・ゼックとベルナール・リメが、二〇〇五年に重要な実験をおこなった。[10] 二人は参加者たちに自分が体験した嫌な体験の中から、電車に乗り遅れた、駐車スペースが見つからなかったなどのささいなことがらはのぞいて、「最も精神的に苦痛だったこと、いまも忘れることができず、人に話す必要を感じるできごと」を選び出してもらった。身近な人の死から離婚、病気から虐待まで、問題は深刻だった。そして半数の参加者には、そのつらいできごとについて話してもらい、もう半数の参加者には、ごく普通の典型的な一日について話すように頼んだ。一週間後と二か月後に、全員が研究室にもどり、自分が感じている幸福感についてアンケートに答えた。

自分のトラウマ体験を実験者に話した人たちは、話したことが役に立ったと感じていた。だが、アンケートの結果はべつの事実を物語っていた。じつのところ、話したことでなにかが変わった形跡はなかった。参加者は自分の嫌な体験を誰かと分けあうと気持ちが軽くなると考えていたが、実際の幸福感の度合は、平凡な一日について話した人たちと大差なかったのだ。

というわけで、嫌な体験を専門家以外の相手に話しても時間のむだだとしたら、過去の苦痛を癒やすにはどうすればよいのか。すでにご紹介したように、マイナス思考を抑えつけるのはよくない。[11] かわりに、「打ち明け日記」を書く、という方法がある。

トラウマ体験をした被験者に、毎日数分で自分の内部にある考えや気持ちを書いてもらう実験がいくつかおこなわれている。[12] たとえば、ある実験では解雇されたばかりの人に、失業が個人としての自分と職業人としての自分にどう影響したか、本音を書くように頼んだ。短時間で簡単に書いてもらったのだが、書き出すことで、被験者は心理面でも肉体面でも大いに元気づけられ、健康が回復し、自信や幸福感が増した。[13] これらの結果は、心理学者に謎を残した。トラウマ体験を人に話してもほとんど効果がなかったのに、それを書き出すとなぜこれほど効果が上がるのだろう。

心理学から言うと、話すことと書くことは大いにちがう。話をすると、とりとめがなくなり、あちこちに飛んだり混乱したりする場合が多い。かたや文章には筋道や構成があり、できごとに意味をもたせ、解決へ向かわせる力がある。ひとことで言えば、話すことは混乱をさらに深める可能性があるのに対し、書くことは系統立った問題解決への手段になるのだ。

この方法が、トラウマ体験をした不幸な人たちの役に立つのは明らかだ。だが同じような方法で、ふつうの人たちの日常的な幸福感も高めることが可能だろうか。たがいに関連のある三つの研究が、可能だと伝えている。

感謝をあらわす

幸福感を高めるための文章でだいじなポイントの一つが、感謝をあらわすことだ。人はある音や風景や匂いを体験し続けると、しだいにそれに慣れ、やがて意識をしなくなる。たとえば、焼きたてパンの匂いがする部屋に入った場合。あなたはすぐにいい香りに気づく。だが、しばらくその部屋にいると、香りは消えてしまう。実際に、もう一度香りを意識するには、いったん部屋をでてまた入り直すしかない。まさに同じことが、私たちの日常のさまざまな面で起きるのだ。幸福感も例外ではない。人は、なにかしらしあわせを感じるものをもっている。愛するパートナー、健康、かわいい子ども、やりがいのある仕事、親友、熱中できる趣味、やさしい両親、自分の家、きれいな飲み水、サイン入りのビリー・ジョエルのアルバム、お腹いっぱい食べられる食糧。だが時間が経つとともに、焼きたてパンの香りと同様その存在に慣れてしまい、ありがたみを感じなくなる。古いことわざにあるように、「ありがたみは、失ってはじめてわかる」のだ。

心理学者のロバート・エモンズとマイケル・マカラックは、パンの香りのする部屋をいったん出て入り直したときと同じ効果が、人の幸福感にも生じるかどうかを探った。人が自分の日常に存在するいいものを、あらためて意識したときの効果を調べたのだ。(14)二人は参加者を三グループに分け、週一回つぎのような項目で短く書き出してもらった。第一グループには、自分が感謝することを五つ。第二グループには、自分にとって嫌なことを五つ。そして第三グループにはその週に起きたできごとを五つ。「感謝」グループは、夏の夕陽を見たことから友だちの親切までを走り書きした。「嫌なこと」グループは、税金のことから子供同士の喧嘩までを書きだした。「できごと」グループは、朝食の用意から車での出勤についてまで、こまかく書きだした。結果は驚くべきものだった。「嫌なこと」と「できごと」グループの人たちにくらべて、「感謝」グループの人たちのほうが幸福感が強く、将来に対して楽観的で健康状態もよかったのだ。

理想的な未来を書き出す

しあわせを目指して文章を書く場合、感謝の気持ち以外にも書くことは数多くある。自分が思い描く自分の理想像もその一つだ。本書の「はじめに」では、ばら色の未来を思い描いても、目標が達成できるわけではないという研究結果をご紹介した。だが、べつの研究によると、笑顔になるためにはそうした夢が有効なようだ。サザン・メソジスト大学のローラ・キングは、二〇〇一年に有名な研究をおこなった。四日間にわたり、キングは参加者の第一グループに自分の理想的な未来を書き出すよう依頼した。あくまで現実から飛躍することなく、すべてが最高にうまくいって目標が達成された場面を想像してもらったのだ。第二のグループには、自分が悪夢のような体験をしたと想像して書いてもらい、第三のグループにはたんに翌日の計画を書き出すよう頼んだ。結果を見ると、自分の理想的未来を書いた人は、ほかの二グループよりはるかに幸福感が高かった。[15] 追跡調査で、キングは仲間とともに再度調査をおこない、今回は参加者に自分がこれまでに体験した最高の瞬間と、最悪の瞬間を思い出して書いてもらった。[16] そして三か月後に調べたところ、しあわせな瞬間を追体験した人たちのほうが、大きな幸福感を感じていた。

愛をこめて書く

最後にもう一つ、「愛情のこもった文章」の効果を調べた研究がある。愛のある人間関係が、その人の心身にいい効果をもたらすのは驚くにはあたらない。だが、それは愛を受けるからか、愛をあらわすからか、それともその両方のためなのか。それを知るために、アリゾナ州立大学のコーリー・フロイドが仲間と共同研究をおこなった。参加者に自分が愛している相手について考えてもらい、二十分のあいだになぜその相手が自分にとって大切なのかを書いてもらった。比較対照のため、もう一つのグループに前の週に起きたことがらを書き出してもらった。どちらのグループも、五週間のあいだに同じことを三回おこなった。この実験でも、こうした簡単な方法がめざましい効果をあげ、愛情をあらわす文章を書いた人は幸福感が大幅に増加し、ストレスが減り、コレステロール値もかなり下がった[17]。

というわけで、手っとり早く日々のしあわせを自分のものにしたければ、ある種の文章を書きだすと驚くほど効果があるようだ。感謝の気持ちを示す文章、理想的な未来を記す文章、そして愛をあらわす文章である。その効果は科学的に証明されており、必要なのはペンと紙と数分の時間だけだ。

成功へのステップ

あなたの日常に効果的な文章を書く習慣が取り入れられるよう、風変わりな日記をつぎのように考えてみた。その日あったことを記録する日記ではなく、幸福な未来を作り上げる項目に、自分で書き込んでいく日記だ。週のうち五日間、毎日違うテーマを立て、どの項目も数秒で書き込むこと。科学的研究によれば、一週間この日記をつけると、あなたは自分の気分や幸福感が変わったのに気づくはずだ。その効果は数か月続く(18)。効果が弱まってきたと感じたら、また日記をつけ直す。

月曜日：感謝する

感謝すべきことはあなたのまわりに沢山ある。親しい友がいる、素敵な恋人がいる、誰かがあなたのためになにかしてくれた、やさしい家族がいる、健康である、住まいがある、ちゃんと食事ができている。好きになれる仕事がある、いい思い出がある、最近うれしい体験をした――とてもおいしいコーヒーを飲んだ、知らない人がにっこり笑いかけてくれた、家に帰ったら愛犬が飛びついてきた、おいしいものを食べた、かぐわしい花の香りに思わず立ち止まった、など。この一週間を振り返って、そんなことがらを三つ書いてみよう。

1.

2.

3.

火曜日：しあわせな時間を思い出す

あなたの人生で最高の体験を一つ思い出す。突然うれしさがこみあげた瞬間――恋をした、すばらしい音楽を聞いた、感動的な舞台を見た、友だちと楽しいときをすごした、など。そんな体験を一つだけ選び、その瞬間にもどってみる。自分のまわりでなにが起き、自分がどんな気持ちになったかを思い出す。そしてその体験の内容と自分が感じた気分を書き出す。文法や文字の正確さや句読点などは気にせず、短時間で自分の思いをありのままに書き出す。

水曜日：夢の将来

自分の将来について書く。すべてが順調にいったと想像する。あくまで現実的に。だが懸命に働いた結果、目的や野心がすべて達成されたと考える。なりたかった自分になれて、個人としても職業人としても夢がかなった場合のことを思い描いて書く。書き出すことがそのままあなたの目標達成につながるわけではないが、気分はよくなり、笑顔になれる。

木曜日：親愛なる……

自分の人生に欠かせない、大切な存在を思い浮かべる——自分の伴侶、親友、家族など。その人が自分にとってどれほど大切か、当人に伝えるチャンスが一回だけあると考える。相手に短い手紙を書き、どれほど愛しているか、自分の人生にどれほど力をあたえられたかを伝える。

金曜日：思い返す

その週の七日間を振り返って、とてもうまくいったことを三つ書き出す。ささいなこと――駐車スペースがすぐに見つかったなど――でも、もっとだいじなこと――新しい仕事やチャンスが舞い込んだなど――でもいい。一つ一つについてその内容と、自分の気分がよくなった理由を、短時間で書き出す。

1. ……………………

2. ……………………

3. ……………………

実験結果2

しあわせはお金で買える？

不意にあなたの頭に、二つの言葉が浮かぶ。「買物」、「セラピー」。そのとたんあなたは、買物をすればいまよりしあわせになれると確信して、直近の靴屋や大型電器店へ走る。だが、買物セラピーは本当に効き目があるのか。新しい靴や、最新のCDプレーヤーを手に入れれば、実際にしあわせになれるのだろうか。なれるとしたら、そのしあわせはどれくらい続くのか。最新の研究が、これらの疑問に明確な答えを出している。重要なのは、同じ研究結果から、しあわせになるためのかしこいお金の使い方がわかることだ。

物を買っても満足感は長続きしない

心理学者のリーフ・ヴァン・ボーヴェンとトマス・ギロヴィチは、はたして幸福はお金で買えるのか、お金は品物（最新流行のドレスやかっこいい携帯電話など）に使うほうがいいのか、経験（レストランでの食事、コンサート、休暇旅行など）に使うほうがいいのかを調べた。二人はまず全国的な調査をおこない、回答者に自分がしあわせになるためにお金をだした品物と体験を書き出してもらい、買物で自分の気分が高揚した割合を答えてもらった。つぎにべつの調査で、参加者を任意に二つのグループに分け、片方のグループには自分が最近買った品物を、もう片方のグループには最近買った体験を書くように頼んだ。そして現在の気分を二通りに評価してもらった。悪い（マイナス4）からよい（プラス4）までと、悲しい（マイナス4）からしあわせ（プラス4）までの二通りである。するとどちらの調査でも、短期的・長期的な幸福感の両方で、体験を買うほうが品物を買うよりも人の気分をよくするという結果がでた[19]。

それはなぜだろう。体験に対する人の記憶は時間とともに変わる（旅をしても飛行機に乗ったときの嫌な思い出は薄れ、砂浜でくつろいだしあわせな瞬間だけが思い出される）。かたや品物は時間とともに汚れたり流行遅れになったりして、その魅力をうしないがちだ。そして体験は、幸福感を誘発する行動――ほかの人と一緒にすごす――をともなうことが多い。人とのまじわりは体験の一部に入り込むと同時に、自分の体験をあとで人に話すという形でも生じる。かたや最新の高価な品物は、それをうらやむ友人や家族からあなたを遠ざける場合もある。品物を人に取られまいとして、あなたが片意地で孤独な人間になってしまうかもしれない。

だが、しあわせを買うために品物より経験を選ぶということだけが、この話のすべてではない。ここで、次頁の十項目のリストをご覧いただきたい。[20]項目ごとに、自分にあてはまる度合を点数で書き出してみよう。いずれも長く考えず、正直に、そして先に評価結果を見たりせずに答えること。

もうおわかりだろうが、この質問表はあなたの物質中心指向の度合を測るために考えられたものである。点数が高い人ほど物の所有を重視しがちで、物をしあわせの中心と考えることが多く、もっている物で自分や他人の成功を測るところがある。それに対して点数の低い人は物よりも自分の体験や人間関係に価値を置く。中間の人は、どちらの要素も平均してもっている。

そして研究者がこうした質問表への回答とその人が感じる幸福感との関係を調べた結

項目ごとに1（「（自分には）まったくあてはまらない」）から、5（「非常にあてはまる」）まで点数をつける。

項目	まったくあてはまらない………非常にあてはまる				
	1	2	3	4	5
1 高級な車や家をもっている人にあこがれる。	1	2	3	4	5
2 自分が買った物で人生の成功を判断しがちである。	1	2	3	4	5
3 それほど必要のないものまで買いたがる。	1	2	3	4	5
4 高価な品物にかこまれているのが好きだ。	1	2	3	4	5
5 高級品をもっと所有できれば、人生はしあわせになると思う。	1	2	3	4	5
6 自分のほしい高級品を買えないといらつく。	1	2	3	4	5
7 高級品を買うと自分に満足を覚える。	1	2	3	4	5
8 友人や家族より物質的なものへのこだわりが強いようだ。	1	2	3	4	5
9 ブランド品のためなら大金を払ってもいいと思う。	1	2	3	4	5
10 ほかの人が羨ましがる物をもつのが好きだ。	1	2	3	4	5
合計点					

すべて点数をつけ終えたら、合計してみよう。
10〜20点＝低い。21〜40点＝中間。41〜50点＝高い。

果は、予測通りだった——点数が高い人は、ふしあわせで人生に満足していなかった。
もちろん、物質主義者がみなふしあわせ、というわけではない。だからたとえ得点が高くても、あなたはなにも気にせず不運など跳ね飛ばせるかもしれない（ただし、ひとこと釘を刺しておこう。心理学の研究結果によると、人はマイナスな結果に直面したとき、自分だけは例外と思いたがるものである）。

では、物質主義の人はなぜ幸福感が薄くなるのだろう。高級品をたえず自分のものにしようとして、経済的に行き詰まるからだろうか。いや、じつは問題は出ていくお金にあるわけではなく、お金を誰のために使うかにある。

物質主義の人は自己中心の傾向がある。たとえば四万ドルもらった場合、物質主義の人はそのお金を人のためより自分のために約三倍使う。そしてほかの人についてどのていど考えているかを測る質問（「私は家に客を呼ぶのが好きだ」「私は友人によく物を貸す」など）をしてみると、彼らの答えはきわめて自己中心的である。つぎにご紹介する研究結果が示すように、これは幸福感という点ではマイナス効果をもたらす。

お金を自分のためより人のために使うと、幸福感が強まる

ブリティッシュ・コロンビア大学のエリザベス・ダンは、二〇〇八年に仲間と共同でお金の収支と幸福感との関係について調べた。彼女はある全国調査で、参加者に自分の幸福感について採点を頼んだうえで、自分の収入と、自分のために使う金額および自分

以外の人や寄付に使う金額を書き出してもらった。そしてさらにべつの研究で、会社員を対象に三千ドルから八千ドルのボーナスを受け取る前と受け取ったあとの、出費と幸福感の関係を調べた。すると、結果にはつねに同じパターンが見られた。収入の多くを自分のため以外に使う人のほうが、自分のために使う人よりもはるかに幸福感が大きかったのである。(22)

もちろん、疑い深い物質主義者は、それでは因果関係が逆ではないかと反論するかもしれない。ほかの人にお金を使うからしあわせになるのではなく、しあわせな人がほかの人にお金を使うのだと。うがった指摘であり、ダンとそのチームもその点に注目して画期的な実験をおこなった。参加者に五ドルないし二十ドルが入った封筒を渡し、その日の夕方五時までにそのお金を使ってもらったのだ。参加者は任意に二つのグループに分けられ、片方のグループはお金を自分のために使うように、もう片方のグループはその思いがけない収入をほかの人（友人や家族など）に使うように、それぞれ指示された。その結果、「しあわせな人がほかの人にお金を使う」説は、あたっていないことが判明した。じつのところ、自分がえた金額の大小に関係なく、友人や家族のためにお金を使った人のほうが、自分のために使った人よりしあわせを感じる度合が明らかに高かったのだ。

なぜそうなるのか。答えは、あなたの脳の中にあるようだ。オレゴン大学の神経経済学者ウィリアム・ハーボーは、二〇〇七年に実験をおこなった。架空の銀行口座に百ドルあるという前提で、参加者の脳の動きをスキャナーで調べたのだ。参加者はまず、自分の金の一部が貧しい人のため税金として強制的に徴収されると知らされる。そして残りの金額を寄付するか自分のためにとっておくか、決めるように言われる。スキャンした結果、進化の中で古くから存在する二つの脳の部位——尾状核《びじょうかく》と側坐核《そくざかく》——の動きが、金が貧しい人のために徴収されたときに活発になり、自発的に金を寄付したときとりわけ活発になることがわかった。[23]尾状核と側坐核は、私たちの最も基本的な欲望がみたされたとき活発に働く部位である。おいしいものを食べたり、人からほめられたりするときなどだ。つまり、ほかの人を助けることと幸福感のあいだには、脳の働きと直結した関係があると言えそうだ。

　というわけで、科学的に言えば、買物セラピーをするなら、人のためにお金を使うほうが効果的だろう。あなたの脳に直接刺激があたえられ、あなたはしあわせを感じるようになる。

　もちろん、自分にはほかの人に寄付する経済的ゆとりなどないと言う人もいるはずだ。だが、あきらめるのは早い。二〇〇五年に、幸福心理の研究家ソニア・リュボミルスキーは仲間との共同研究で、参加者にお金のからまない親切な行為を週に五回、六週間にわたっておこなうよう頼んだ。内容は感謝カードを送る、献血をする、友だちを手伝うなど、簡単なことだった。参加者の中には一日一回ずつ親切な行為をした人も、一日で五種類の行為をぜんぶした人もいた。一日一回ずつ親切な行為をした人は、幸福感が少

し増した。かたや毎週一日のうちに五つの親切行為をすべてすませた人は、なんと四〇パーセントも幸福感が高まった。(24)

自尊心の低い子どもは物質主義になりがち

人を物質主義者にさせるものは、なんだろう。所有欲が強くなる原因は、その人の生まれつきの性格、子ども時代の環境、あるいは人生体験にあるのだろうか。心理学者ラン・グエン・チャプリンとデボラ・レダー・ジョンが二〇〇七年におこなった研究によると、物質主義のルーツは幼年時代にあり、おもに自尊心の欠如から生まれるという。(25)

二人はまず八歳から十八歳までの子どもたちを集めて、自尊心にかんする標準的なアンケートに答えさせた。「私は自分の外見に満足しています」などの項目を、自分にあてはめて採点してもらったのだ。つぎに二人は沢山の絵がついたボードを用意した。ボードごとにテーマが五つに分かれていた。趣味（キャンプ、スケートボードなど）、スポーツ（サッカー、テニスなど）、品物（新しい靴、自分専用のコンピュータなど）、人（友人や先生など）、そして自慢できること（いい成績、楽器が弾けるなど）である。子どもたちにボードを見せ、「自分がしあわせになれること」というテーマで、絵を組み合わせて貼り絵を作ってもらった。研究者は、この遊びの中で子どもたちが〝品物〟のボードから選んだ絵の割合を数え、子ども一人一人について物質指向を計算した。その結果では、自尊心と物質主義のあいだに強い関係が見られた。自尊心の低い子どものほうが、その他の子どもにくらべ、はるかに物質指向が強かったのだ。

だが、この原因と結果は方向が逆ではなかろうか。物質主義の傾向があるために自尊心が低くなるのでは？　この点を見きわめるため、研究者は子どもたちにおたがいのいいところを、紙の皿に書き出して、相手に渡してもらった。子どもたち一人一人が、自分の長所や自分へのほめ言葉が書かれた皿を受け取ったのだ。この「私のいいところ」の皿は、子どもの自尊心を大いに高めた。もっと重要なのは、その後「私がしあわせになれること」のコラージュ作りで品物の絵を使う割合が半分に減った点だ。つまり、自尊心の低さが物質主義の傾向を生みだすこと、そうした傾向は非常に幼いときから芽生えることが、はっきりと証明されたわけである。

そしてこの研究から、もう一つ読み取れることがある。ほかの人に少しお金を使ったり、小さな親切を実行したりすることと同じように、紙皿を使えばわずかな時間で人の考え方や行動が変えられる。

成功へのステップ

買うなら品物よりも体験を

しあわせを買いたいという方へ。あなたの貴重なお金を、体験に使いなさい。食事にいく。コンサート、映画、芝居へいく。休暇旅行へ出かける。ダンスを習う、バンジージャンプをする、などなど。ほかの人と一緒にできたり、あとでほかの人に話して聞かせたりできることであれば、なんでもいい。しあわせを求めるなら、本当にお金を払う価値があるのは品物より体験。そのことを、どうかお忘れなく。

お金を使うなら自分以外のことに

軽快にダンスのステップを踏んだり、赤ん坊のように泣き叫びながら地面に向かってジャンプしても、長続きするしあわせがえられるわけではない。お金は誰のために使えば、しあわせになれるか。そう訊ねられると、大多数の人は「自分のため」と答えるだろう。科学は、それはまちがいだと教えている——自分よりほかの人のためにお金を使うほうがしあわせになれると。といっても、慈善事業や友人、家族、仕事仲間に収入の大部分を割く必要はない。実際のところ、小さなプレゼントが驚くほど大きくて長続きするしあわせをもたらすのだ。ほかの人のために使う数ドルは、最高に効果のある投資と言えるかもしれない。そして現金を使うゆとりがまったくない場合は、お金の要らない親切な行為を一日に五つ実行すれば、幸福感が倍増する。そのことを、どうかお忘れなく。

実験結果3
自分はしあわせだと思って行動すべし

人がなにを感じ、なにを考えているかは、そのしぐさや表情からだいたい読み取れる。悲しいときは泣く。うれしいときは微笑む。賛成のときはうなずく。それは不思議なことではない。だが、〝固有反射心理学〟と呼ばれる研究分野では、同じことが逆方向にも働くと考えられている。人にある行動をとらせると、ある種の感情や考えが呼び起こされるというのだ。この考え方は、最初は疑問視されたが、さいわいいくつかの説得力ある実験で裏づけがえられている。[26]

ある有名な実験では、参加者の片方のグループが眉をしかめるように、もう片方のグループがわずかに唇の端を上げて微笑むように頼まれた。このように顔の筋肉をわずかに動かしただけで、驚くほど参加者の気分に変化がでた。微笑みの表情を作ったグループのほうが、眉をしかめたグループよりずっとしあわせな気分になったのだ。

べつの実験では、大きなコンピュータスクリーンを移動するさまざまな品物を参加者に見つめてもらい、どの品物に魅力を感じたか訊ねた。品物は垂直方向に移動するもの（眺めている参加者はうなずくように首を動かす）と、水平方向に移動するもの（眺めている参加者は左右に首をふる）に分かれていた。結果を見ると、参加者は垂直方向に移動する品物のほうを好ましいと感じた。彼らは意識しなかったが、「イエス」と「ノー」の首の動きがその判断に影響していたのだ。[27]

まったく同じことが、幸福感にも言える。人はうれしいと微笑むが、微笑むことでうれしくもなる。そして自分の笑顔を意識してもしなくても、この効果は働くようだ。一九八〇年代に、マンハイム大学のフリッツ・ストラックは仲間とともに実験をおこない、参加者の二つのグループに、ゲイリー・ラーソンの漫画「ファーサイド」を見せ、どれくらいおかしいと思うか、自分がどれくらいしあわせな気分かを採点してもらった。この実験は、風変わりな設定でおこなわれた。片方のグループには上下の歯で鉛筆をくわえさせ、唇が鉛筆につかないようにしてもらった。もう片方のグループには歯は使わずに突き出した唇だけで鉛筆をくわえてもらった。すると「歯だけ」の場合は、顔の下半分が微笑んだようになり、「唇だけ」の場合は不満げになる。実験の結果では、参加者の表情が当人の気分に影響する傾向が見られた。「不満顔」の参加者よりも、微笑んだ表情をした参加者のほうがしあわせな気分になり、「ファーサイド」をおかしいと感じたのだ。[28]二〇〇三年におこなわれたべつの研究では、しあわせな気分は人が微笑むのをやめても消えないことがわかった。幸福感は長く残り、行動のさまざまな面に影響をあたえ、ほかの人と積極的につきあったり、しあわせなできごとを思い出したりする割合が高まったのだ。[29]

これらの研究が伝えているメッセージは簡単である――明るい気分になりたければ、自分はしあわせだと思って行動すること。

「成功へのステップ」

微笑む

あなたの日常にすぐにでも取り込めるしあわせは、沢山ある。なかでもだいじなのが、〝笑う〟こと。ただし、感情のこもらない一瞬で消える笑いではない。笑顔を十五秒から三十秒続ける。ほんものの笑顔を引き出すような場面――友だちからおかしなジョークを聞いたとか、来るはずだった姑が結局こなくなったとか――を思い描きながら、できるだけ楽しい表情を浮かべる。そして、くり返し笑顔を浮かべるための合図を考える。時計やパソコン、携帯電話などに笑う時間をセットしたり、あるいはもっと大まかに、電話が鳴ったらにっこりするというふうに決めておくのだ。

背筋をのばす

姿勢もだいじだ。コロラド大学のトミー・アン・ロバーツは、二〇〇七年の実験で参加者を任意に二つのグループに分け、片方には背筋をのばした姿勢で、もう片方には前かがみの姿勢で、それぞれ椅子に座って三分すごしてもらった。そのあとで全員に算数のテストをあたえ、自分の気分の採点を頼んだ。すると背筋をのばしていた人のほうが、前かがみになっていた人よりもずっとしあわせで、算数のテストの成績もよかった。興味深いことに、女性参加者にはこの結果があてはまらない場合が多かった。ロバーツは、背筋をのばして胸をつきだす姿勢に、女性は自意識を感じてしまうのではないかと推測している。(30)

楽しげにふるまう

ビーレフェルト大学のペーター・ボルクナウ教授の研究によると、しあわせな人は、ふしあわせな人と行動の仕方がちがう。(31)この結果を応用して、しあわせそうにふるまうと、幸福感を高めることができる。つぎのことをお勧めしたい。歩くときは肩の力を抜き、いつもより腕を大きく振り、足どりを軽くする。人と話すときは表情豊かに手を動かし、相手の話にうなずく回数を増やす。カラフルな服を選び、プラスの感情がこもった言葉(とくに「愛」、「好き」、「良い」)をできるだけ多く使う。自分自身を指す言葉(「私に」、「私は」、「私自身」など)はあまり口にしない。声の高さに変化をつける、早めにしゃべる、握手をするときは固くにぎる。これらの行動を日常に取り入れると、あなたの幸福感が高まる。

苦労を新鮮な刺激と考える

心理学者のケネス・シェルドンとソニア・リュボミルスキーの研究結果を見ると、しあわせはらくをしていては手に入らないようだ。[32]二人は二〇〇七年に数種類の実験をおこない、つぎの二種類の変化を最近経験した参加者を集めた。一つは「環境的変化」と呼ばれるもので、自分の環境にもたらされた重要な変化。たとえば引っ越しや昇給、新車の購入などである。もう一つは「意図的変化」と呼ばれるもので、目標達成や活動開始に努力が必要な変化。たとえば新しいクラブに参加した、新しい趣味をはじめた、新しい仕事をはじめたなどである。どちらのグループも自分の幸福感の度合を、数週間にわたって評価するよう頼まれた。結果は一貫していた。どちらのグループも、変化を体験した直後は幸福感が急上昇した。だが、環境的変化を体験した人の幸福感は、すぐに以前のレベルにもどったのに対し、意図的変化を体験した人の幸福感は、長く続いたのだ。なぜだろう。

シェルドンとリュボミルスキーによれば、その原因は「快楽の習慣化」と呼ばれる作用にある。人はなにか新しいことを経験すると、高揚感を覚える。だが、そのすばらしい体験も、何度かくり返されると慣れてしまい、新鮮な喜びがうしなわれる。残念ながら、環境的変化は快楽の習慣化を招きやすい。新しい家や昇給や新車は、最初のうちは人をわくわくさせる。だが、変化によってもたらされたプラスの感情は毎日同じなので、しばらくすると色あせてしまう。かたや意図的変化は、快楽の習慣化が起きにくい。新しい趣味をはじめる、新しい職場で働く、計画に着手する、知らない人と出会う、新しい技術を学ぶ。これらの場合は、たえず変化していく体験で脳が刺激されるため、習慣化が避けられ、幸福感が長く続く。

というわけで、しあわせ度を高めるためには、環境的変化より意図的変化を選ぶほうがいい。苦労をいとわずに、新しい趣味、大きな計画、はじめてのスポーツに挑戦してみよう。自分の性格や価値観や能力にあった活動を選びだす。これまで自分がどんな活動が好きだったか、なぜ好きだったのかを考え、自分の嗜好を明確にしたうえで、その要素をふくむほかの活動を試してみる。たとえば、線画を描くことが好きなら、水彩画を試してみよう。テニスが好きなら、バドミントンやスカッシュはどうだろう。数独ゲームが上手なら、クロスワードパズルで腕試しをする。いずれの場合も、自分が実行することの内容と実行する時間帯をこれまでと変え、快楽の習慣化を避けることがだいじだ。一見大変なようだが、しあわせのためなら、努力のしがいは十分にあると科学が証明している。

実験Ⅱ

「面接マニュアル」は役立たずだった！

弱点を最初にさらしてしまったほうが、好感度はアップする

……デューク大学の心理学者エドワード・ジョーンズ、エリック・ゴードンの共同実験

あなたが思い悩むほど、他人は自分のミスを気にしていない

……コーネル大学、トマス・ギロヴィチの研究グループ

不特定多数に向けてお願いをしても、誰も助けてくれない

……アリゾナ州立大学の社会心理学者ロバート・チャルディーニ

子どもに宿題をさせたいとき、職場で部下にやる気を起こさせたいとき、周囲の人たちに環境問題へ目を向けさせたいとき。あなたはどんな手を使うだろう。最も効果があるのは、相手の鼻先にできるだけ大きなニンジンをぶら下げることだと、たいていの人が考える。だがその効き目は、科学的に証明されているだろうか。それともこれは、迷信にすぎないのだろうか。

「ごほうび」が、やる気を奪う

一九七三年の有名な研究で、スタンフォード大学の心理学者マーク・レッパーは仲間とともに、子どもたちを二つのグループに分けてお絵描きを好きになってもらうための実験をおこなった。[1] 実験者は、片方のグループにはよく描けた絵に素敵な金メダルがあたえられると前もって伝え、もう片方のグループにはメダルがもらえるという話はしなかった。そして数週間後、実際にクレヨンと紙が渡されて、子どもたちがどれくらい熱心に描くかが観察された。意外なことに、金メダルがもらえると言われた子どもたちは、メダルのことを知らない子どもより、絵に取り組む時間がずっと少なかった。

なぜそうなったのだろう。レッパーによると、メダルの話をされた子どもたちは、こう考えたのだという。「ちょっと待って。大人はいつも子どもに嫌なことをさせようとするとき、ごほうびの話をする。いま、大人が金メダルをくれると言った。だから絵はきっと嫌なことなんだ」。何度実験してもこの結果は変わらず、結論は明白だった。子どもに、なにかを好きになってもらいたいと考えてごほうびを約束すると、その約束が楽しさややる気を奪ってしまう。あっという間に、遊びが仕事に変わるのだ。

ここで疑問が湧く。楽しいことをさせるときはそれが言えるとしても、嫌なことをさせるとき、報奨は励みになるのでは？　その点を確かめるため、私は数年前にある実験をおこなった。(2)二グループの参加者に、公園でゴミを拾ってもらったのだ。目的は公園の美化を推進するために、最も有効な方法を調べるためだと説明した。そして謝礼として片方のグループにはかなりの金額を、もう片方のグループにはごく少額を支払うと約束した。一時間ほど骨の折れる単調な作業をしてもらったあと、自分がどれくらい仕事を楽しんだか参加者全員に採点を頼んだ。その結果は？　礼金の額が多い人のほうが、少ない人より楽しかったはずだ。あなたはそう考えるかもしれない。

ところが、実際は逆だった。礼金の多かったグループは、楽しさ度の平均が・〇点中わずか二点。かたや少額だったグループの平均はなんと八・五点だった。礼金をたっぷり約束された人たちはこう考えたようだ。「うーん、ちょっと待てよ。報酬が高いのはたいてい嫌な仕事だ。今回はずいぶんくれたから、きっと公園掃除は嫌な仕事なんだ」。かたや少額しか払われなかった人たちはこう考えた。「楽しい仕事なら、謝礼の額は多くなくてもいい。今回の礼金はほんの少しだ。きっと楽しい仕事にちがいない」。この実験結果からすると、やる気を出して仕事を楽しむには、多すぎる報酬はマイナス効果になりかねないようだ。

　これらのことは、さまざまな研究でくり返し証明されている。報奨の額や仕事の内容に関係なく、ニンジンを鼻先にぶら下げられた人たちは、報奨を約束されなかった人たち以上の成績をあげられなかった。[3]報奨は短期的には励みになっても、長い目で見るとかえって仕事に取り組む意欲をそこなう傾向がある。

　というわけで、人にやる気を起こさせようとして、報奨を約束しても効果がない。では、効果的な方法とはなにか。その仕事内容が当人にとって楽しいものである場合は、作業が終わったときにときどき思いがけない小さなプレゼントをする、あるいはその仕事をほめることだ。仕事の内容が当人にとって楽しくないものである場合は、最初は控えめで現実的な額の報酬を約束し、あとで励ましになるような言葉をかける（「みんなが、あなたみたいに公園を大切にしてくれるといいんですけどね」など）。そのほうが効果的である。

実験結果１
面接で成功するタイプを徹底検証

就職面接で成功するには、どんな受け答えをすればいいだろう。有名なジョークがある。入社試験で、面接にきた男が試験官にこう言われた。「なあ君、わが社では責任のとれる人材がほしいんだよ」。男はしばらく考えてからこう答えた。「私ならぴったりです。前の会社で、うまくいかないことがあるといつも〝お前の責任だ〟と言われましたからね」

あいにく実際の面接では、冗談はつうじない。だが、成功に役立つ方法はある。三十年ほど前から、心理学者は面接で大切な要素について研究を進め、いくつか効果的な方法を探り出した。望みの仕事につけるチャンスが、あなたにも開けるかもしれない。

面接の決め手は好感度

雇い主に人材を採用するときのポイントを訊ねると、決まって仕事に対する適性と経験という答えが返ってくる。選択をできるだけ合理的かつ公平にするため、たいていの場合は応募者に望まれるおもな技能を箇条書きにし、応募者の履歴書をその技能リストと照らし合わせて検討し、さらに情報をえるために面接をおこなう。だが、ワシントン大学のチャド・ヒギンズとフロリダ大学のティモシー・ジャッジは二〇〇四年の研究で、雇い主が人材の採用の決め手を勘違いしており、実際には面接官が無意識のうちにある力の作用を受け、採用を決めるという事実を発見した。[4]

ヒギンズとジャッジは新卒採用試験にのぞむ直前の大学生百人以上を対象に調査をおこなった。二人はまず学生たちの履歴書に目を通し、たいていの雇い主が採用条件の二大要素としている、仕事への適性と経験について調べた。そして採用試験で面接を終えた学生たちに、面接での応対についてアンケートに答えてもらった。内容は自分の長所をアピールできたか、会社に対する興味を示したか、どんな人材を望んでいるか面接官に質問したかなどである。研究チームは面接官とも連絡をとり、いくつかの点を確認した。応募者の面接での態度、会社への適性、仕事に必要な能力、そして最も重要な採用結果などを訊ねたのだ。

集めたデータを分析した結果、研究チームは雇い主が採用を決めるポイントについて、これまでの説がまちがっていたことを、意外な事実とともに発見した。採用の決め手は適性か、それとも経験か。じつはどちらでもなかった。だいじなのはただ一つ、応募者の好感度だった。感じのいい印象をあたえた応募者は合格の割合が高かった。彼らはいくつかの方法で面接官を惹きつけ、売込みに成功していたのだ。

その方法とは。仕事とは無関係だが、自分と面接官がたがいに興味をもてる話題で盛り上がる。笑顔を浮かべ、相手と目をあわせる。会社をほめる。この積極性の連続攻撃が、効力を発揮した。これほど感じがよくて社交性のある人材なら、職場にもすぐ溶け込むはずだと面接官が確信し、採用になったのだ。

ヒギンズとジャッジの研究結果は、希望の職に就くためには、適性や経験より好感度をアップさせることのほうがだいじだと教えている。といっても、殺人十二回、組織的詐欺行為で有罪判決二回という前歴では、どんなに感じよくふるまっても効果はない。では、もし自分の履歴にマイナス面があった場合は、どう対応すればいいだろう。自分の弱みを最初に切り出したほうがいいか、それともまず好印象をあたえておいて、最後に弱点にふれたほうがいいのか。

自分の弱みは最初に、強みは後半に話す

この問題について、一九七〇年代はじめにデューク大学の心理学者エドワード・ジョーンズとエリック・ゴードンが、重要な実験をおこなった[5]。二人は参加者に一人の男性(実際には実験者の助手)が自分の人生について語るテープを聞かせたあと、好感をもった度合について訊ねたのだ。テープの男性は、自分が学生時代にカンニングをして見つかり、退校になった話をした。研究者はテープを編集して最初にその話がでてくるバージョンと、最後にでてくるバージョンとを作り、それぞれべつの参加者グループに聞かせた。その結果、男性に対する参加者の印象に大きなちがいがでた。カンニングの話が最初に語られるほうが、最後のほうで語られるよりも、男性に対する印象がはるかによくなったのだ。同じ効果を裏づける例は、ほかにもある。たとえば、弁護人は自分の

論旨の弱い点を裁判の冒頭に述べたほうが、勝訴する確率が高いとされている[6]。

弱点を最初に披露する行為は、公明正大な証拠と受け取られる。これはビル・クリントンなど、多くの政治家が学ぶべき点だろう。面接官も、弱点を最初に話す人物には強さと誠実さがあり、人をだましたりしないだろうと考える。

同じことが、履歴の中のプラス面にも言えるだろうか。答えはノーだ。前述の実験では、男性が学生時代に一時休学したプラスの理由（「ヨーロッパ一周ができる奨学金を獲得したから」）を、前半で語るテープと後半で語るテープも参加者に聞かせた。すると結果は弱点のときとは逆になった。後半で話したときのほうが、男性に対する参加者の印象がよくなったのだ。プラス面にかんしては、正直さより謙虚さのほうがだいじなようだ。自分の強みは後半まで伏せておいたほうが、相手に自然に受け取られる。いきなり強いカードを切ると、自慢げに見えてしまう。

ミスを過剰に意識しない

というわけで、好感度を磨き、弱点を最初に披露し、長所はあまり急いで口にしないようにする。それで間違いなくあなたは成功できるだろうか。残念ながら、そうはいかない。いかに心がけをよくし、念入りに準備を重ねても、人はみなミスをする。グラスの水を膝にこぼす、うっかり面接官に失礼なことを口走る、見当違いの答えをする。じつのところ、面接を受けるときは、思いがけないへまの一つや二つに対応できる度胸がないといけない。その点について、コーネル大学のトマス・ギロヴィチとその仲間が一連の研究をおこない、実験の参加者はバリー・マニロウのTシャツを着せられるはめになった。[7]

二〇〇〇年におこなわれた代表的な実験で、ギロヴィチは自分の研究室に五人の参加者に同時刻に集まってもらった。全員が一室に案内され、テーブルの同じ側に並んで座り、質問表に答えるよう頼まれた。五人が用紙に記入しはじめたとき、科学者が手配したもう一人の参加者が、五分遅れてやってきた。その遅刻者は、部屋に入る前に歌手バリー・マニロウの大きな写真入りのTシャツを着るように言われた。なぜマニロウなのか。当時コーネル大学ではバリー・マニロウのTシャツだけは、死んでも着たくないという学生が大多数だった。科学者は恥の心理を探るこの実験のために、そのことを事前に調べあげていたのだ。というわけで遅刻した参加者はTシャツを着せられたあと、部屋に通され、一列に並んだ学生たちの視線にさらされた。しばらくして遅刻者は外で待つように言われ、部屋から出された。

そのあと、二つのことが調べられた。部屋にいた参加者は、遅刻者のTシャツに気づいたかどうか訊ねられ、かたや遅刻者は部屋にいた学生の何人くらいに、恥ずかしいTシャツを見られたと思うか訊ねられたのだ。何度かくり返された実験の結果を平均すると、部屋にいた者のうち二〇パーセントがマニロウの写真に気づいた。だが、遅刻者はもっと大勢に見られたと感じており、遅刻者の平均五〇パーセントがTシャツに気づかれたと答えた。つまり、遅刻者は自分の恥ずかしい外見が人にあたえる印象を、過剰に意識していたのだ。

この意識のしすぎは、「スポットライト効果」と呼ばれており、さまざまな場面で見られる。ヘアスタイルが気に入らないことから、会議でうまく発言できなかったことまで、人は自分のミスが人の注目を浴びたと思い込みすぎる。その理由は、私たちが自分の外見や行動をほかの人以上に気にしており、それがあたえる印象を過大評価するためだ。だから、もしあなたが面接で取り返しのつかないミスをした場合、マニロウのTシャツを着た学生を思い出し、自分が実際より悪く感じすぎているかもしれないと考えたほうがいい。

成功へのステップ

つぎの簡単な三つのポイントを頭に入れ、面接に成功するチャンスを高めよう。

① 面接では学校の成績や仕事の経験よりも、好感度がものをいう

それを忘れないこと。そのためには……

・就職先にかんして、自分が心から好きになれる点をはっきり伝えられるよう、あらかじめ考えておく。

・面接官には、ためらうことなく敬意を示す。
・自分と面接官がたがいに興味をもてる、仕事とは無関係の話題で雑談をする。
・会社に対する興味をあらわす。どんな人材が求められており、自分が応募した部門が会社全体の中でどのような位置にあるか訊ねる。
・その部門と会社に対して熱意を示す。
・笑顔を見せ、面接官と視線をあわせる。

② 自分に弱点がある場合、口に出すのを面接の最後まで引き延ばさない

かわりに面接のはじめにそれを切り出して、誠実さをアピールする。かたや長所のほうは謙虚さが肝心なので、最後のほうで口にすること。

③ 大きなミスをしたと思っても、過剰反応しない

あなたが考えるほど、人はあなたのミスに気づかない。過剰反応したり謝ったりすると、逆に注目を集めてしまう。謝ったほうがよさそうな場合はミスを認めたあと、なにごともなかったように先へ進む。

印象をよくする三つのポイント

位置は真ん中を選ぶ

会議で自分の印象を強めたい場合は、テーブルの中央に席をとるほうがいい。二〇〇六年に心理学者プリア・ラグビルとアナ・ヴァレンスエラは、テレビのクイズ番組「ウィーケスト・リンク」の分析をおこなった(8)。番組の中では解答者が半円形に一列に並び、一ラウンドごとに答え終った解答者たちが投票をおこない、投票結果にしたがって解答者の一人が退場させられる。科学者が調べたところ、半円形の中央に位置した解答者が最終ラウンドまで残る割合は平均四二パーセント、そして最終賞金を獲得する割合は四五パーセントだった。かたや半円形の端のほうにいた解答者が最終ラウンドまで残る割合はわずか一七パーセント、賞金獲得の割合は一〇パーセントだった。もう一つの実験では、参加者がビジネス研修生候補五人の集合写真を見せられ、どの人物を推薦したいか訊ねられた。するとグループの中央にいる候補者が、端にいる候補者より選ばれる割合が高かった。人は集団を見るとき、「重要な人は真ん中にいる」という基本原則で判断しがちなのだ。「真ん中効果」と呼ばれる現象である。

覚えやすい名前は好感をもたれる

新しい企画、キャンペーン、製品の名前を考えるときは、単純明快に。プリンストン大学のアダム・アルターとダニエル・オッペンハイマーは、株式市場で人気の高い会社について調べ、単純で覚えやすい名前（「フリンクス」など）の会社のほうが、変わった名前（「サグスター」など）の会社より業績がいいことを発見した。[9]そして補足調査により、これは有力な会社が単純な名前を使うためではなく、一般の人が覚えやすく口にしやすい名前のほうに好感をもつためだとわかった。

むずかしい言葉づかいは逆効果

報告書や手紙の中で、自分の知性や博識を印象づけようとして、わざとむずかしい言葉を使いたくなることはないだろうか。だが、ダニエル・オッペンハイマーがおこなった研究によれば、難解な言葉は逆効果らしい。[10]五回にわたる研究で、オッペンハイマーはさまざまな文章（願書、学術論文、デカルトの翻訳書など）で使われたむずかしい言葉を系統的に調べた。そして一般の人にそうした難解な言葉を使った文章サンプルを読んでもらい、それを書いた人物の知性を評価してもらった。するとわかりやすい言葉ほど、書き手の知性が高いと評価されることがわかった。不必要にむずかしい言葉を使った文章は、悪印象を残したのだ。また、読みにくい字で書かれた文章も、書き手に対する評価が低かった。読みやすく簡潔な言葉で書かれた文章のほうが、頭がいいと受け取られるようだ。

実験結果2
相手に小さな親切を求める、へまをする、人の悪口は言わない

だいじなのは、好感をもたれること。ギャラップ社の世論調査所が、一九六〇年以降のアメリカ大統領候補が大衆に支持された割合を、演説の力、政党の力、そして好感度に焦点を当てて調べた[11]。その結果この三つの中で、候補者が勝利した要因は一貫して好感度であることがわかった。また、トロント大学のフィリップ・ノールによる夫婦関係の調査では、好感度の高い人は、そうでない人より離婚率が約五割少ないことがわかった。そしてなんと、好感度はあなたの命まで救う。べつの調査結果によると、医師は好感がもてる患者には連絡を絶やさないように勧め、検査をくり返し受けさせる率が高かったのだ。

だが、好感度を高めるには、どうすればいいのだろう。自己啓発の大御所デール・カーネギーは、相手に対して心から興味を示すことが、あなたの好感度を上げると語って

いる。カーネギーによると、周囲の人たちの興味を自分に向けさせようと二年努力するより、周囲の人たちにこちらから興味を示せば、二か月で友だちが増えるという。べつの自己啓発書には、同じように簡単ですぐ効果のあるべつの方法が書かれている。誠意あふれる称賛を口にし、それにふさわしい身振りと言葉を使い、謙虚な態度をとり、自分の時間と財産と能力を惜しみなく相手に分けあたえること。これらの常識的な方法は、たしかに効き目があるだろう。だが研究によると、人の心を捉え友だちをえるには、もっと有効な方法がほかにあるという。この方法に必要なのは、相手に小さな親切を求めるベンジャミン・フランクリン流の行動、ときどき失敗ができる能力、そして噂話の威力を理解すること。それだけだ。

フランクリン効果

十八世紀の多才な政治家ベンジャミン・フランクリンは、ペンシルヴェニア州議会で、ある気難しくて冷淡な議員の協力をえたいと望んでいた。だが、相手に頭を下げて取り入ったりするかわりに、フランクリンはまったくちがう手を使った。その議員がある希少本をもっているのを知っていた彼は、その本を二、三日貸してもらえまいかと訊ねたのだ。相手は承知した。フランクリンはこう語っている。「つぎに議会で顔をあわせたとき、彼はめずらしく私に話しかけてきた。その態度はきわめて丁重であり、その後彼はあらゆる場面で私に協力を惜しまなかった」。本を借りるこの手法は、簡単な原則にもとづいていると、フランクリンは言う。「誰かに親切をほどこした人間は、相手にもっと親切な行為をしたいと望む」という原則だ。言い換えると、誰かに好感をもたれたいときは、その当人になにかしてもらうほうが、効果があるのだ。フランクリンから一世紀後に、ロシアの作家レフ・トルストイも同じ指摘をしている。「私たちが人を好きになるのは、相手からしてもらったことのためではなく、自分が相手にしてあげたことのためである」

一九六〇年代に、心理学者ジョン・ジェッカーとデヴィッド・ランディは、この二百年前の手法が、二十世紀にも通用するか調べた。[12] 彼らはまず、参加者がなにがしかのお金がもらえる実験をおこなった。そして実験を終えて参加者が研究室をでたところで、実験者が声をかけた。自分は研究のために個人で貯めた資金を使いはたしてしまった、さきほど謝礼として渡したお金を返してもらえるとありがたいと頼んだのだ。そして第二グループの参加者には、べつの実験者が声をかけた。学部の事務を担当している者だが、自分個人ではなく実験をおこなった心理学部が金欠状態なので、さきほどの金を返してもらえないかと頼んだのだ。そのあとで参加者全員が、どちらの実験者に好感をもったか訊ねられた。フランクリンとトルストイが遠い昔に予言したように、学部のためより個人的な理由で助けを求めた実験者のほうが、好感をもたれる割合が高かった。

フランクリン効果と呼ばれるこの一見ふしぎに思える現象は、理にかなっている（といっても相手に求める好意は、さほど負担がかからない範囲にかぎられる。多大な要求は逆効果になり、相手はしぶったり、即座にはねつけたりするだろう）。人の行動はふつう、思考や感情から生まれる。幸福を感じれば笑い、誰かに魅力を感じればあこがれの眼差しで相手の目を見つめる。だが、逆も言えるのだ。笑顔を作るとしあわせな気分になり、誰かの目を見つめれば相手に魅力を感じる。この原則が好意にもあてはまる。というわけで、誰かに好意をもたれたいと思ったら、相手の好意にすがればいい。

しくじり効果

好感度アップへの意外な道は、フランクリン効果だけではない。かつてジョン・F・ケネディは、べつの方法でアメリカ史上最高の人気を誇る大統領になった。

一九六一年に、ケネディはピッグス湾でキューバ侵攻を開始するよう部隊に命令を下した。作戦は大失敗に終わり、歴史家はいまでもこの決断を軍事上の大失策と見なしている。だが、惨敗に終わった侵攻のあとおこなわれた世論調査では、彼の判断ミスで悲惨な結果を招いたにもかかわらず、ケネディ人気は前より高まった。この一見不可解な現象には、二つの要因が考えられる。一つはケネディが失敗を他人のせいにせず、ただちに全責任は自分にあると認めたこと。そしてもう一つ。ケネディはそれまでスーパーヒーローと見られていた——魅力的で、ハンサムで、有能で、間違いなどしそうもない英雄である。だが、ピッグス湾での失策のおかげで、彼はそれまでより人間的で好感がもてると思われるようになったのだ。

カリフォルニア大学のエリオット・アロンソンは仲間とともにこの点に注目し、ミスをすることが実際に好感度アップにつながるか調べた。[13]彼らは参加者を集め、二種類用意された録音テープのどちらかを聞いてもらった。テープは両方とも一人の学生が常識クイズに答えたあと、自分のそれまでの履歴を語るという内容だった。学生はクイズの成績がよく、正解率は九割以上、そして履歴も優秀で成功続きだった。ただし片方のテープには、最後のほうで学生がコーヒーカップを引っくり返し、新品のスーツを台無しにする様子が録音されていた。テープを聞いたあと、参加者はどのくらい学生に好感をもったか訊ねられた。二つのテープのちがいは、コーヒーをこぼす場面だけだったが、ピッグス湾侵攻後のケネディと同様、失敗をした学生のほうがはるかに好感をもたれた。注目すべきは、この効果は評価される人物が完璧すぎる印象をあたえる場合にのみ有効、という点だ。アロンソンはべつの実験で、二種類のテープをもっと平凡な感じの学生で作った。クイズの正解率は三割、これまでの履歴もぱっとしない学生である。この条件のもとで学生が膝にコーヒーをこぼしても、好感度は下がる一方だった。完全なダメ人間としか見られなかったのだ。

この現象は「しくじり効果」と呼ばれ、大統領や録音テープの実験では有効性が示された。はたしてべつの状況でも効き目があるだろうか。その点を確かめるため、私はアロンソンの実験を、少し形を変えてショッピングセンターでおこなってみた。[14]

私たちは人を集め、いまから二人の見習いデモンストレーターに、新型ミキサーを使ってフルーツドリンクを作る方法を紹介してもらうと説明した。一人目は〝完璧タイプ〟を演じるサラ。サラは、前の晩練習してミキサーの使い方を身につけ、説明もすらすら言えるよう準備した。フルーツをポン、蓋をギュッと閉め、ミキサーをガーッ。そして、おいしいドリンクのできあがり。客たちはサラのみごとな演技に拍手を送り、つぎのデモンストレーターを待った。そこで登場したエマの役柄は、〝完璧とはほど遠いタイプ〟だった。今回はフルーツをポン、蓋をギュッ、ミキサーをガーッのあと、蓋が飛んでエマはフルーツドリンクを全身に浴びた。ミキサーの底からドリンクの残りをグラスにそそいだ彼女は、客たちから同情の拍手を送られた。

デモンストレーションが終わったあと、見物人たちに二人の印象を訊ねた。どちらが印象に残りましたか。どちらのデモンストレーターからミキサーを買いたくなりましたか。そして、一番重要な質問。サラとエマの、どちらにより好感をもちましたか。結果では、サラのほうがいかにもプロで説得力もあると評価されたものの、好感をもたれたのは、へまをしたエマのほうだった。その理由を訊ねると、人びとはサラの完璧な演技には距離感を感じたが、エマの人間的な行動に温かみを感じたからだと答えた。完璧な実験とは言えないが（たとえば、エマとサラは一卵性双生児ではないので、外見が人びとの判断に影響した部分もあったと思う）、結果は、ときどき失敗するほうが人に好かれるという説を裏づけるものになった。

噂話は自分に跳ね返ってくる

そして、好感度アップの方法が最後にもう一つ。それは人間特有の、噂話が好きという特徴にかかわるものだ。人はたいてい、友だちや同僚にかんするおいしい情報を言いふらすのが好きだ。だが、この行動は言いふらした本人にとってプラスになるだろうか。オハイオ州立大学ニューアーク校の心理学者ジョン・スコウロンスキは、仲間との共同研究で悪い噂を広めるマイナス面について調べた[15]。彼はまず参加者たちに、役者が第三者（友人や知人）についてしゃべるビデオテープを見せた。友人にかんする話の一部は、かなり不愉快な内容もあった——「あいつは動物が嫌いでね。今日も、買物にいく途中で子犬を見たら、蹴飛ばしてたよ」などと。参加者はテープを見たあとで話し手の印象を訊かれた。すると、話し手が批判したのは自分たちの知らない人物だったにもかかわらず、参加者は一致して話し手を嫌な人間と感じた。これは、「自発的特徴変換」と呼ばれる効果で、噂話をすることのマイナスとプラスが暗示されている。あなたが第三者の噂をした場合、聞き手は無意識のうちにあなた自身をその第三者と結びつけ、話題になった特徴をあなたに「重ね合わせる」のだ。つまり、友人や仲間の長所を楽しげに話すと、あなたもいい人間に見られる。だが、いつも第三者の短所をけなしていると、聞き手は無意識のうちにその短所や能力のなさをあなた自身のものとして感じはじめる。

成功へのステップ

自己啓発の権威たちは、好感度を高めるには思いやりと謙虚さ、おおらかさを身に着けなさいと説いている。たぶんその通りだろう。だが、そのほかに三つ、意外な効果があなたの人気を高めるのに役立つ。

フランクリン効果：人は、自分が力を貸した相手を好きになる。ただし、力を貸すといっても、あまり負担がかからない範囲にかぎられる。大きな要求は逆効果になり、人は力になるのをしぶったり、即座にはねつけたりするだろう。

失策効果：ときどきへまをしでかすと、あなたの好感度はアップする。ただし、この効果が最高の威力を発揮するのは、あなたが完璧な人と思われている場合である。

噂話：ほかの人の噂話をすると、あなた自身に跳ね返ってくる。誰かの悪口を言った場合もほめた場合も、聞き手はあなたを話の中の人物に重ね合わせて考える。

人を動かすためのヒント

1　人は不特定多数の相手より顔の見える個人に関心をもつ

一九八七年、テキサス州で赤ちゃんが井戸に落ちたと報じられたとき、人びとは七十万ドルにのぼる寄付をおこなった。そして二〇〇二年には、小舟で太平洋に流された一頭の犬を助けるため、あっという間に四万八千ドルの寄付が集まった。その一方で、毎年世界各地で餓死する一千五百万人の人びとや、毎年アメリカで自動車事故により死亡する一万人の子どもを救う寄付集めに、各地の慈善団体はいつも苦労している。それはなぜだろう。二〇〇七年に心理学者D・スモールはある実験で被験者に謝礼金を払い、その一部を「セーブ・ザ・チルドレン」チャリティに寄付することもできると話した。寄付に先立って、参加者の半分はザンビアで何百万もの人びとが飢餓に直面している事実を統計で見せられた。そしてもう半分はアフリカで飢餓に苦しむ、七歳の少女の話を聞かされた。すると少女の話を聞いた人たちは、統計を見せられた人たちの二倍寄付をおこなった。(16) 理屈にはあわないが、人は不特定多数の相手よりも個人の問題に心を動かされるのだ。

2　相手にまず前向きな言葉を言わせる

アメリカの実業家で自己啓発の元祖デール・カーネギーは著書『人を動かす』の中で、「イエス」という肯定的な言葉を何度も相手から引き出しておくと、その後こちらの意見に賛成してもらえる割合が増えると説いた。そしてこの本の出版から五十年以上あとにおこなわれた実験が、カーネギーの言葉の正しさを証明した。一九八〇年代にサザン・メソジスト大学の心理学者ダニエル・ハワードが、人を動かすときに前向きな言葉が発揮する威力について調べたのだ。[17] ハワードは研究仲間を二グループに分け、無作為に選んだ相手へ電話をかけてもらった。飢餓救済委員会のメンバーが寄付集めのためのビスケットを売りに自宅を訪問したい、という内容だった。肯定的な返事をもらうため、片方のグループは話を切り出す前に、まず「こんばんは、ごきげんはいかがです？」と声をかけた。予想通り、大半の相手が前向きな言葉で答えた（「うん、調子は上々さ」「ありがとう、元気よ」など）。そして三二パーセントが、寄付を引き受けた。かたやもう片方のグループはなにも訊ねずに寄付の話を切り出したところ、わずか一八パーセントしか成功しなかった。人はプラスの言葉を言ったあとは、色よい返事をすることが多いものなのだ。

3　タダほど高いものはない？

心理学者グレゴリー・ラズランは一九三〇年代に一連の実験をおこない、人は食事中に知った人や物や情報を好きになると発表した。[18] おいしい食事が人の気持ちをしあわせにし、判断がいつもより早く衝動的になるためらしい。[19] また最近の研究によると、カフェイン入りのものを飲んだ人は、相手の意見に動かされやすくなるという。[20] つまり、人におごられたランチやコーヒーは、結局高くつくということだ。

4　口調のいい言葉の素早い効き目

フリードリヒ・ニーチェは著書『悦ばしき知識』の中で、韻文は本来神々に直接語りかけるものであり、魔術的な力をそなえ、人間の心の原始的な部分に訴えると書いている。この見方は広く認められてはいないが、最近の研究で口調のいい言葉に大きな力があることが証明された。心理学者のマシュー・マグローンとジェシカ・トフィーバクシュは、口調のいい格言（「そなえあれば憂いなし」「人生は七難八苦」など）と散文的な言葉（「準備を欠かさなければ金に不自由しない」「人生は苦労の連続だ」など）を参加者に読んでもらい、どちらが人間の行動を正しく言い当てているか採点を頼んだ。[21] すると口調のいい言葉のほうが正しいという評価が、はるかに高くなった。これは、口調のいい言葉のほうが覚えやすく、好感がもて、口にしやすいためだろうと科学者は分析している。

5　人は自分に似た人を好きになる

研究結果によれば、人の説得にはある単純な事実が効果を発揮するという。「似ていること」だ。リム・ヒューストン州立大学のランディ・ガーナー[22]は仲間とともに実験をおこない、参加者に調査用紙を送って回答の返送を頼んだ。参加者にはファーストネームが研究者と同じ人と、同じでない人の二種類を選んだ。つまり、フレッド・スミスという人にフレッド・ジョーンズという研究者から調査用紙が送られることもあれば、ジュリー・グリーンという人にアマンダ・ホワイトという研究者から用紙が送られることもあったのだ。このほんのちょっとした差が、回答率に驚くほど影響をあたえた。差出人と名前がちがう人の中で回答を送り返したのは三〇パーセント。それに対して、名前が同じ人の返送率は五六パーセントだった。べつの研究では、人は自分と外見が近い相手を支持し、その意見に賛成するという結果がでている。

そして二〇〇四年のジョン・ケリーとジョージ・W・ブッシュの大統領選のときにも、べつの調査がおこなわれた[23]。有権者六千人に自分自身と候補者の性格評価を頼んだのだ。どちら側の支持者も、ケリーのほうがブッシュより新しい政策に対して柔軟だが、ブッシュのほうがケリーより誠実でまじめだという点で、評価が一致していた。そしてなんと支持者自身のあいだでも、その二つの特徴がまったく同じように分かれていた。ケリー派はブッシュ派より自分を柔軟であると評価し、ブッシュ派はケリー派より自分を信頼できる人間と見なしていたのだ。

服装の好み、話し方、経歴、年齢、宗教、支持政党、酒や煙草の習慣、食べ物の好み、意見、性格、しぐさ……共通しているのがどんな点であれ、私たちは自分と似ている相手を好きになり、ほかの人より説得しやすいと感じる。

6 ユーモアを忘れずに

人の心を動かすときは、場の雰囲気を明るくするほうがいい。カレン・オークィンとジョエル・アロノフが、それについて一九八一年に実験をおこなった[24]。参加者に、ある美術品を買うつもりで売り手に値引きの交渉をしてもらったのだ。交渉が進んだところで、売り手は最終的に二通りの提案をした。一つは、六千ドルで売るというもの。もう一つは、値段は同じ六千ドルだが、おかしなおまけをつけるというもの(「六千ドル。それ以上はまけられません。でもね、サービスに私の飼っているカエルをおつけしますよ」)。このちょっとしたユーモアは、絶大な効果を発揮した。カエルの話を聞くと、参加者はかならずその値段で妥協したのだ。客が男性でも女性でも、売り手の最終値段が客の思惑よりずっと高くても、その効き目は変わらなかった。ちょっとしたユーモアが参加者の気分をよくし、太っ腹にさせたのだ。というわけで、あなたもなにかほしいものを手に入れたいときは、ペットのカエルをお忘れなく。

実験結果3

大勢いると、なぜ誰も人を助けなくなるのか?

一九六四年三月十三日、キティ・ジェノヴェーゼという若い女性がニューヨーク市クイーンズ区のアパートに帰る途中、暴漢に襲われた。彼女が自分の車を停めた場所は、アパートから三〇メートル以内。そのわずかな距離を自宅まで歩くあいだに、見ず知らずの男に襲われ何度も刃物で刺された。気丈にもジェノヴェーゼは助けを求めて叫びながら、よろめく足でアパートを目指した。暴漢はなおも追いすがり、ふたたび刃物で切りつけ、それが致命傷となった。

三月二十七日、ニューヨークタイムズは第一面でこの事件を報じ、「道徳をわきまえた立派な市民」が犯行を目や耳にしながら、なぜ誰も警察に通報しようとしなかったのかと書き立てた。これほど大勢の目撃者がいたのに、なんら行動にでなかったのは理解に苦しむという担当刑事の言葉も報道された。事件はほかのメディアでも取り上げられ、ジャーナリストの大半がジェノヴェーゼのまわりにいた人たちは、かかわりあいを避けようとしたのだと結論した。事件は、現代アメリカ社会の荒廃ぶりを証明するものという見方が多かった。悲劇は大衆の想像力を掻《か》き立て、その後本や映画や歌の題材となり、ミュージカルまで作られた(25)。

目撃者が行動にでなかった点に、当時ニューヨークにいた社会心理学者ビブ・ラタネとジョン・ダーリーも疑問をもった。二人は目撃者がなにもしなかったのは、思いやりのなさが原因だという説に納得できず、ほかの要素がからんでいなかったか調べることにした。目撃者の数の多さが決定的要因ではないかと考え、一連の実験をおこなったのだ。それはその後三十年、社会心理学のどの教科書にも載るほど、画期的な研究だった(26)。

最初の実験で、ラタネとダーリーは一人の学生にニューヨークの通りでけいれん発作を演じてもらい、通行人が助けようとするかどうか調べた。二人は目撃者の数が人助けの行動に影響するのではないかと考えていたので、通行人の数がちがう場面で、くり返し学生ににせの発作を起こしてもらった。結果は明らかに常識をくつがえすものだった。目撃者の数が多いほど、助けようとする人がいなくなる。その差は歴然としていた。通行人が一人だけのとき、学生が手を貸してもらえる割合は八五パーセント。だが、通行人が五人以上になると、助けてもらえる割合はわずか三〇パーセントだった。

彼らはさらにべつの実験で、通りではなく待合室にいる人びとの行動を調べた(27)。待合室のドアの隙間から煙がしみ込んできて、建物に火事が発生したらしいという緊急事態を作りあげたのだ。このときも、人数が多いほど誰かが危険を知らせる割合は少なくなった。待合室に一人しかいない場合、煙が入ってきたことを教える割合は七五パーセント、三人以上の場合は三八パーセントだった。そして手助けの必要度が高くても低くても、まったく同じ現象が起きることが、べつの実験で確認された。アルバイトの学生一四五人に一四九七回エレベーターに乗って、毎回コインか鉛筆を落としてもらったのだ。合計四八一三人が学生たちとエレベーターに同乗した。同乗者が一人きりだった場合、学生がコインや鉛筆を拾ってもらえる割合は四〇パーセント。だが同乗者が六人になると、その割合は二〇パーセントに減った。[28]

　エンストした車の運転者を助ける、献血をする、万引きを目撃して通報するなど、すべてに同じパターンが見られる。キティ・ジェノヴェーゼ事件の目撃者は、とくに思いやりのない自己中心の人たちだったわけではなく、大勢いすぎたために手を出さなかったのかもしれない。

傍観者効果

　大勢いると、なぜ人を助けなくなるのだろう。通りに人が倒れているなどの異常事態を目の前にしたとき、私たちは判断を迫られる。可能性はいくつも考えられる。倒れている人の発作はほんもので、危険な状態である。ただ転んだだけだ。社会心理学の実験で演技をしている。どっきりカメラの撮影中。大道芸人のパントマイム。いろいろ想像できるが、素早く決断しないといけない。だが、どうすれば決められる？　一つの方法は、まわりの人たちの様子を見ること。助けに乗り出そうとしているか。気にせずそのまま歩いているか。電話で救急車を呼ぼうとしているか。友だちとしゃべりつづけているか。あいにく、誰もが人とちがうことをしたがらないので、全員がほかの人からヒントをえようと様子を見る。そのため居合わせた全員が、結局なにも行動を起こさない。助けが必要なことが明白な場合でも、まだ責任問題が残っている。こうした日常的な場面には、明確な命令系統がどこにもない。助けるのは自分の仕事なのか、それともあそこにいる男にまかせるべきなのか。群衆の全員が同じように考え、誰も手を出そうとしないという結果が生まれる。

だが、自分一人しかいない場合はまったく状況がちがってくる。突然自分の肩にすべての責任がのしかかる。倒れた人が本当に助けを必要としているとしたら。建物が本当に火事だとしたら。エレベーターで同乗した女性が、不愉快な会議で嚙むための鉛筆を本当に必要としていたら。あなたは見て見ぬふりができるだろうか。その状況下では、問題を目にして自分が必要とされているのを感じた場合、たいていの人が相手を助けようとする。

「傍観者効果」と呼ばれるようになったこの現象について、ラタネとダーリーが調べはじめたのは、キティ・ジェノヴェーゼの殺害を三十八人もの人が目撃しながら、手を貸そうとしなかった事件が発端だった。だが最近の調査では、当時のメディアが事件を報道する際に、人びとの冷淡さを誇張して伝えた可能性も浮上している。事件を担当した弁護士の一人は、目撃者としてつきとめられたのは六人ほどだったと語っている。しかもそのうちジェノヴェーゼが刺される現場を見た人は一人もなく、事件の最中に警察に通報したと言っている人が、少なくとも一人いるという[29]。だが、当日実際になにがあったにせよ、報道に触発された数々の実験で、助けが必要なとき周囲にいくら人がいてもあまりあてにならない理由が、かなり解明されたことは事実である。

成功へのステップ

傍観者効果から読み取れることは明らかだ——なにか助けが必要なとき、周囲にいる人の数が多いほど、実際に誰かが助けてくれる可能性は低い。

では、あなたが通りで助けを必要とした場合、どうすればいいのだろう。アリゾナ州立大学の社会心理学者で説得術の専門家ロバート・チャルディーニによると、その答えは群衆の中から好意的な顔を一人選びだし、自分がどういう状況でなにが必要かを明確に伝えることだという。「心臓発作です。救急車を呼んでください」とか「糖尿病で、すぐに糖分が必要なんです」といったぐあいだ。要するに、問題のもとである責任の分散を防ぎ、傍観者を顔のない群衆の一メンバーから確実に行動してくれる一個人へと変えること。それがなにより大切なのだ。

責任を分散させない。それを頭に入れておくと、ほかの状況で人を動かすときにも役に立つ。たとえば、eメールで何人かに助けを求める場合は、同じメールを全員にコピーして送らないこと。あなたのメールがほかの人たちにも送られたのがわかると、全員が考えてしまうのだ。[30]責任の分散が生じる。自分以外の誰かが返事をするだろうと、全員が考えてしまうのだ。できるだけ大勢から助けをえるには、メッセージを一人一人に送ったほうがいい。

募金額を増やすためのうたい文句

義援金を募るとき、募金箱のうたい文句で集まる額が変わるだろうか。それをつきとめるため、私はブックストアチェーンのボーダーズの協力をえて、一週間のあいだひそかに実験をおこなった。まず、参加店に四つの募金箱を送った。四種類とも箱の大きさや形は同じで、チャリティの趣旨も同じ――「全国読書促進運動」だった。ただしそこに記された言葉は、心理学者から見て効果的と思われる四種類に分かれていた。「いくらでも、どうぞよろしく」「一セントでも、どうぞよろしく」「一ドルでも、どうぞよろしく」「世界を変えるのはあなたです」店長は箱を四か所のレジに置き、箱ごとに集まった募金額を集計した。

うたい文句のちがいは、募金額に影響をあたえただろうか。答えはイエスだった。最終的に集まった金額は、箱によってかなり差があった。「一セントでも、どうぞよろしく」が最も成績がよく、募金総額の六二パーセントに達した。かたや「一ドルでも、どうぞよろしく」は最下位で、募金総額のわずか一七パーセントだった。うたい文句のちょっとしたちがいが、なぜこれほど大きな影響をもったのだろう。心理学者ロバート・チャルディーニによると、募金箱にわずかなお金を入れるのはみっともないと考えて、なにも入れない人が多いという[31]。「一セントでも、どうぞよろしく」は、その迷いを吹き飛ばし、最低額の寄付を勇気づける言葉である。それに対して「一ドルでも、どうぞよろしく」は逆効果になりかねない。一ドル以下なら寄付してもいいと考える人が、その言葉を目にすると急に自分がケチに思えて、なにも入れずに立ち去ってしまうのだ。私たちはこの実験で箱の色も変えてみた。すると赤が最も効果的なことがわかった。おそらく緊急事態の印象をあたえるためだろう。

総合すると、赤い色の募金箱で「一セントでも、どうぞよろしく」と訴えれば、効果は二〇〇パーセントアップしそうだ。

実験結果4

力を借りたければ、まず力を貸すべし

聖書には、「受けるより、あたえよ」とある。同じことが（趣旨は聖書と異なるが）、心理学でも証明されている。

一九七〇年十二月に、社会心理学者のフィリップ・クンツとマイケル・ウールコットがきわめて簡単な実験をおこなった。[32] 彼らは数週間のあいだに、クリスマスカードを何人かに送った。ただし送り先は友人や家族や同僚ではなく、地域の電話帳から無作為に選び出した相手だった。二人は人間心理の相互性に興味があり、赤の他人からカードを受け取った人が返事を送るかどうか調べたのだ。結果はイエスだった。任意に選んだ見ず知らずの人たちの大半から、すぐさま返事のカードが送られてきた。

この相互性については、説得の心理を追究する学者たちも注目し、同じことがクリスマスカードではなく、もっと幅広い人間行動にも言えるかどうかが調べられた。

一九七〇年代に、心理学者デニス・リーガンは美術と美意識にかんする調査という名目で参加者を募った。[33] 参加者がめいめいに指定された時刻に展覧会場へいくと、べつの参加者が待っている。そして二人で展示中の絵の評価をするのだ。だが、会場で待っていた参加者は、じつは実験者から細かく指示を受けた助手だった。ほんものの参加者と一緒に絵を見て回る途中、彼は急に喉がかわいたと言い、無料のドリンクが用意された場所へ向かう。そして飲み終えてもどってくるときに、手ぶらでもどるパターンと、コーラのボトルをもってきて参加者に渡すパターンの二通りに行動した。

そしてすべての絵の評価を終えたところで、助手は参加者に向き直り、自分は宝くじを売っているのだが、じつはまだ少し売り残していると切り出す。一枚二十五セントで、残りを売りつくせば自分に五十ドル入ると話し、「何枚でもいいので、買ってもらえると助かります」と訴える。

コーラは助手がただで手に入れたものだったが、参加者の反応に絶大な影響をあたえた。「コーラをもってきましたよ」と言われた参加者が彼から宝くじを買った割合は、コーラをもってきてもらえなかった人たちの二倍だった。

キャンディーをサービスすると、チップが増える

そのほかの実験でも、自発的に親切な行動をすると、相手はお返しをしなくてはという気持ちになることが実証されている。心理学者デヴィッド・ストロメッツは仲間と一緒におもしろい実験をおこなった。(34) レストランのウェイターが客に勘定書を渡すとき、キャンディーを添える場合と添えない場合で、チップの額が変わるか調べたのだ。キャンディーを客一人につき一個添えた場合は、なにも添えない場合よりチップが二パーセント増えた。そして客一人につきキャンディーを二個ずつ添えると、チップが一四パーセント増しになった。さらに、キャンディーを客一人につき一個ずつ渡したあと、テー

ブルから遠ざかる前にふとポケットに手を突っ込んで、もう一個ずつキャンディーを配った場合。結果的に客一人が受け取ったキャンディーの数は前例と同じなのだが、心理的には大きな影響をあたえた。ウェイターの行動が自発的な好意と受け取られ、チップの額は二三パーセント増しにまでなったのだ。

なぜこんなちょっとした好意が、大きな結果に結びつくのだろう。

社会学者によると、どんな社会も一握りの原則を核にして安定をえているという。この原則はあらゆる文化圏に共通しており、共同体の平和的な存続に欠かせないものだ。最もよく知られている原則が「みだりにほかの人を殺してはならない」、そして「近親者とセックスをしてはならない」である。これをなかなか守れない人たちが少しばかり存在するとはいえ、この二つの原則が社会を安定させていることはたしかだ。だが、もっと無意識のレベルで働く原則がほかにいくつかあり、それもやはり共同体の存続に欠かせない。なかでも〝たがいに助けあう〟という考え方は、最も重要なものだろう。

社会を一つにまとめるために、人びとは共同で作業をし、たがいに助けあう。だがなかには、いつも人から受けとる以上にあたえてしまうという人もいる。助けるべき人と助けなくていい人を、集団の中でどうやって見分ければいいのか。判断はむずかしそうだが、意外に簡単な目安がある――自分を助けてくれた人を、助ければいい。つまり、「助けあい」である。おたがいに助けあうことが、世界に平和をもたらす。誰もが助けられた直後に、相手に平等なお返しができるなら、人を説得するための心理学を学ぶ必要もなさそうだ。だがさいわい、研究者から見ると助けあいの現実はもう少し複雑である。人を助ける行為は、相手に対する信頼を伝える。そして同時に自分は善人であり、必要なときがきたら相手からも助けられる資格があることも伝える。これらの要素が結びついて大きな力となり、私たちは相手にあたえた以上のものを、相手から受け取ることができる。展覧会場での実験ではコーラは無料だったにもかかわらず、参加者に宝くじを買わせる力をもっていた。レストランの実験では、おまけのキャンディーの値段はわずかだったが、客たちに気前よくチップを払わせる力があった。

私たちは自分を助けてくれた人を好きになり、好きになった人を助けようとする。だが、人は驚くほどささいなことのために、相手に好意をもつ。そしてささいなことのために、大きなものをあたえる。というわけで、助けがほしければ、まず自分から人を助けるほうがよさそうだ。

成功へのステップ

大規模な調査によって、誰かに恩恵をほどこすと、相手はそれ以上のお返しをしようとするということがわかった。では、どのように力を貸しても大きなお返しがくるのだろうか。補足的な研究によると、効果的に恩恵をほどこすには、いくつか細かな要素があるという。

好意が最大の効果を発揮するのは、あたえ手と受け手が知らない者同士で、内容はささいなことながらも思いやりにあふれている場合だ。助ける側に大きな努力が必要だったりすると、受け手はその好意にどう報いればいいか戸惑い、負担を感じる。つまり、最初にあまりに多くあたえすぎると、相手を面倒な立場に追い込んでしまう。相互性の法則にしたがえば、お返しはさらに大きなものになるからだ。恩恵をほどこすときの動機も重要である。恩恵を受けた側が、自分が助けられたのは、能力がないと思われたからだと考えたり[35]、相手の好意にはなにか裏があると考えたりして[36]、自尊心を傷つけられることも多い。というわけで、最高の効果を上げるためにつぎのことを覚えておこう。力を貸すなら、知らない相手のほうがいい。そしてだいじなのは、頭ではなく心から生まれた思いやりである。

助け合いの度合は、文化的背景にも影響を受けるようだ。マイケル・モリスは仲間と共同研究をおこない、同僚から助けを求められた場合、判断を左右する要素についてさまざまな国の人たちに訊ねた[37]。アメリカ人は相互性の原則（「以前、彼に助けられたことがあったかな？」）に、ドイツ人は同僚を助ける行動が会社の規則にはずれないかどうかに、スペイン人はもっと基本的な友情や好き嫌いに、中国人は助ける相手の地位に、それぞれ影響されると答えた。

最後に、相手から最大限の見返りを求めるなら、力を貸した直後が最も効果的である。スタンフォード大学のフランシス・フリンは、アメリカの大手航空会社の顧客サービス部の従業員を調査し、好意が最大の力を発揮するのは、相手にあたえた直後であることを発見した[38]。あまり長くたってから見返りを要求しても、相手は忘れていたり、そもそも助けなど必要としていなかったと考えていたりする。

実験結果5

赤ちゃんの写真の威力

数週間前、私は財布をなくした。パニック状態になったあと落ち着きを取りもどし、通り道をたどり直して財布を探したが見つからず、またパニックになり、そしてまた冷静さを取りもどし、そこでやっとクレジットカードのキャンセルにとりかかった。残念ながら、その財布はそれきりもどってこなかった。だが、おかげで私はすりきれた古い財布のかわりに新品のかっこいい財布を手に入れられた。この新しい財布と生き別れになるのは嫌だったので、万一なくした場合、財布になにを入れておけば、手許にもどる割合が高くなるだろうと頭をひねった。

調べてみると、過去に私と同じことを考えた科学者がいた。一九六〇年代後半から七〇年代はじめにかけて、人助けの心理に興味をもった科学者たちが一連の実験をおこなった。人通りの多い場所にこっそり財布を落とし、財布がもどってくる割合を調べたのだ。なかでも有名なのが、コロンビア大学のハーヴェイ・ホーンスタインの研究だろう。

拾った人が、もとの持主に返そうとしたくなる財布とは？

ホーンスタインは財布がもどる確率に影響をあたえそうな要素を、いくつか系統立って調べた[39]。たとえば、拾った相手に財布がマイナスではなく、プラスの印象をあたえた場合。ホーンスタインは、実験で一つの筋書きを設定した。道に落ちていた財布を誰かが拾い、短い手紙を添えて封筒に入れ、もとの持主に送り返そうとした。だが、拾った人はポストへいく途中でうっかりその封筒を落としてしまい、財布がまた行方不明になったという筋書きである。そこを通りかかった人は実験とも知らずに、封がされていない封筒が落ちていて中に手紙と財布が入っているのに気づく。拾った人は、はたしてその封筒をポストに入れて、財布の元の持主へ送るだろうか。財布に添えられた手紙はプラスの気持ちで書かれたもの（「……どなたかのお力になるのはうれしいことで……べつに手間でもなく……」）と、マイナスな気持ちで書かれたもの（「……送り返すのは結構手間がかかり……、私の好意を感謝していただければさいわいです」）の二種類。この手紙のちがいは、拾った人の行動に大きな影響をあたえた。プラスの気持ちで書かれた手紙が添えられた財布は四〇パーセントがもどり、マイナスの気持ちがこもった手紙が添えられた財布は一二パーセントしかもどらなかったのだ。

ホーンスタインの研究結果はたしかに興味深いが、自分の財布にいつも明るい内容の手紙を巻きつけておくわけにもいかない。学問の世界では、理論的には正しくても実用的とは言えない説が多いものだ。財布に入れておくべきものについて、私は友人たちにもっと実用的な助言を求めた。赤ちゃんや犬の写真など、持主をいい人間だと思わせるものについてさまざまな意見がでた。そこでどのアイディアが効果的か調べるため、私はホーンスタイン風の実験をおこなうことにした。

私は二百四十個の財布を買い、宝くじ、割引チケット、にせのメンバーズカードなど、ありふれたものを入れた。それに加えて四十個ずつ四組、合計百六十個の財布に四種類の写真を一枚ずつ入れた。笑顔の赤ちゃん、かわいい子犬、しあわせな家族、穏やかな老夫婦の写真である。五組目の四十個の財布には持主が最近慈善事業に寄付をしたことを示すカードをつけ加え、六組目の四十個の財布にはなにもつけ加えなかった。つけ加えたものは、財布を開いたときすぐ目につくよう透明なビニールの窓の中に入れた。そのように準備した財布をすべてごちゃまぜにしたあと、通行人の多い通りに一つずつこっそり落とした。ただし郵便ポスト、ごみ箱、ゲロや犬の糞から離れた場所を選んだ。

一週間で四二パーセントの財布がもどり、明確なパターンが浮かび上がった。返ってきた財布のうち、六パーセントはなにも加えなかったもの、八パーセントは慈善カードをつけ加えたものだった。老夫婦、かわいい子犬、しあわせな家族の写真を加えた財布が返ってきた割合はそれぞれ一一、一九、二一パーセント。抜群に成績がよかったのは、笑っている赤ちゃんの写真を加えた財布で、なんと三五パーセントがもどった。

赤ちゃんの写真が入った財布は、なぜこれほどもどってくる割合が高かったのか。答えは私たちの進化の過程に隠されている。二〇〇八年にオックスフォード大学の脳科学者たちが、赤ん坊と大人の顔写真を見たとき人の脳の中でどんな変化が起きるか調べた。(40) 使われた写真はどれも魅力的だったにもかかわらず、赤ちゃんの写真を見た場合は七分の一秒で、目のすぐ後ろにある脳の部位（内側前頭眼窩皮質）が反応した。あまりに速すぎるため、意識が働いたとは考えにくい。脳のこの部位は、大きなチョコレートをもらったり宝くじにあたったりしたときなど、人が好きなものを手に入れたときに働く部分である。科学者は赤ん坊に対するこの瞬間的な反応は、種の存続のため、無力で無防備な幼児を見るといい気持ちになり、助けたくなるよう進化が何万年もかけてつちかってきたものだと考えている。べつの研究者は、この庇護反応の作用で、赤ん坊にかぎらず、人は助けを必要とする相手を誰でも助けようとすると指摘している。こうして見ると、私の実験で財布を開いて赤ちゃんの写真を目にした人の脳は、とっさに大きな目、広いおでこ、まるくて小さな鼻に反応せざるをえなかったのだろう。一瞬のうちに進化の奥底にあるメカニズムが働いて親心が目覚め、やさしくしあわせな気持ちになり、財布を送り返そうと考えたのだ。

理屈はどうあれ、実際面で言えることは明快だ。財布をなくしたときに返ってくる割合を高めたければ、財布の中に最高に愛らしくてしあわせそうな赤ちゃんの写真を、すぐ目につくように入れておくこと。

実験Ⅲ

イメージトレーニングは逆効果

「プラス思考」の実践者は、ダイエットにも恋愛成就にも失敗する割合が高かった

……ペンシルヴェニア大学ガブリエーレ・エッティンゲン、トマス・ワッデンの調査

「試験でいい点を取る自分」をイメージし続けた学生は、逆にいい点が取れなかった

……カリフォルニア大学リアン・ファム、シェリー・テイラーの実験

「ダイエット商品」を食べる人はむしろ太る

……オランダ、ティルブルフ大学研究グループの実験

この四十年間、数多くの本や視聴覚教材や講習会が、目先の満足にとらわれず長期的な目標を達成するための方法を人びとに教えてきた。成功した自分の姿を強くイメージする方法から、自己肯定法、集中力を高める方法、流れに身をまかせる方法まで。多くの人がお金を払い、チャンスに賭けてきた。だが小さな問題が一つ。さまざまな研究で、これらの方法の大部分に効き目がないことが実証されたのだ。たとえば夢を視覚化する方法。出世してセレブになった自分、減量してスリムになった自分、禁煙に成功した自分、理想の相手と出会い仕事も順調な自分を思い描く方法が、以前から自己啓発業界でもてはやされてきた。残念ながら現在では、この方法は効果がなく、悪くすると害にもなりかねないという調査結果がでている。

カリフォルニア大学のリアン・ファムとシェリー・テイラーは、学生たちのグループに毎日数分間、だいじな中間テストでいい点をとった自分を思い描いてもらった(1)。学生たちは心の中で鮮明に自分をイメージし、どんなにいい気分かを想像した。そして比較対照グループの学生にはいつも通りにすごすように頼み、彼らはすばらしくいい点をとった自分の姿など想像しなかった。実験者は両方のグループの学生に毎日勉強した時間数をメモしてもらい、テストでの実際の成績も調べた。成功した自分を思い描くのは、時間にすれば毎日わずか数分だったが、学生の行動にかなりな影響をあたえた。彼らはあまり勉強しなくなり、試験でいい点がとれなかった。言い換えると、成功をイメージする方法は目標達成の助けにはならなかったのだ。

べつの実験で、ペンシルヴェニア大学のガブリエーレ・エッティンゲンとトマス・ワッデンは、減量プログラムに参加する肥満体の女性グループを観察した。[2] プログラムの中で女性たちは、さまざまな食事の場面を思い描くように頼まれた。友人の家で、おいしそうなピザが出された場面などだ。参加者の想像は非常にプラスなイメージ（たとえば、「私はちゃんと自制して、ケーキやアイスクリームには手を出さない」）から、非常にマイナスなイメージ（「私はすぐに飛びついて、自分の分ばかりかほかの人の分まで食べてしまう」）にまで分かれた。女性たちを一年追跡調査した結果、マイナスのイメージをもった女性のほうが、プラスのイメージをもった女性より平均一一・八キロ減量に成功していた。

エッティンゲンは数々の実験で、ほかの状況でも同じ結果が示されることを証明した。その一つが、クラスメートにひそかな恋心を抱く学生たちに、さまざまな場面を想定してなにが起きるか想像してもらう実験だった。たとえば誰もいない教室で座っていたときに、ドアが開いてお目当ての相手が入ってくるという場面。ここでも、想像の内容はプラスとマイナスで評価された。ハーレクインロマンスの愛読者も赤面しそうな筋書き（「私たちの目が合い、おたがいにこの恋は生涯一度のものだとわかる」）から、もっとそっけない筋書き（「二人とも相手がいなくて自由の身。彼はにっこりして、『やあ』と私に声をかける。すると私はなぜだかわからないけれど、もうボーイフレンドがいるのと口走る」）まで。そして五か月後に実際のなりゆきを調べると、プラスのイメージ[3]を描いた学生のほうが、相手に恋心を打ち明けてもおらず、成果は上がっていなかった。

まさに同じことが、仕事上の成功にも言える。エッティンゲンは最終学年の学生に、大学を卒業したあと理想の職場で働く自分の姿をどれくらいの頻度で想像するか書いてもらった。二年後の追跡調査の結果では、成功した自分を思い描くことが多いと答えた学生は、求人への応募回数も会社から声をかけられた回数も少なく、クラスメートにくらべてかなり給料が低かった。

自分の成功を想像することが、なぜ悪い結果につながるのだろう。研究者たちの見解では、素晴らしい人生を思い描いてばかりいると、途中で遭遇する挫折に対して準備ができないからだと言う。あるいは現実逃避に浸って、目標達成に必要な努力をないがしろにするためかもしれない。いずれにせよ、研究結果から読み取れることは明白だ——完璧な世界を夢見ても、気分はよくなるだろうが、夢を現実に変える力にはならない。

だがさいわい、やる気を出すための方法がすべてだめというわけではない。永続的なプラスの変化をもたらす方法もあり、数多くの研究で証明されている。減量から禁煙まで、就職から理想的なパートナーとの出会いまで、時間をかけずにできる効果的な方法。そのポイントとなるのは、計画を立て、先延ばしの癖を克服し、ちょっと変わった二重思考を取り入れることだ。

実験結果1

目標達成のために計画を立てる

減量、就職、受験勉強、だいじな面接の準備など、重要な目標を目の前にしたとき、あなたはどんなことをするだろう。つぎの項目を読み、自分がとる方法に○と×で答えてみよう。時間をかけて考えずに、正直に答えること。

重要な転機を迎えたとき、私がすること

1　段階に分けた着実な計画を立てる
2　成功した人物（有名実業家や国のリーダーなど）を思い浮かべてやる気を起こす
3　自分の目標について人に話す
4　失敗した場合に起きる嫌なことを考える
5　成功した場合に起きるいいことを考える

6　マイナスになること（健康に悪い食品や喫煙など）を頭から締め出す
7　目標に向かって前進できたら自分にほうびを出す
8　意志の力に頼る
9　進みぐあいについて記録（日記やチャートなど）をつける
10　成功者になったすばらしい自分の姿を想像する

記入を終えたら採点する。奇数の項目（1、3、5、7、9）につけた○の数を数える（A）。偶数の項目（2、4、6、8、10）につけた×の数を数える（B）。どちらにも入らない答えは無視する。AとBの数を足して合計を出す。

数年前、私はやる気を高める心理にかんして大規模な調査をおこなった。対象は、目標達成や夢の実現を目ざす世界中の人たち五千人以上。目標の内容は、減量、なにかの資格を取る、新しいパートナーとの出会い、禁煙、就職、環境問題に取り組むなど、さまざまだった。追跡調査を六か月から一年おこなったケースもあった。最初は大半の参加者が、自分の成功を確信していた。調査が終わるころ、全員に目標達成のためにとった方法を訊ね、成功の度合を報告してもらった。すると最終的に目標を達成した人は、わずか一〇パーセントだった。

このとき参加者がとった方法で多かった十通りが、前ページの質問表の項目である。なかにはいたって常識的な方法も、自己啓発の本や講習会でよく紹介されている方法もある。だが、私たちの調査結果によると、このうち成功の確率をかなり高めたものが半分、効果のなかったものが半分。さて、効果があったのはどの方法だろう。

私たちの調査では、質問表の偶数番号の方法をとった参加者は、目標達成がむずかしかった。たとえば、セレブを手本とした人たちは、いくらその写真を冷蔵庫に貼りつけても、スリムになることも実業界で成功することもなかった。意志の力に頼った人、クリームケーキやチョコレートサンデーを頭から締め出した人、失敗したときのみじめさを考えた人、成功したすばらしい自分の姿を夢想した人も、同様だった。やる気を出して成果を上げる方法として、これらはいずれも神話にすぎない。

質問表の奇数番号の方法をとった参加者のなりゆきは、まったくちがっていた。この五通りの方法はどれも、目標達成率を高めるのに効き目があった。一つずつご紹介していこう。

小さな目標を立てる

成功へのポイントの一つ目。私たちの調査で目標達成に成功した参加者は、計画を立てていた。作家のジグ・ジグラーに、有名な言葉がある。「あてもなくさまよっていたら、ある日突然エベレストの山頂にいたなどということは、ありえない」。同じように、あてもなく人生をさまよっていたら、突然新しいビジネスが目の前に開けたとか、大幅に体重が減ったなどということは、ありえない。成功した参加者たちは、最終的な目標に到達する途中にいくつか小さな目標を設けていた。そうやって段階的に進むことによって、急激な変化につきものの恐怖心やためらいが取りのぞかれた。小さな目標がそれぞれ具体的で、期間や回数がきちんと決めてあると、とりわけ効果的だった。たとえば新しい仕事に就くことを目標とした参加者の場合。成功した人たちは六か月のあいだ履歴書を週に一回書き、二週間に一度は入社試験を受けたと報告した。また、人生を楽しむことを目標とした大勢の参加者の中で、成功者たちは毎週二晩かならず友だちと一緒にすごし、毎年一回は新しい国を旅行するようにしていた。

目標について人に話す

ポイントの二つ目。成功した参加者は失敗した人たちより、自分の目標を友人、家族、同僚などに話すことが多かった。誰にも話さないほうが、失敗したときに恥をかかずにすむ。だが同時にそれまでの習慣や日常から抜け出せないため、人生を変えにくい。そのことは心理学の実験でも裏づけられている。人は自分の約束や考えを公表すると、それらを守り通そうとする傾向が強いのだ。一九五五年に有名な実験がおこなわれた。学生たちにカードに描かれた線の長さについて質問し、その回答を人に見せる（紙に書いて署名し、実験者に渡す）か、誰にも教えないかは各自の判断にまかせた。(4) そのあとで実験者が線の長さは見誤りやすいものだと指摘すると、回答を人に見せた者のほうが自分の意見に強くこだわった。べつの研究では、自分の目標を打ち明けた相手の数が多いほど、目標達成への意欲が高まるという結果がでている(5)。目標を公表すると成功する割合が高まるのは、苦境に立ったとき友人や家族が力になってくれるためでもある。プリマス大学のシモーヌ・シュノールは、一連の実験で参加者を山のふもとへ連れていき、山のおよその高さと、その山に登るむずかしさを見積もってもらった(6)。一人でいったときより友人と一緒にいったときのほうが、参加者は山の高さを一五パーセントほど低く見積もった。そして山を見るときに友人のことを考えるだけでも、登山はずっとらくに思えるようだった。

目標を達成したときのプラス面を考える

ポイントの三つ目。人生を変えることに成功した人たちは、目標を達成したときに起きるプラスのことがらを考える。それは完璧な自分を夢想することとはちがう。目標を達成したとき、人生にどんないいことが起きるかを客観的に数え上げるのだ。研究によると成功しなかった人は、失敗した場合に起きる嫌なことのほうばかりを考えがちだった。たとえば新しい仕事に就くことのメリットを書き出すように言われると、成功した人はいまよりやりがいがある仕事で給料もいいと書いたのに対し、成功しなかった人は、失敗したら自分は行き詰まり、不幸になると答えたのだ。減量を例にとると、成功した人たちはサイズが一回り小さくなったら、自分がどれほどきれいになり、気分もよくなるか書いた。かたや成功しなかった人は、減量できなかったらまた自分の外見に悩まないといけないと答えた。前者はよりよい将来を目指して前向きになれるのに対し、後者の目はマイナスなできごとや経験にばかり向けられるため、前向きな気持ちになれない。

自分にほうびを出す、日記をつける

ポイントの四つ目。自分をほめること。成功した人は、小さな目標が達成されるたびに自分にほうびをだすことを、計画の中に取り入れていた。ほうびの内容は、目標そのものをさまたげるものであってはならない（たとえば減量中、一週間の節食に成功した自分へのほうびに、チョコレートを思う存分食べたりしてはいけない）。なにか前向きな、達成感をかみしめられるようなものがいい。

ポイントの五つ目。成功した人たちは自分の立てた計画、進みぐあい、プラスになったことがらや自分へのほうびを、簡潔に書きとめていた。手書きやパソコンで日記をつけ、冷蔵庫の扉やメモボードにグラフやイラストを貼りつける人も多かった。方法はどうあれ、書きとめることは目標達成の確率を大いに高めてくれる。

「成功へのステップ

目標を達成し夢を実現しようと思ったら、成功への鍵となる方法は四つ。正しい計画を立てる。友人や家族に目標について話す。達成したときのプラス面だけを考える。一ステップ進むごとに自分にほうびを出す。これらの方法を日常に取り込めるように、つぎにやる気を出すメモ帳をご用意した。さまざまな目標に向かって自分を変えたいとお考えの場合、使ってみていただきたい。

①　あなたの最終目標を書き出してみよう

私の最終目標：

②　ステップごとの計画を立てる

最終目標までの道のりを、最高五段階に分ける。どのステップも具体的かつ現実的で、期間や回数を決めたものにする。一ステップごとに自分の成果を振り返り、ここまでの段階は達成できたと思ったら自分にほうびを出す。ほうびの内容は、アイスクリーム、新しい靴や服、最新のハイテク機器、本、レストランでの食事、マッサージなど、自分の好きなものを。

ステップ1

私のステップ1の目標：

私はこのステップをクリアできると思う。理由は：

このステップをクリアするために、私はつぎのことをする：

このステップをクリアする期限：

このステップをクリアしたら、自分へのごほうびは：

ステップ2

私のステップ2の目標：

自分はこのステップをクリアできると思う。理由は：

このステップをクリアするために、私はつぎのことをする：

このステップをクリアする期限：

このステップをクリアしたら、自分へのごほうびは：

ステップ3

私のステップ3の目標：

自分はこのステップをクリアできると思う。理由は：

このステップをクリアするために、私はつぎのことをする：

このステップをクリアする期限：

このステップをクリアしたら、自分へのごほうびは：

ステップ4

私のステップ４の目標：

自分はこのステップをクリアできると思う。理由は：

このステップをクリアするために、私はつぎのことをする：

このステップをクリアする期限：

このステップをクリアしたら、自分へのごほうびは：

ステップ5

私のステップ5の目標：

自分はこのステップをクリアできると思う。理由は：

このステップをクリアするために、私はつぎのことをする：

このステップをクリアする期限：

このステップをクリアしたら、自分へのごほうびは：

③　最終目標を達成したときの、メリットは？

最終目標を達成したときの大きなメリットを三つ書き出す。自分と自分のまわりの人たちに、どんないいことがあるか考える。現状のマイナス点から目をそらすのではなく、自分が望む将来のプラス点に目を向ける。

メリットその1：

メリットその2：

メリットその3：

④ **目標を公表する**

自分の最終目標と段階的な目標について話せる相手は？　友だち、家族、同僚……。ブログに書き込む、家や会社の中の目立つ場所に貼りだす、などもいい方法だ。

私はこうやって目標を人に知らせる：

調査によると、二四パーセントの人が自分には先延ばしの癖があると考えている。おそらくこの数字は実際より低いだろう。アンケートに期限内に答えた人だけを基準にして、割り出された結果なのだから。実際の数字はどうあれ、先延ばし癖がよくないことは間違いない。支払いはとどこおり、仕事は期日に間に合わず、だいじな試験や面接にちゃんとした準備ができない。先延ばし癖は複雑な現象で、原因はさまざまだ。失敗することへの恐怖、完璧主義、自制心の欠如、飽きっぽさ、すべきことを小分けにせず大きな塊としてしか捉えない、人生は短いからつまらないことにわずらわされたくないと考える、仕事に必要な時間数を正確に計算できない、などなど。

だが、先延ばし癖を克服する方法がある。それが見つかったのは、たまたま目にしたウェイターの行動がきっかけだった。言い伝えによると、一九二〇年代のあるとき、ブルーマ・ツァイガルニクというロシアの心理学専攻の大学院生が、指導教授と一緒にウィーンのカフェにいた。人間心理の研究者である二人はなにげなくウェイターと客の行動を観察するあいだに、不思議な現象に気づいた。客が勘定書を頼むと、ウェイターはその客がどんな料理を食べたか即座に思い出した。だが、支払いを終えた客が数分後に注文について訊ねたときは、なにも覚えていなかった。勘定の支払いという行動が、ウェイターの頭の中では一つの完結を意味し、記憶から注文内容が消えてしまうらしい。

ツァイガルニクは興味をそそられ、研究室にもどってみずから実験を試みた。参加者に単純な仕事（計算をする、玩具を箱に入れるなど）を頼み、途中でやめさせた。そして参加者に自分がした仕事をすべて言ってもらった。彼女が観察したウェイターと同じように、中断した仕事は人の頭に残り、思い出すのは簡単だった。(7) ツァイガルニクは、どんな仕事も心理に不安を呼び起こすと考えた。そして仕事が完結すると、心はほっと安堵のため息をつき、すべてが忘れ去られる。だが、途中で邪魔が入って中断されると心は落ち着かず、はじめたことをやり終えてほしいと催促しつづけるのだ。

そのことが、先延ばし傾向とどう関係があるのだろう。行動開始が先に延ばされるのは、目の前の仕事量に圧倒され、ひるんでしまうためという要因が強い。だが、まわりの人や自分自身から、「ほんの数分」手をつけてみるよう説得されてやりはじめた場合は、最後までやり通すことが多い。この「ほんの数分」の原則が、先延ばし傾向の克服に有効なことは研究でも証明されている。それが困難な仕事をやり終える推進力になるのだ。(8) これはツァイガルニク説のすぐれた応用でもある。ほんの数分だけのつもりでなにかに手をつけると、脳が不安刺激を受け、最後までやらないと気がすまなくなるのだ。

実験結果2

プラスとマイナスの両方を考えて目標を達成

この章のはじめに私は、ペンシルヴェニア大学のガブリエーレ・エッティンゲンの実験をご紹介し、理想的な自分の姿を夢想する方法は目標達成にマイナス効果をもたらすとお話しした。だが、同じエッティンゲンの実験で、理想を思い描く方法に少し手を加えれば、効果的なものに変わることがわかった。実際の話、必要なのはオーウェル流の二重思考を取り入れることだけなのだ。

作家のジョージ・オーウェルは小説『一九八四年』の中で、二重思考の概念を登場させた。自分の中に相反する二つの考え方を共存させ、両方とも受け入れることである。オーウェルの小説の中でこの方法を使うのは、たえず歴史を改竄《かいざん》しつづけ、大衆支配をもくろむ独裁政府である。だが最近の研究で、この手法がもっと前向きに使えることが実証された。目標を達成し夢を実現させるために、応用ができるのだ。エッティンゲンはやる気を出すには、自分の目標達成について楽観的になる（プラス）と同時に、行く手に待ち構える問題（マイナス）を現実的に捉えるほうがいいと考えた。それを実証するため、彼女は風変わりな設定で参加者にプラスとマイナスの両方を考えてもらい、一連の実験でその有効性を調べた。

やり方は簡単だ。まず参加者は減量、新しい技術の習得、節酒など自分が達成したい目標について考える。つぎに目標を達成したときの自分をしばらく想像し、目標達成で得られる最高のメリットを二つ書き出す。続いて参加者は、目標達成を目指す過程で遭遇しそうな困難や障害についてしばらく想像し、最大の障害を二つ書き出す。ここで二重思考が登場する。参加者は第一のメリットについて、それによって自分の生活がどれほど楽しくなるか細かく具体的に考える。その直後に、成功の前に立ちはだかる第一の障害について、遭遇したとき自分はどうするか細かく具体的に考える。同じことを第二のメリットと第二の障害についてもおこなう。

いくつかの実験を通して、エッティンゲンはこの方法にプラスとマイナスの相乗効果があることを発見した。たとえば参加者が対人関係の改善を望んだ場合、二重思考をとるほうがたんにプラスだけの場面、あるいはマイナスだけの場面を想像したときより、成功する割合が高かった。[9] エッティンゲンは、ひそかに恋心を抱く学生を対象とした実験に、二重思考の方法を取り入れてみた。夢と現実の両方を自分の中に取り入れた学生は、ひたすら甘いデートを夢見たり、恋心を打ち明けるむずかしさばかりを考えたりする学生より、恋に成功する割合が高かった。[10] 二重思考は、職場でも役立つことが証明された。社員を研修コースに参加させる、部下を効果的に使う、時間管理能力を上げるときなどに効き目があったのだ。[11]

研究結果によれば、やる気を出すために理想をイメージする方法はたしかに役に立つ。

ただし必要なのは、目標達成でえられるメリットと、途中に控えている現実的な困難の両方を視野に入れてバランスをとること。つまり、二重思考である。

「成功へのステップ

つぎの練習問題は、二重思考の方法にもとづいている。困難を乗り越えて目標達成を目指すために、お使いいただきたい。

1　あなたの目標を書き出そう

2　あなたを待っているメリットと障害

a　目標を達成したときの最高のメリットを、ひとことで：

b　目標達成への道のりに待っている最大の障害を、ひとことで：

c　目標を達成したときの大きなメリットをもう一つ、ひとことで：

d　目標達成への道のりに待っている大きな障害をもう一つ、ひとことで：

3　さらにくわしく

2の答えについて、さらにくわしく具体的に書き出してみる。

・aに対する答えをくわしく。

・この目標を達成したときのメリットをすべて想像して書く。

・bに対する答えをくわしく。

・この障害がどんなふうに前進をさまたげるか、あなたはそれに対してどんな段階を踏んで対処するか想像して書く。

・cに対する答えをくわしく。

……………………………………………………

・この目標を達成したときのメリットをすべて想像して書く。

……………………………………………………

・dに対する答えをくわしく。

……………………………………………………

・この障害がどんなふうに前進をさまたげるか、あなたはそれに対してどんな段階を踏んで対処するか想像して書く。

実験結果3

ダイエットと節酒の秘策

調査によると、たいていの人は人生の中で一度はダイエットや節酒に挑戦している。だが同じ調査で、大半の人が成功せず、失敗の原因はやる気不足にあったという結果がでている。問題の一つは、挑戦をはじめるときもやめるときも自分の直感にしたがわず、無意識のうちに数多くの要素に影響されることだ。その中でも風変わりな要素に注目したコーネル大学のブライアン・ワンシンクは、食卓に理性以外の部分がかなり働いていることを発見した。

ワンシンクは、人が食べる量は「自分が食べ終えたかどうか」という単純な疑問に左右されるのではないかと考え、実験をおこなった。[12] 彼は底に穴のあいたスープ皿を作り、隠された管を通して皿にスープをつぎ足せるようにした。この実験の参加者たちはテーブルに着き、二十分のあいだおしゃべりをしながらスープを飲んだあと、感想を訊かれた。なにも知らない参加者たちの半分はたえず中身がつぎ足される〝底なしの皿〟で、もう半分の参加者はふつうの皿でスープを飲んだ。

なんと底なしの皿を出された人たちの飲んだスープの量は、ふつうの皿を使った人の七五パーセント増しだった。しかも底なしの皿を使った人たちは自分たちが大量に飲んだことに気づいておらず、満腹感はふつうの皿で飲んだ人たちと同程度だった。

だがさいわい、摂取量に影響するこうした隠れた要素を参考にして、私たちは食べ物や飲み物の量を効果的に抑えることもできる。

成功へのステップ

ゆっくり食べる

研究結果によると、時間をかけて食べると摂取量が少なくなる。[13] それは脳が実際より多く食べたと受け取り、消化の時間もそれだけ長くなるためだろう。この説を応用して、ペニングトン生物医学研究所のコービー・マーティンは、太りすぎの参加者を集め、三種類の速さでランチをとってもらった。[14] いつもと同じ速度、いつもより倍遅い速度、いつもの速度ではじめて途中から倍遅い速度に、という三種類である。遅い速度で食べると、男性は食べる量が減ったが女性は減らなかった。いつもと同じ速さで食べはじめ、途中から遅くすると男女ともに食べる量が大幅に減った。しかも、いつもの速度と遅い速度の組合せは、はじめから遅い速度で食べるよりも効果的だった。いつもどおりの速さではじめて、途中からひと口ずつ味わいながら食べると、少ない量でも食欲を満足させられるのだ。

飲むなら細長いグラスで

コーネル大学のブライアン・ワンシンクとカート・ヴァン・イッターサムは、学生たちに頼んで、ボトルのウィスキーを背が低くて口の広いグラスと、細長いグラスに、それぞれシングル量ずつついでもらった。[15] すると背の低い広口グラスの場合は、つがれる量が三〇パーセント多くなった。グラスの口の広さに関係なく、中に見えるアルコールの高さが量の判断と結びつくらしい。つぎにベテランのバーテンダーに頼んで同じ実験をくり返したところ、背の低い広口グラスにつがれる量は、細長いグラスより平均二〇パーセント多くなった。酒量を減らしたいときは、背の低い広口グラスはやめて、細長いグラスで飲むことをお勧めする。

おいしいものは、視界から遠ざける

食べ物や飲み物を視界から数メートル遠ざけるだけで、消費量を減らすことができる。チョコレートの入った容器を職場のあちこちに置いて、その消費量を調べた実験がある。[16] 社員が座っている場所からわずか二メートルしか離れていないところに置いた場合、そしてチョコレートを透明な容器に入れた場合と不透明な容器に入れた場合。チョコレートを社員の近くに置くと、毎日のチョコレートの消費量は平均六倍増え、透明な容器に入れた場合は不透明な容器に入れた場合の四六パーセント消費量が増えた。同様な原則が、家の中の食べ物についても言える。べつの研究では、そのまま食べられる食品を家庭内で山積みにした場合、山が高いほど消費量が増えるという結果がでている。[17] 消費量を減らすためには、おいしそうな食べ物を視界から遠ざけ、手のとどきにくい場所（戸棚の上や地下室など）に置くほうがよさそうだ。

食べるときは集中する！

食べている最中にほかのことに気を取られ、食べ物から注意がそれていると、食べる量が多くなる。ある研究で、映画館で人が映画を見ているあいだに食べるポプコーンの量が調べられた。映画に夢中になっている人の消費量はかなり多めになった。[18] べつの実験では、面白い話を聞きながら食べている人は、黙って食べている人より一五パーセント量が多かった。[19] 食事のあいだにテレビを見る、雑誌を読む、おしゃべりをするなどで気が散っていると、人はつい多く食べすぎてしまう。

大きな食器にご用心

あなたが食べる量は、器やスプーンの大きさにも影響されるだろうか。数年前、ブライアン・ワンシンクは友人たちをパーティーに招き、ひそかに実験をおこなった。[20] 彼は客に一リットル入りの深皿あるいは二分の一リットル入りの深皿、大きなスプーンあるいは小さなスプーンを渡し、アイスクリームを好きなだけ自分ですくい取ってもらった。そして客が一さじすくったところで待ったをかけ、アイスクリームの量を測った。すると大きなスプーンを渡された客は一四パーセント、大きな皿を渡された客は三一パーセント、それぞれ多めにすくっていた。ペンシルヴェニア大学のアンドリュー・ゲイアーは、この効果がアイスクリームやパーティーという条件にかぎらないのを証明した。(21) 彼らは粒チョコレートを入れた深皿をアパートの廊下にある台にのせ、かたわらにスプーンを置いて、「このスプーンですくって、お好きなだけどうぞ」と書いたカードを添えた。そのスプーンの大きさは、日によって小さじの日もあれば大さじの日もあった。すると大さじを置いた日は、粒チョコの減りぐあいが二倍になった。というわけで、減量を目指すなら、あなたが使う食器やスプーンは小さめに。

食事日記をつける

カイザー・パーマネント健康調査センターがおこなった研究によると、自分がなにをどれくらい食べたか記録をつけると、減量効果があるという。(22) 実験では食事日記をつけた参加者は、日記をつけなかった参加者の二倍体重が減っていた。日記は本格的な減量日記である必要はない。自分が食べたものをメモパッドに走り書きするだけでいい。自分自身にeメールで送るのも効き目がある。自分が食べたものを日々自覚することが、それまでの習慣を改め、食べる量を減らすのに役立つのだ。

後悔を励みにし、ジムでは鏡を見ない

自分の体型に満足していないが、なかなかジムにいく気にもならない。そんな場合は、後悔の力を味方につけよう。チャールズ・エイブラハムとパスカル・シーランがおこなった研究では、ジムに〝いかなかった〟場合、あとで自分がどれくらい後悔するかを考えると、ジムにいくはずみがつくという(23)。そして実際にジムへいったら、大きな鏡は見ないほうがいい。マクマスター大学のキャスリン・マーティン・ジニスは仲間との共同研究で、参加者にエクササイズバイクのペダルを漕いでもらい、鏡に向かうか壁に向かうかの二通りのケースを調べた。その結果、つねに鏡を眺めていた人は、壁に向かっていた人にくらべ、かなりやる気をなくし疲労度も高かった。おそらく鏡に映る情けない自分の姿に意欲をそがれ、プラス効果よりマイナス効果のほうが強かったのだろうと研究者は考えている(24)。

体内のエネルギーを消費する

毎日の暮らし方を少しだけ変えて、体内のエネルギーをできるだけ燃やすようにしよう。たとえば床の掃除にスプレーを使うかわりにワックスで磨く(磨く作業のほうがエネルギーを消費する)、エレベーターを使うかわりに階段を上がる、テンポの速い音楽を聞きながらウォーキングや芝刈りをする、などだ。

体型を鏡で自覚する

アイオワ州立大学のステイシー・センティルスとブラッド・ブッシュマンの研究によれば、キッチンに鏡を置くと減量に効果があるという[25]。彼らはスーパーマーケットに来た千人近くの客に、高脂肪のマーガリンと低脂肪のマーガリンの新製品を勧める実験をおこなった。実験の前半ではマーガリンを並べた棚の後ろに鏡を置き、客に自分の姿が見られるようにし、後半では鏡は置かなかった。すると鏡を置いた場合、高脂肪のマーガリンの売れ行きが低脂肪のものより三二パーセント低くなった。鏡に映る自分の体型を意識したためだろうと研究者は推測している。

小さな袋入りは逆効果

スーパーなどでは、「ダイエットパック」と称して小さな袋入りの菓子やチップス類を売り出し、これなら量が少なく食べすぎを防げると宣伝している。だが、その効果は本当にあるのだろうか。それをたしかめたのが、オランダのティルブルフ大学の研究グループだった[26]。彼らは、参加者を二つのグループに分け、片方にチップスの大袋を二袋、もう片方にダイエットパックを九袋渡し、食べながらテレビを見てもらった。その前に全員が鏡の前で体重を測り、〝ダイエット・モード〟に入った。結果は、ダイエットパックを渡された参加者は、大袋を渡された人たちの二倍食べていた。ダイエットパックを渡された参加者はそれだけで安心し、自制心を働かせる必要はないと感じて、結局沢山食べてしまったのだ。

自分のための弔辞を書く

チャールズ・ディケンズの小説『クリスマス・キャロル』では、血も涙もない守銭奴エベニーザ・スクルージのもとを、三人のクリスマスの精霊が訪れる。精霊の中で過去のクリスマスの霊と現在のクリスマスの霊は、スクルージがその冷酷さゆえにいかに孤独でみじめな存在になったかを示して見せる。そしてつぎに未来のクリスマスの霊があらわれ、訪れる人もなく荒れ果てた彼自身の墓を見せる。そこではじめてスクルージはおのれの真の姿に気づき、思いやりのある人間に変わろうと考える。この小説から汲みとれるのは、ものごとを長い目で見る効果や、生と死について考える大切さだが、同じ点に注目した心理学者も多い。そして彼らの発見は、スクルージの変化が実人生でも起こりえることを証明している。

ある実験では通行人を呼び止めて、慈善活動について答えてもらった。(27) 質問内容は「この活動が社会にどれくらい役立つと思いますか」「この活動を社会がどれくらい必要としていると思いますか」「このチャリティーはあなた個人にどれくらい役立ちますか」などだった。実験の半分は葬儀社の前で、あとの半分はふつうのビルの前でおこなわれた。葬儀社の前で質問する場合は、その看板が嫌でも目に入る場所で人を呼び止めた。結果には、スクルージと同様の効果があらわれた。自分自身の死を意識させられた人は、なんの変哲もないビルの前で質問された人よりも、はるかに慈悲深くなったのである。

ミシガン大学のクリストファー・ピーターソンは、自分が死後どのように記憶されたいかを考えると、人生のさまざまな面で指針ができるという[28]。それによって長期の目標をもち、その目標をどこまで実現できたかが測れるようになるのだ。というわけで、なにはさておき、あなた自身のクリスマスの精霊を呼び出すことにしよう。

あなたの親友が、あなたの葬儀で弔辞を述べている場面を想像する。そしてその友人にかわって原稿を書いてみよう。自分のことをどんなふうに語ってもらいたいか考えるのだ。謙遜する必要はないが、現実的に考えること。あなたの人柄、功績、個人としての強み、家族とのふれあい、仕事上での成功、周囲の人たちへの接し方。あなたは、どんなふうに言ってもらいたいだろう。書き上げたら、自分の理想像を書いたその弔辞を、真剣に時間をかけて読み返す。あなたの現在の生き方や行動は、その内容と重なっているだろうか、それともまだ足りない部分があるだろうか。

実験Ⅳ

まちがいだらけの創造力向上ノウハウ

「集団思考」は創造力の欠如をまねく
……ケント大学ブライアン・ミューレンの二十種類の実験

人間の行動性向は簡単な暗示で大きく変わる
……オランダ、ナイメーヘン大学のアプ・ダイクステルホイス、アド・ファン・ニッペンベルクの実験

モダンアートを見るだけで、創造力は引き出せる
……ブレーメン国際大学の心理学者イェンス・フェルスターの実験

一九四〇年代のはじめ、広告代理店社長のアレックス・オズボーンは、一部屋に何人もが集まり、いくつかの単純な原則にしたがいながら集団で考えると、創造性が高まると考えた。突飛で過激なアイディアも否定せず、誰の発言についても批判や批評をしないなどの原則で、できるだけ沢山の発想を出させるのだ。この手法をビジネス界に売り出すにあたって、オズボーンは「ふつうの人は、一人で考えるときより集団で考えるほうが、二倍アイディアがでる」と説いた。(1) そして彼の斬新な手法は、世界中でもてはやされた。その後長いあいだ、世界各地の会社が大きな仕事に取り組むときは社員にこの集団思考（ブレーンストーミング）を奨励している。

集団思考は「手抜き」に変わりやすい

この集団思考の有効性について、多くの研究者がかなり苦労して調べた。代表的な実験では、参加者の半数を「集団で考える」グループとして任意に選び、一つの部屋に集めた。そして一般的な集団思考で、ある問題についてアイディアをだしてもらった（新しい広告キャンペーンのデザインを考えるとか、交通渋滞を解消する方法を考えるなど)。参加者の残り半数には一人一人べつべつの部屋で、同じ問題について考えてもらった。そのあとで研究者は二グループからでたアイディアの数を数え、専門家に内容の質的評価を依頼した。はたして集団思考のほうが、一人で考えるより効果的だっただろうか。科学者の答えは、ノーが多かった。カンタベリーにあるケント大学のブライアン・ミューレンは、この方法で集団思考の有効性を調べた二十種類の実験結果を分析した。すると驚くべきことに、実験の大半で、参加者が一人で考えるほうが集団より量も質も上という結果がでていた。(2)

べつの研究によると、集団思考がいい結果を出せないのは「社会的手抜き」と呼ばれる現象のためだという。十九世紀の末に、フランスのマックス・リンゲルマンという農業技術者が、職人たちをできるだけ有効に働かせる方法を模索していた。(3) 何百もの実験をくり返した彼は、ふとしたきっかけで思いがけない効果を発見した。この効果がその後一世紀にわたって、心理学の世界で注目を浴びることになった。リンゲルマンはある実験で、参加者に綱を引いて重い物を動かすように頼んだ。当然ながらリンゲルマンは集団で作業したほうが、一人で綱を引くより重いものが動かせると考えた。だが、結果は逆だった。一人で綱を引いた場合は八五キロの物まで動かしたのに対し、集団で綱を引いた場合は一人あたり六五キロまでしか動かせなかったのだ。その後の研究で、この現象の原因は二章でご紹介した「傍観者効果」と同様、責任の拡散にあることがわかった。(4) 一人で作業する場合は、成功も失敗も自分一人の能力と努力にかかってくる。成功すれば栄光は自分のものだし、失敗すれば自分が責任を負うことになる。だが、何人か集まると誰もが急に頑張るのをやめてしまう。それは、成功しても個人としての栄光はえられないし、失敗したらいつでもほかの人のせいにできるからだ。

この現象はさまざまな場面で起きる。できるだけ大きな音を出すよう頼むと、大勢一緒のときより一人のほうが、めいめいの出す音は大きくなる。沢山並んだ数字を足し算するよう頼むと、人が多いほど答えを出すのが遅くなる。アイディア出しを頼むと、集団で考えるより一人のほうが創造的になる。これは世界的な傾向であり、アメリカ、インド、タイ、日本などでおこなわれた研究で広く証明されている。

言い換えると、七十年以上にわたって集団思考をとってきた人たちは、はからずも自分の創造力を活性化するかわりに窒息させていたのかもしれない。大規模な研究結果によると、集団で作業した場合、人はアイディアを生むための時間とエネルギーを開放させようとせず、自分の中に閉じ込めてしまいがちである。

では、創造力はどうすれば生まれるのだろう。群れから離れれば、それでいいのだろうか。答えはノーだ。研究によれば、自分の中のレオナルド・ダ・ヴィンチを目覚めさせるためには、簡単で効果的な方法がいくつかある。必要なのはモダンアートを眺め、仕事中に寝そべってなにもしない、あるいはデスクに植物を置く。たったそれだけだ。

創造力をテストする

心理学者は、創造力を調べるための風変わりで楽しい方法を数々考え出した。たとえば、レンガの石を一個用意し、数分間でできるだけ沢山の使い道を考えさせる。罫線で四角に区切った白紙と鉛筆を用意し、四角の中にそれぞれべつの四角い物(テレビ、金魚の水槽、本など)を描いてもらう。どちらの方法も、答えの数の多さと独創性で、創造力が評価される。研究者はまた、視覚的および言語的な水平思考を試すさまざまな問題も用意している。つぎの問題に答えて、あなたの創造力をテストしてみよう。

① ジョアンナとジャッキーは、同じ年の同じ月の同じ日に生まれた。母親と父親も同じだが、双子ではない。いったいなぜだろう?

② ある男は同じ町の女性二十人と結婚の式をあげた。女性は全員まだ生きていて一人も離婚していない。重婚は違法行為だが男は法律を破っていない。いったいなぜだろう。

③ ある男が美しいブロンズのコインを骨董商に見せ、売りたいと言った。コインの表側にはローマ皇帝の顔がみごとに刻まれ、裏側には紀元前五〇〇年と

刻印があった。骨董商は即座に、コインは偽物だと言った。それはなぜか？

答え
①ジョアンナとジャッキーは三つ子だった。
②男は結婚式をとりおこなう司祭だった。
③紀元前はキリストの誕生以降に決められた、〝キリスト誕生前〟を意味する名称。だから、そのコインに「紀元前五〇〇年」と刻印されるはずがない。

実験結果*1*

無意識の力に注目せよ

シュールレアリズムの画家サルバドール・ダリは、風変わりな方法で作品のアイディアをえることもあった。床にグラスを置いてその縁にスプーンをそっとのせ、自分は長椅子に横になってスプーンの柄を軽く握る。ダリが眠りかけると、自然に手がスプーンから離れる。スプーンがグラスに落ちる音が彼の目を覚ます。そして彼は眠りかけの、なかば無意識状態の頭に浮かんだ奇妙なイメージをすぐにスケッチする。彼のアイディアには実用からかけ離れたもの（ロブスター型電話など）が多かったから、この方法は万人向きとは言えないが、無意識が創造的思考の原動力になることはたしかだ。

実際にいくつかの研究で、ものごとを斬新な目で捉えるという点では、無意識がかなり大きな働きをすることがわかっている。それを調べるために、テキサス州A&M大学のスティーヴン・スミスは、参加者に文字のパズルをしてもらった。問題が解けない場合は、十五分休憩してからやり直させると、飛躍的に正解率が高まった。休憩中に、参加者がパズルを意識して考えたわけではない。無意識の思考が働いて、パズルをべつの視点から捉えられるようになったのだ。

最近の研究では、発想の転換には十五分も必要ないという結果がでている。同じ効果をほんの数分でえられるのだ。二〇〇六年に、アムステルダム大学でアプ・ダイクステルホイスとテウン・メウルスは、創造力と無意識についてすぐれた実験をおこなった。(5)無意識と創造力にかんする二人の考え方は、とてもわかりやすい。一つの部屋に二人の男がいると仮定する。一人は創造力にあふれているがとても内気である。もう一人は頭がいいが創造力に欠けており、出しゃばりである。あなたはその部屋に入り、二人にチョコレートの新製品の広告キャンペーンについてアイディアを出すよう頼む。すると声は大きいが創造力に欠ける男がいつものようにその場を取り仕切り、控えめな相棒に口を出させない。彼が出すアイディアは無難だが、独創性はない。

ここでちょっとちがう筋書きを想像してみよう。あなたは部屋に入って同じようにキャンペーンのアイディア出しを頼むのだが、今回は声の大きな男に映画を見せて気をそらさせる。この状況のもとでなら、無口な男の声も聞こえはじめる。そしてあなたはそれまでとは完全にちがう、きわめて独創的なアイディアを手に入れて部屋を出る。この話はあなたの意識と創造力との関係を、さまざまな点で上手に言い表している。無口な男はあなたの無意識だ。突き抜けた発想ができるが、その言葉はなかなか聞こえてこない。声の大きな男はあなたの意識である。独創的な発想はできないが知恵が回り、あなたの頭からなかなか出ていこうとしない。

アプ・ダイクステルホイスは、意識をそらせることで創造力が高まるかどうかを調べるため、いくつか実験をおこなった。なかでも有名なのが、参加者に新しいパスタの名前を考えてもらうというものだった。ヒントとして、実験者はまず五つの名前を例に挙げた。どれも最後が〝i（イ）〟で終わる、いかにもパスタらしい響きをもつ名前だった。そして参加者の半数には、三分間考える時間をあたえたあと、思いついた名前を書き出してもらった。「部屋の中の二人の男」の比喩と同じく、参加者たちは自分の頭の中の、声は大きいが創造力に欠ける男の言葉に耳を貸していた。参加者のもう半数にはパスタのことは忘れてもらい、かわりに三分間コンピュータスクリーンを動く一つの点を目で追って、点の色が変わるごとにマウスをクリックするよう頼んだ。これは部屋の比喩で言えば、声の大きな男の気をそらさせ、無口な男に話させる作業だった。この集中が必要な作業のあとで、実験者は彼らにパスタの新しい名前を書き出してもらった。

実験者は、参加者たちが書き出したパスタの名前の創造性を測るために、簡単で有効な方法をとった。すべての回答を集めて、最後が〝i〟で終わる名前と、そうではないものとを数えたのだ。実験の最初にヒントとしてあたえた五つの例はすべて〝i〟で終わる名前だった。だから〝i〟で終わる名前は、参加者がお手本通りにしただけで、創造性はない。かたやべつの文字で終わる名前には、独創性があると考えたのだ。

結果は驚くべきものだった。意識して作業に取り組んだ参加者が考え出したパスタの名前は、パソコンスクリーンで点を追った参加者より、最後が〝i〟で終わるものが多かった。そして、名前のユニークさをくらべてみると、点を追っていた参加者のほうが、もう片方のグループの二倍も斬新な名前を考えだしていた。声の大きな男が気をそらしていれば、無口で創造的な男の声が聞こえてくる。「部屋にいる二人の男」の理論が、実験で証明されたのだ。

これらの発見は、創造力と無意識の関係の解明に大いに役立った。「点を追いかけた」参加者たちは、その作業に注意力も思考力も奪われていた。だが、彼らの無意識はあたえられた問題に取り組んでいたのだ。それ以上に重要なのは、無意識が意識と同じ思考回路をたどるだけでなく、まるでちがう道筋でものごとを捉えていた点だろう。それこそが独創的なアイディアを生むもとだったのだ。

創造力を生みだす方法として、自己啓発書ではリラクゼーションの効果が強調されることが多い。リラックスして頭の中をからにし、なにも考えないほうがいいと説かれている。だが先にご紹介したオランダの研究が明かしている内容は、それとはまったく逆だ。数分間意識的思考をなにかに集中させておき、無意識が生みだす独創的な発想の邪魔をさせないこと。それによって誰もが創造的になり、独創性を発揮できるという。必要なのは、頭の中にいる声の大きな男を忙しくさせ、無口な男に発言のチャンスをあたえることなのだ。

成功へのステップ

ある問題の解決に創造力を働かせたいときは、つぎの方法を試してみよう。

A　あなたが解決したい問題を書き出す：

Ｂ　文字の組合せパズルやクロスワードパズル、数独ゲームなどで、あなたの意識的思考を忙しく働かせる。

Ｃ　問題についてあまり考えすぎずに、あなたの頭に浮かんださまざまな考えや、問題に対する答えを書き出す……………………………………………………………………………………

発想を柔軟にするための四つの方法

数年前に出版した本（邦題「運のいい人にはワケがある！」）の中で、私は柔軟で独創的な発想や行動につながる四つの法則について書いた。その方法をここで簡単にご紹介しよう。

ちがうことをする

ある問題に熱中して脳を忙しく働かせたあとは、まったくべつのことをして自分を解放する。解放しているあいだは、種類のちがう新鮮な発想を頭に送り込む。たとえば美術館や画廊で美術を鑑賞したり、雑誌や新聞に目を通したり、旅にでかけたり、インターネットで無作為に検索したりするのだ。ただし、のめりこまないこと。新しい発想や体験に身をゆだねれば、脳はおのずとその新しい発想と以前取り組んでいた問題とのあいだに関連性を見いだし、意表をつくような結果を導きだす。

視点を変える

視点を変えてみることも、新たな解決法を見つけるのに役立つ。いま取り組んでいる問題を、たとえば子ども、友人、芸術家、愚か者、会計士はどう捉えるか想像してみる。あるいは、「のようなもの法則」を取り入れ、目の前の問題に似たべつの状況を考えてみる（たとえば、「この仕事に大勢の目を向けさせるのは、大道芸人が通行人の足を止めさせるようなものだ」など）。自分がそのような状況にいた場合、どうやって問題を解決するだろう。そして、その解決法はいま抱えている問題に応用できるだろうか。そして最後に、自分がこれまでに考えついたすべての解決法と正反対のことをした場合、どうなるかを考えてみる。

遊ぶ

生真面目に考えてばかりいると、脳は固くなってしまう。遊ぶことで創造力を活性化させよう。十五分間休憩をとり、笑える映画を見たり、「チーズ」とか「パイ」という言葉を、つぎの会議や電話の合間にはさみ込んだりしてみる。同僚の写真に手を加えて、フクロウのような顔にしてしまうのもいい。

好奇心をもつ

慣れ親しんだ世界にばかりいると、脳はオートマチック方式で働くようになり、目の前のことをきちんと見なくなる。頭の働きをマニュアル方式に切り換えるために、幅広く好奇心をもとう。毎週おもしろい質問を自分に問いかけてみる。象はどうして何キロも離れた場所にいる仲間と、コミュニケーションができるのか。人はなぜ笑うのか。バナナはなぜ黄色いのか。誤字脱字の多い文章でも、脳はどうして正しく読みとれるのか。なんの役に立たなくても、少しばかり時間とエネルギーを割いてそんな質問の答えを探ってみよう。

実験結果2

緑がもつ威力

一九四八年に、ジョルジュ・デメストラルは祖国スイスの野原へ散歩にでかけた。家に帰ってみると、服に野生ゴボウの小さな種が沢山ついていた。一つ一つ取りのぞく厄介な仕事にとりかかった彼は、種がなぜ服にくっついたのか調べてみようと考えた。顕微鏡で見ると、野生ゴボウの種を覆う刺が鉤状になっていて、服のループ状をした繊維にからみつきやすいことがわかった。この単純な事実に着目したデメストラルは、同じ発想を二つの面同士の接着に使えないだろうかと考えた。それがマジックテープの発明に結びついたのである。

デメストラルの物語は、創造力にかんする重要な原則を示す例として、よく引用される。すなわち、一つの方法や発想をべつの状況に置き換えて応用すること。たしかにこの原則は、数々の画期的な発明に生かされている。フランク・ロイド・ライトが、祈るときに組む手の形に着目して教会の屋根の設計を考えたのもその一例だ。だがそこにはもう一つ、目立たないが同じくらい重要な要素が働いている。

これまでさまざまな研究で、人の思考や行動に自然があたえる影響が調べられた。その結果、小さな植え込みがあるだけで、驚くほど世界がよくなることがわかった。病室の窓から木が見える場合は入院患者の回復率が高く[6]、刑務所の窓から畑や森が見える場合は、囚人たちの罹病率が低くなる。[7] この効果は入院患者や囚人にかぎらず、どんな人にも影響をあたえる。植物と犯罪の関係を調べた研究もあり、なかでもすぐれているのがシカゴの大規模な公営団地開発計画をテーマにしたものだ。[8] この計画は二つの点でとりわけ興味深かった。一つは、敷地の片側にはかなり沢山低木や高木が植わっているのに、反対側はまるでコンクリートジャングルのようだったこと。第二に、居住者の住む場所は団地内で無作為に決められていたので、二つの居住区の犯罪率に差がでた場合、その原因として収入や経歴のちがいを考慮に入れる必要がなかったことだ。研究では目覚ましい結果がでた。二つの区域の犯罪発生率をくらべると、緑の区域ではコンクリートばかりの区域より盗難が四八パーセント、暴力事件が五二パーセント少なかったのだ。緑の植物が人びとの気分をよくし、犯罪に走る傾向が抑えられたのだろうと研究者は推測している。

そして植物は反社会的行動を抑えると同時に、人を創造的にもするようだ。日本の心理学者鈴木直人は仲間とともに、意図的に作った職場環境で創造力のテストをおこなった。彼らは被験者の目の前や脇に植物の鉢を置いた職場と、なにも植物を置かない職場を用意した。植物のかわりに同じくらいの大きさのマガジンラックを置いた設定でも実験をおこない、効果を比較した。その結果彼らは、植物の鉢を置くと社員の創造力が高まることを発見した。そしてこれらの人工的な設定のもとでえられた効果は、実際の場でも有効であることが証明された。テキサスA&M大学のロバート・ウルリックが、八か月にわたり実際の職場で創造力について調べたところ、職場に花や観葉植物が置かれていると、男性社員から出されるアイディアが一五パーセント増え、女性社員の場合は問題への対応が以前より柔軟になった。またべつの研究では、緑に囲まれた庭で遊ぶ子どもは、なにもない空き地で遊ぶ子どもより遊び方に工夫を凝らすことがわかった。[9] なぜ、緑の植物にこうした効果があるのだろう。

いくつかの説によると、原因は何万年も前にさかのぼるようだ。進化心理学者は、緑がもつ効果を、植物が人類の存続に役立ってきたことと関連づけている。原始時代の人びとにとって、豊かに繁る木や草は、近くに豊かな食物がある証拠であり、つぎにいつどこで食べ物を口にできるかという心配から解放されることを意味した。その安堵の気分がいまでも緑を見ると甦り、人をやさしくしあわせな気分にし、創造力を高めるのだという。

では、緑が創造力アップにつながるのは、野原をゆっくり散歩し、目につくところに植物の鉢を置いたときだけだろうか。ロチェスター大学のアンドリュー・エリオットは仲間とともに、創造力と意識下で感じる色との関連について研究をおこなった。[10] 彼らは赤い色は危険やエラーの感覚と結びつき（赤信号や答案に教師がつける×印など）、緑は安心や正しさに結びつく（青信号や自然など）と考え、こうした色を見せることで、創造力に影響がでるかどうかを調べたのだ。エリオットは参加者に文字の並べ替え遊び（アナグラム）の問題集を渡したが、そこには参加者の出席番号が一ページごとに赤ないし緑のインクで書き込んであった。そして参加者に問題集のページをめくって正しく綴じられているか確認してもらったあと、中の問題を解いてもらった。すると、問題集のページをめくったのはほんの数秒だったにもかかわらず、自分の番号が赤で書かれていた参加者は、緑で書かれていた参加者の三分の一しか正解できなかった。というわけで、創造力のためには緑色を選んだほうがよさそうだ。

「成功へのステップ

創造力を高めるには、部屋に植物や花を置くこと。できれば窓の外にはコンクリートや鉄ではなく、木や草が見えるほうがいい。まがい物で間に合わせてはいけない。滝の写真を見ても創造力は高まらないし、高画質スクリーンが映し出す自然の風景も、心を休める力にはならない[11]。というわけで、自分の部屋に本物の自然を取り込めない場合は、近くで緑のある場所へいくこと。そして創造力や発想力を高めるには、部屋を赤ではなく緑の色で飾ること。これは、人と会う場合にも言える。身のまわりに緑色を取り入れるほうがいい（グリーンのフォルダーケース、グリーンの椅子、グリーンの服など）。

メンバーを入れ換えて集団の力を高める

集団の力学と創造性にかんしては、二つの考え方がある。一つはチームのメンバーを入れ換えないほうが、人はおたがいに安心でき、気分がよくなって創造力が高まり、意表をつく斬新なアイディアが出やすいというもの。もう一つは、メンバーをたえず入れ換えたほうが、新鮮な思考パターンが生まれるというものだ。

どちらの説が有効かを調べるために、カリフォルニア大学のチャーラン・ネメスとマーガレット・オーミストンは、画期的な研究をおこなった[12]。彼らはまず、複数のグループにある問題（たとえばサンフランシスコの湾岸地域にもっと観光客を集める方法など）について、アイディアを出してもらった。つぎにグループの半数ではメンバーを入れ換えて顔ぶれを新しくし、残り半数では入れ換えをしなかった。顔ぶれが変わらなかったグループのメンバーは、自分たちのほうがメンバー同士のまとまりがよく、創造的だと考えた。だが、実際の結果はそうはならなかった。メンバーが入れ換わったグループのほうが沢山アイディアを出し、創造性も上だと評価されたのである。

べつの研究によると、メンバーを一人だけ入れ換えても差がでるという。フン・ソク・チョイとリー・トンプソンは、三人一組のグループを何組か集め、段ボール箱の使い道をできるだけ沢山考えてもらった。[13] そしてつぎに半数のグループではメンバーを変えず、残り半数のグループでは一人を入れ換えた。そして同じように段ボール箱の使い方を考えてもらうと、新メンバーが一人加わったグループのほうが、ユニークな使い道を考え出した。のちの分析でも、新メンバーが元からのメンバー二人の創造力を高めたことが証明された。

というわけで、集団の創造力を高めるためにお勧めできるのは、椅子とりゲームをすること。チームのまとまりがよく、うまく機能しているように見える場合でも、できるだけ頻繁にメンバーを交代させたほうが、新鮮でおもしろいアイディアが出やすくなる。

実験結果3

暗示の効果で創造力を高める

ちょっとしたことが、人の思考に大きく影響する。一九九八年にオランダのナイメーヘン大学で、心理学者のアプ・ダイクステルホイスとアド・ファン・ニッペンベルクが、ある実験をおこなった。参加者に有名なサッカーのフーリガンと有名な教授のどちらか一方について文章を書くよう頼み、そのあとで常識問題に答えてもらったのだ。[14] すると、フーリガンについて何分か考えた人の正解率は四六パーセント、かたや有名な教授について考えた人の正解率は六〇パーセントだった。べつの研究でも、先に受けた刺激がのちの行動に影響をおよぼすこの〝暗示効果《プライミング》〟が、さまざまな状況で起きることがわかっている。パソコンの壁紙に紙幣をあらわす絵柄を使っていると、人は冷たく自己中心的になり、寄付をしぶったり、ほかの人から離れた場所に座ったりするようになる。[15] 面接を受けにきた人にアイスコーヒーを出すと、その人は無意識のうちに面接官を冷たく感じの悪い相手と感じるようになる。[16] ほんの少し洗浄剤の匂いをつけた部屋にいると、人はそれまでよりきれい好きになる。[17] 会議の席でテーブルにブリーフケースを置くと、急に競争意識が高くなる。[18] いずれもちょっとした行動が、大きな影響をあたえる例だ。

　暗示効果は、短時間で人を創造的にもする。ブレーメン国際大学の心理学者イェンス・フェルスターは、参加者を二グループに分け、それぞれに典型的なパンク（過激で反社会的）と典型的な技術者（保守的で論理的）の行動、生き方、外見について短い文章を書いてもらった。[19] そのあとで全員に創造力を試す問題をあたえた。するとパンクについて考えた参加者のほうが、技術者について考えた参加者よりはるかに創造的な回答をした。短時間考えただけで、意識しないあいだに創造力が飛躍的に変化していたのだ。興味深いのは、この効果がパンクや技術者といった型にはめやすい一般的タイプを思い浮かべるときのみ有効である点だ。たとえばレオナルド・ダ・ヴィンチのような有名人について考えてもらうと、創造力はむしろしぼんでしまう。[20] あまりに相手のハードルが高すぎ、無意識のうちに自分自身の才能と天才とを引き比べて落ち込む結果、意欲をなくしてしまうらしい。

独創的な絵を見ると創造力が刺激される

二〇〇五年に、フェルスターは創造力を高める暗示効果について新たな実験をおこない、文字通り瞬時に変化が起きることを証明した。彼は、型破りなモダンアートの絵画を眺めるだけで、見る人の創造力が刺激されるのではないかと考えた。実際に試すために、フェルスターは特別に印刷された二枚の絵を用意し、参加者をどちらか一枚の前に座らせて、標準的な創造力テスト（レンガ一個の使い方をできるだけ沢山考えるなど）をしてもらった。二枚の絵は、どちらも縦横およそ一メートル、十二個の十字形が黄緑色の背景の中に描かれていた。片方の絵の十字架はすべて濃いグリーンで、もう片方の絵の十字架は十一個が濃いグリーン、一個だけが黄色だった。科学者は、参加者が無意識にこの一個の黄色い十字を、その他大勢の濃いグリーンの十字からはずれた異端的存在と捉えるのではないか、そのためこちらの絵のほうが型破りの創造的な思考をうながすのではないかと考えた。結果は目覚ましかった。参加者は意識的に絵を見ていたわけではないが、〃独創的〃な絵の前に座った人たちのほうが、レンガの使い方を沢山考え出した。そして専門家は、彼らのアイディアのほうがはるかに創造的だと評価したのだ。

ここから読み取れることは明らかである。集団や個人にいますぐ創造的になってほしいときは、視覚的な暗示効果を利用すること。

テーブルを手前に引く、寝ころがる

だがべつの研究によると、風変わりなモダンアートの前に座る以外にも、たちまち創造的になれる方法があるという。これもやはり体の機能と関係のある方法だ。不安感は創造力に強い悪影響を与える。人は不安を覚えると目の前のことしか考えられなくなり、リスクを避けて手慣れた安全第一の方法をとり、ものごとに対する見方が創造的でなくなる。だがリラックスしているときは、いつもとちがう新しい考え方や行動ができる。視野が広がり、リスクをいとわず創造的な思考や行動をするようになるのだ。

このことを考えると、理屈の上では、気分をリラックスさせれば創造力が高まりそうだ。研究者はさまざまな方法——リラクゼーションのエクササイズをおこなう、おかしい映画を見る、ヴィヴァルディの〈四季〉を聞くなど——で、参加者の緊張を取りのぞいてみた。すると気持ちが穏やかになると創造的で新鮮な発想が生まれることがわかったが、この方法では効果が出るまでにかなり時間がかかる。だいじなのは即効性だ。そこで数年前に心理学者ロナルド・フリードマンとイェンス・フェルスターは、気持ちをすぐにリラックスさせる風変わりな方法を考え出した。しかもこの方法には、創造力のアップといううれしい副作用もあったのだ。[21]

人はある物を好きになると、自分のほうに引き寄せようとする。そして逆に嫌いな物は遠ざけようとする。この引いたり押したりの反応は生まれつきのものであり、日常的にくり返される。その結果、引き寄せる行動はプラスの感情と、押しのける行動はマイナスの感情と結びついて脳の奥深くに記憶される。フリードマンとフェルスターは、この行動をほんの一瞬だけおこなってもそれと結びつく感情が引き起こされ、創造的な思考に影響をあたえるのではないかと考えた。

二人は参加者をテーブルの前に座らせ、ごく一般的な創造力テストを頼んだ――日用品について用途をできるだけ沢山考える、水平思考の問題を解く、などである。そして参加者の半数には、右手でテーブルをそっと下から引く動作をしてもらった。つまり、ここはいい場所だという信号が脳に送られたわけである。残りの参加者には右手でテーブルをわずかに押してもらった。無意識の中に、自分はいま嫌な目にあっているという印象が送り込まれたのだ。押す場合も引く場合も動作はあくまで形ばかりで、テーブルを動かすほどまではいかなかった。そして参加者は、自分の動作が創造力に影響するとは考えもせず、その動作の合間に創造力テストをおこなった。結果を見ると、テーブルを手前に引いた人のほうが、押した人よりかなり得点が高かった。

これは風変わりながら、単純で効果的な方法である。そして体の動きが脳の創造力に影響することを明かした実験は、ほかにもある。ロチェスター大学のロン・フリードマンとアンドリュー・エリオットは、参加者に腕を組んだ場合と、両手を膝に置いた場合で、文字の並べ替え遊び（アナグラム）の問題を解いてもらった(22)。引いたり押したりの行動が好き嫌いの感情に結びつくように、腕組みは頑固さやねばり強さに結びついている。この単純な行動は、はたして参加者に最後まで問題に取り組む力をあたえただろうか。答えはイエスだった。腕組みをした人たちは、両手を膝に置いた人たちの二倍長く頑張った。その結果アナグラムを解いた割合もずっと高くなった。

べつの研究では、おそらく誰もが大好きな行動、〝仕事中に寝ころがる〟が科学的に検証された。オーストラリア国立大学のダレン・リプニッキとドン・バーンは、参加者に五文字からなるアナグラムの問題を、直立姿勢とマットレスに横になった姿勢の両方で解いてもらった(23)。アナグラムはやさしいものからむずかしいものまで入りまじっていた。おもしろいことに、横になった参加者のほうが問題を解く速度がおよそ一〇パーセント速く、したがって制限時間内の正解率も高かった。このちがいはどこからくるのだろう。

リプニッキとバーンによると、その答えは青斑核《せいはんかく》と呼ばれる脳の小さな部位と関係があるという。この青斑核が刺激を受けるとノルアドレナリンというストレスホルモンが分泌され、心拍数や体内の血流量が増加し、エネルギーが放出される。立ち上がると重力の影響で上半身の血液が下に移動し、結果として青斑核の活動が増えるが、横になっているとその活動が抑えられる。ノルアドレナリンは、問題解決に必要な創造性や柔軟性などにかかわる脳の働きを減少させる。つまり、直立するか横になるかで、体内を流れる化学物質が影響を受け、あなたの脳の働き方がちがってくる。型破りな発想ができるかどうかにも差がでるというわけだ。

成功へのステップ

頭に刺激を送り込む

創造的な思考へと頭を切り換えるには、典型的なミュージシャンやアーティストを少しのあいだ思い浮かべ、彼らの行動、生き方、外見などを書き出してみる。あるいは、フェルスターがおこなった暗示効果の実験と同じく、左のような絵柄を眺めて独創的な発想を生みだす。モダンアートの絵画を、会議室や打ち合わせスペースの壁に飾っておくのもよいだろう。あるいは、パソコンに取り込んで壁紙に使ったり、アイディアを走

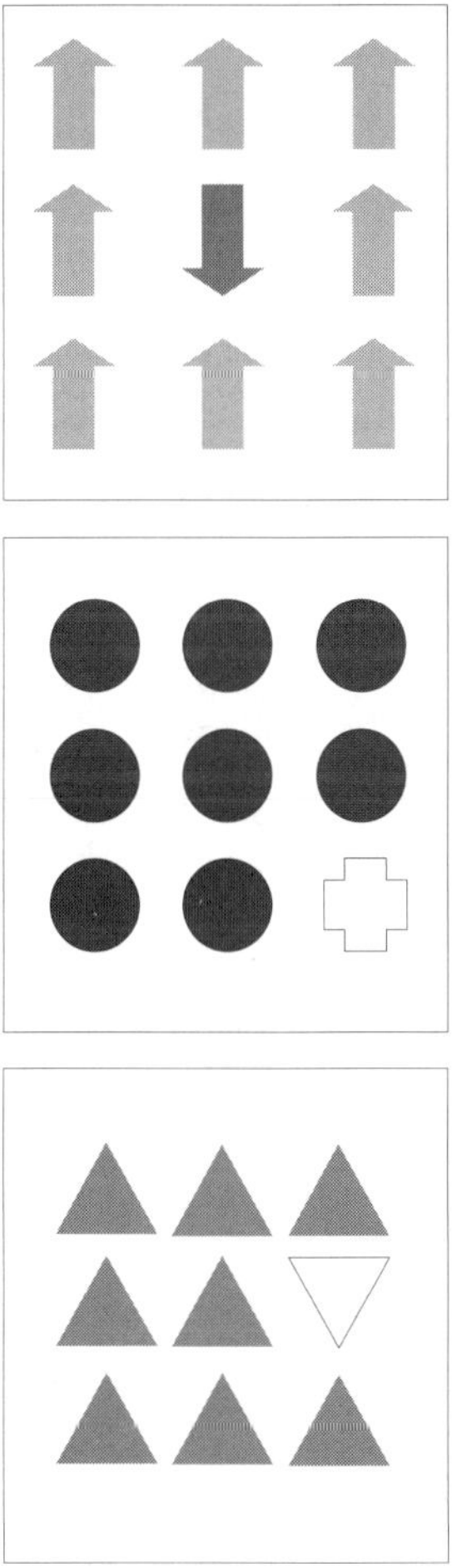

り書きするメモパッドの背景デザインに使ったりしても効果がある。いずれも創造力を高めるには、きわめて簡単で手っとり早い方法である。

手前に引く、腕組みをする、横になる

つぎの会議で創造力を発揮したいとお考えなら、やや前傾姿勢をとってテーブルを手前に引くようにする。むずかしい展開になった場合は、腕組みをして乗り切る。それでも効果がないときは、横になる。その態度はなんだとなじられたら、「頭が固くならないよう、青斑核の働きをおさえているところです」と、穏やかに説明しよう。

実験V

婚活サイトに騙されるな

ハードルを高くして「いい女」を装う術は、何の効果もなかった
……ハワイ大学エレーン・ハトフィールドと学生の調査

マニュアル通りの会話をすると異性から最低の評価を下される
……エディンバラ国際科学フェスティバルにおける、著者らによる調査

大勢の異性からよく思われようとすると、逆に異性は逃げて行く
……ノースウエスタン大学ポール・イーストウィックのデート実験

ビスケットが十個入った缶を渡され、一個取って味見してほしいと頼まれたとする。つぎに同じようにビスケットの缶を渡されるが、中身は二個だけだったとする。味の評価は缶の中にあったビスケットの数に影響されないと考えるほうが、理にかなっていそうだ。ところが、実際には数が評価に影響する。ハワイ大学の心理学者スティーヴン・ウォーチェルがおこなった実験では、まったく同じビスケットでも、ほとんど空《から》に近い缶にあったビスケットのほうが、缶に沢山入っていたものよりずっとおいしいと評価された[1]。

なぜそんなことが起きるのだろう。人が物をほしがったり大切にしたりする度合は、その希少価値にかなり影響される。缶に沢山入っているビスケットは、容易に手に入りそうに思える。かたや空に近い缶に入ったビスケットは貴重に思え、それだけよけいにほしくなる。ウォーチェルの実験では、参加者が無意識の中でこの効果に影響されて、ビスケットの希少価値を味と結びつけて評価したのだ。

それとまったく同じ効果で、コレクターは限定版に大金を払い、発禁本や公開禁止映画に人が引きつけられ、株の取引業者は未公開株に目をつける。それは恋人をゲットするときも、同じだろうか。お目当ての相手のハートを射抜くには、積極的に近づくほうがいいのか、それともわざと冷たくしたほうがいいのだろうか。

この問題には、世界の偉人たちも頭を悩ませてきた。古代ギリシアの哲学者ソクラテスは、娼婦テオドタに向かって、男を引きつける最良の方法は「すげなくして、ほしがらせる」ことだと助言している。

「乞われるまでなにもしなければ、相手はおまえを好もしく思う。最高の肉も、乞われる前に食卓に出せば、まずいと思われてしまう。また、腹がくちくなった者に勧めても吐き気をもよおさせるだけだ。手に入りにくいものを、空腹な男に出してこそ大いに喜ばれる」

その数百年後に、古代ローマの大詩人オウィディウスも、つぎのように書いている。

「愚か者。妻を守れと説いたのは、彼女自身のためではない。私のためだ。そうすれば私は、彼女をもっとほしくなる。やすやすと手に入るものを望む者はいない。手に入りにくいものこそ人の気をそそる……不貞を働いても夫からなにも言われないような女を愛するのは、浜辺の砂をバケツで盗むようなものだ」

ソクラテスやオウィディウスの教えは、恋愛に成就する方法を説く数多くの本の中でいまなお健在である。あくまでそっけなく振る舞い、相手をきりきり舞いさせるようにと、くり返し説かれている。だが、冷たい態度をとることは本当に効果があるのだろうか。

冷たくしても釣れません

それをつきとめるために、ハワイ大学のエレーン・ハトフィールドは仲間と一緒に魅力的な、ときにはいささか奇妙な実験をおこなった[2]。その最初の実験では、学生たちに若いカップル数組の写真と二人のなれそめについての簡単な紹介文を見せ、カップルの好感度を評価してもらった。なれそめの内容は、出会って数回でつきあいはじめた「ハードルが低い」カップルと、もっと時間をかけた「ハードルが高い」カップルの二種類が、作為的に用意された。研究者の予想に反して、学生たちは出会ってすぐ相手に恋心を打ち明け、「恋は盲目」状態になったカップルに好感をもった。だが研究者はあきらめずに第二の、もっと現実に近い実験をおこなった。

今回はデート斡旋所に登録した女性たちに、協力を頼んだ。男性からデート申し込みの電話があったとき、二通りの答えをしてもらったのだ。すぐにイエスと答える場合（ハードルが低い）と、三秒考えてからイエスと答える場合（ハードルが高い）である。そして電話のあとで研究者が男性全員に、すべては実験のためで、女性の答えが本心ではなかったことを打ち明け、電話で応対した女性を評価してもらった。今回も、冷たい態度が評価を高めることはなかった。研究チームは、三秒沈黙した意味が伝わりにくかったのではないかと考え、もっとはっきりわからせることにした。そして第三の実験でデート斡旋所に登録した女性たちに、デートの申し込みを即座に受ける場合（ハードルが低い）と、口をつぐんだあと、自分には申し込みが沢山きていると言い、コーヒーだけならとしぶしぶ引き受ける場合（ハードルが高い）で応対してもらった。すると結果は……まるで変化なしだった。

困りはてた研究者たちは、厄介なデートの世界に立ち向かうため、最後の手段にでた――プロの力を借りたのだ。

画期的ながらあまり知られていない社会心理学の実験で、研究者はプロの女性たちに協力を頼み、客との商談で二通りの対応をしてもらった。飲み物をグラスについでビジネスに入る前に、なにもしゃべらない場合（ハードルが低い）と、さりげなく自分はもうじき大学に入学する、そうしたら気に入った客しか相手にしないつもりだと話す場合（ハードルが高い）の二種類である。研究チームは、ひと月のあいだ女性に対する客の反応をひそかに観察した。だが今回も結果は同じで、ハードルを高くしても客が気前よく払うようなことはなかった。

恋に成功するためには冷たくするほうがいいという説が、なぜ神話にすぎなかったのか。それを探るため、ハトフィールドとそのチームは男性グループに、デートをするならすぐになびきそうな女性がいいか、それとも取りつきにくいすました女性のほうがいいか訊ねた。すると大半の男性が、どちらにもいい点と悪い点があると答えた。男性たちによれば、簡単になびく女性は気軽で、一緒にいると楽しいが、人目のある場所ではちょっと恥ずかしい思いもさせられるという。かたや近寄りにくい女性は、口説き落としたときの満足度が高いが、薄情でやさしさに欠け、友人たちの前で交際相手を侮辱することもある。この結果をふまえて、研究者が考え出した最も有効な接近作戦は、近寄りにくい態度で希少価値を匂わせながら、その自分があなたに夢中という印象をあたえるというものだった。彼らはこの作戦を実験で(プロの女性には頼まずに)試し、きわめて有効であることを発見した。

だが、目指す相手のハートをつかむには、「私はえり好みが強い、けれどその私があなたを選んだ」という魔法をかけるだけでは十分ではない。恋愛心理学の研究では、こちらの片思いを両思いにさせる方法として、同じくらい即効性のある方法が解明されている。必要なのは、昼下がりの遊園地で相手にそっと触れること、そして好きなピザのトッピングはなにかと訊ねる勇気をもつことだけだ。

実験結果 *1*

相手に触れる力

男は巨乳に弱いのか?

フランスのニコラ・ゲゲンは日常生活のちょっと変わった面を研究対象にしている心

理学者だが、なかでも風変わりなのが、胸にかんする画期的な研究だろう。心理学者たちは女性の胸が男性の脳にあたえるショックに、昔から興味をそそられてきた。そして数々の実験で、男性がたしかに胸の大きな女性に惹かれるという結果がでている。これは魅力的で、（さほど）意外でもない結果だが、一つ大きな欠点があった。実験の大半は研究室というかなり人工的な環境で、胸のサイズがさまざまにちがう女性たちの写真を男性に見せ、最も魅力的な女性を選んでもらうという内容だった。そのため研究結果が学会で報告されるたびに、会場の学者たちから同じ質問がくり返された。「たしかに、研究の成果は認める。だが、実生活上でも男は本当に巨乳が好きなのだろうか」

そこへ、ニコラ・ゲゲンが登場。

ゲゲンは女性の胸のサイズに対する男性の反応をもっと現実的な環境で調べるため、二種類の実験をおこなった。一つは、のちに「女性の胸のサイズと男性の求愛行動」と題する論文にまとめられた実験である。若い女性の胸のサイズを意図的に変え、ナイトクラブで男性に声をかけられる頻度を数えたのだ(3)。その女性（胸のサイズがAカップで、男子学生に肉体的魅力は平均的と評価されたために選ばれた）は一時間ナイトクラブに一人で座り、ダンスフロアをうらやましげに眺めるよう頼まれた。そして陰にいる実験者が、彼女にダンスを申し込む男性の数を数えた。十二週間にわたる実験のあいだに、女性は胸にゴムを装着して、サイズをBカップないしCカップに変えた。予想通り効果は絶大だった。Aカップのままの状態で女性が男性から声をかけられた回数は、一晩に十三回。ゴムをつけてBカップにすると、それが十九回になり、Cカップにした場合はなんと四十四回にまでなったのだ。

もちろん、これは研究者が自分に都合のいい設定を選んだ結果だという意見もあるだろう。ナイトクラブにくる男性の大半は、そもそも女性を探しにきているわけであり、誘った相手は彼女がはじめてではなかったかもしれない。それらの要素を取りのぞいた場合は、どうなるだろう。環境条件が性的なものと無縁で、男性が心を決めるまでに数秒しかない場合は？　それを探るため、ゲゲンは「胸のサイズとヒッチハイクの成功率／実地調査」と題する、べつの実験をおこなった。(4)今回は、女性が胸のサイズを三通りに変えながら、交通量の多い道路脇に立って親指を上げた。そして道路の反対側に停めた車の中で、二人の研究者が通りすぎる車のドライバーの数を男女別にチェックし、ヒッチハイクの女性を乗せようとする人の数を数えた。車が百台通りすぎたところで、ヒッチハイカーは胸にゴムをつけてサイズを変えた。結果を見ると、四百二十六人の女性ドライバーに対して胸のサイズはなんの影響もあたえていなかった。胸の大きさがAでもBでもCでも、およそ九パーセントが車を停めたのだ。かたや男性ドライバー七百七十四人の反応は、まさに大ちがいだった。女性が胸にゴムを装着しない場合は一五パーセントが車を停めたのに対し、Bカップに変えた場合は一八パーセント、Cカップにした場合は二四パーセントが停めたのだ。性的なものとあまり縁のない環境でも、女性の胸のサイズは男性の脳に大きな影響力をもつ、研究者はそう結論した。

二の腕に触れる効果

ゲゲンは、「触れる力」についても実験をおこなった。[5] 人の腕にほんのちょっと触れると、相手から協力的な態度を引き出すのに驚くほど効果があることは、数多くの研究ですでに証明されている。たとえばアメリカの実験では、研究者が通りで人に近づき、小銭がなくて困っていると声をかけた。相手の二の腕にほんの少し触れると、小銭がもらえる割合が二〇パーセント増えた。同じように相手にほんの少し触れるだけで、署名運動に応じてもらえる、ウェイターがチップをもらえる、スーパーマーケットで試食してもらえる（そしてその品を買ってもらえる）、バーで沢山飲んでもらえる、チャリティーに参加してもらえるなどの割合が、大幅に高まることがわかっている。では相手に触れると、恋を実らせるチャンスも高くなるだろうか。

それをたしかめるため、ゲゲンは二十歳の男性に頼んで三週間のあいだナイトクラブで百二十人の女性に接近してもらった。百二十人の女性全員に対してつねに一定の手段がとれるよう、接近の仕方は厳密に決められた。毎回スローな曲がはじまったときに、男性が一人の女性にこう声をかける。「やあ、ぼく、アントワーヌっていうんだ。踊りませんか？」声をかけるときに、そっと女性の二の腕に触れるパターンと、触れないパターンの二通りが用意された。女性から断られた場合、男性は「残念。じゃあ、またの機会に」と言って数メートル遠ざかり、べつの女性に声をかける。その女性が誘いに応じた場合は、じつはこれは実験のためだと説明し、研究にかんする詳細を書いた紙を渡す――そこから本当のロマンスが生まれないともかぎらない。

第二の実験で、ゲゲンは三人の研究者の力を借り、通りで女性に声をかけて電話番号を聞き出してもらった。[6] 三人はいずれもハンサムな男性だった。ゲゲンによれば、「通りで若い女性から電話番号を聞き出すのは非常にむずかしいことが、事前の調べでわかった」からだ（悪くすると「嘘じゃありません、本当に科学の実験なんです」と警察に説明するはめになりかねない）。男性三人は合計二百四十人の女性に声をかけ、きれいだとほめ、あとで飲みにいきましょうと誘い、電話番号を訊ねた。このときも話しながら女性の腕に軽く触れるパターンと、触れないパターンの二通りが実行された。男性たちは話し終ったあと十秒間《ま》を置き、にっこりして女性を見つめた。女性が断ったら、そのまま立ち去らせる。誘いに応じたら、男性はすぐに実験であることを打ち明け、説明が書かれた紙を渡して最後にこう伝える。「ご協力ありがとうございました。時間をとらせてすみません。べつの機会に、もう一度お目にかかれるかもしれませんね。じゃあ、また」

二つの実験結果は、どちらも目覚ましかった。ナイトクラブでダンスの誘いに応じた女性の割合は、腕に触れられなかった場合が四三パーセント、腕に触れられた場合が六五パーセント。通りで声をかけられて電話番号を教えた女性の割合は、腕に触れられなかった場合が一〇パーセント、触れられた場合は二〇パーセントだった。どちらの場合も、そっと触れるだけで成功率が大幅に高まったのだ。

相手に触れることが、なぜ求愛に効き目があるのだろう。心理学者の多くが、答えはセックスと社会的地位《ステータス》にあると考えている。大規模な調査で、女性がステータスの低い男性より高い男性に魅力を感じるという結果がでているのは、驚くにあたらない。進化の点から見れば、ステータスの高い男性のほうが家族を養い、優秀な子孫を残せる可能性が高いからだ。だが、見知らぬ男性に会って、すぐさまそのステータスを見抜くにはどうすればいいだろう。

答えの一つが、触れることだ。軽く触れることが、ステータスの高さを示す。その事実はかなり裏づけられている。[7] たとえば、ある人物がべつの人物に触れている写真を見せられると、たいていの人が「さわっている人物」のほうが、「さわられている人物」より位《くらい》が上だと考える。男性が女性の二の腕に触れる場合は、とくにそれが言える。女性は腕にさわられてもあまり意識にはとどめないが、無意識の中で相手を高く評価するのだ。

女性は、男は浅はかにも巨乳に弱いと非難する。胸の大きさとヒッチハイクの成功率を調べたゲゲンの実験は、たしかにそれを証明している。だが、口説かれる女性の心理を調べた彼の実験は、恋における女性の決断もまた、ステータスの高さと結びつく肉体的要素に左右されることを明かしている。ここで読み取るべきは、一皮むけば私たちはみな思っている以上に浅はかだということかもしれない。

成功へのステップ

誰かの助けが必要なときは、相手の二の腕に軽く触れてみよう。同じ行動で女性は男性を魅力的に思うことが多い。触れるのは二の腕にほんの一瞬だけ。触れながら相手をほめたり、頼みごとを口にする。だが、注意しないとひどい逆効果になりかねない。相手にさわる行動は強い社会的信号であり、相手からコーヒーを誘われるか、警察を呼ばれるかの境目はほんの数センチだ。

あなたの恋愛スタイルは？

三十年以上にわたる心理学の研究で、人の恋愛の仕方にはいくつかスタイルがあることがわかっている。このスタイルは一生のあいだ変わることがなく、相手との関係の重要な鍵になる。つぎの質問表に答えて、大きく三つに分かれる恋愛スタイルの中で、自分がどれに入るか調べてみよう(8)。

九項目の質問を読み、項目ごとに1から5までの評価で自分にあてはまると思う点数を選ぶ。質問の内容は個人的なものもあれば一般的なものもある。

できるだけ現在の相手、あるいは一番最近つきあっていた相手との関係を頭に置いて答える。恋愛は未経験という人は、相手がいた場合の自分を想像して答える。あまり長く考えすぎず、正直に答えること。

点数：1＝まったくあてはまらない　5＝非常にあてはまる

1　私は相手をひと目で好きになった。　5　4　3　2　1

2　私は好きな相手のタイプが決まっていて、いまのパートナーは私の好みにぴったりだ。　5　4　3　2　1

3　いまのパートナーと私は、おたがいのために生まれてきたような気がする。　5　4　3　2　1

4　私は強い友情から恋へと発展していくほうが好きだ。　5　4　3　2　1

5　私は正確に自分がいつ恋に落ちたのかわからない。長くつきあううちに、気づいたら恋していたという感じだ。　5　4　3　2　1

6　恋は炎のように燃え上がるものではなく、思いやりと友情の究極の形だと思う。

7	パートナーは、私が陰でなにをしているか知ったら嫌がると思う。	5	4	3	2	1
8	私は複数の相手とつきあうのが好きだ。	5	4	3	2	1
9	私は失恋してもすぐ立ち直れる。	5	4	3	2	1

採点法：この質問表は、三つの恋愛スタイルを測るものである。心理学者は、古代ギリシアの哲学者プラトンが考えた概念にもとづいて、恋愛の三つのスタイルをそれぞれ「エロス（欲望）」、「ルーダス（遊び）」、「ストーゲイ（友愛）」と名づけた。この三種類のうち自分がどのグループにあてはまるかを知るために、つぎのような区分けで、自分の合計点を出してみよう。

質問1～3＝エロス、質問4～6＝ストーゲイ、質問7～9＝ルーダス

合計点数が最も多くなったグループが、あなたのおもな恋愛スタイルである。

情熱型のエロス

このグループに入る人たちは、相手として好ましいタイプについて、肉体的にも精神的にも非常に強いこだわりをもっている。理想的な相手に出会うと、一目惚れをすることが多く、すべてがうまくいっているあいだは強い感情的な絆で結ばれる。そうした恋愛感情は数年続くが、時間とともに気持ちが変わって相手が自分のきびしい基準にあわなくなると、関係が壊れてしまう。そうなったとき、情熱的なエロスの恋人は新たに完璧な相手を探し求めはじめる。この情熱的な恋人たちは外向的でおおらかで、自分たちの関係に満足し、ほかの人たちにも近づきたがる。彼らはどんな関係においても最初のうちは夢中になり、情熱的な愛にひたっているあいだは、浮気など夢にも考えない。

友愛型のストーゲイ

このグループの人たちは、欲望より信頼関係を重んじる。最初から理想のタイプが決まっているわけではなく、友人同士として感じる相手への好感がゆっくりと愛情に変わることを望んでいる。いったん深い絆をもつと相手に対して非常に忠実で、献身的。長続きするロマンチックな関係を、一生に一度か二度結ぶだけである。きわめて思いやりが深く、人を信頼する。大家族の中で育った場合が多く、頼りになる人たちにかこまれるのが好きである。

浮気型のルーダス

このグループの人たちに理想のタイプはなく、どんな相手とでもつきあう。新しいものや不安定なものが大好きで、深くのめりこむのは嫌い。あちらからこちらへと、すぐに移り変わる。「花から花へ」という表現がぴったりだ。浮気な人たちであり、追いかけるスリルを好み、相手への忠誠心や責任感はほとんど示さない。ほかのグループの人たちより神経過敏で自意識が強く、人への思いやりはあまり感じられない。冒険を愛し、相手を好きになるのは、捨てられるのが恐いからという場合が多い——捨てられるのを避けるため、誰に対しても近づきすぎないようにしがちである。

研究結果によると、精神的に似た者同士のほうが、たがいに満足できる関係が続きやすい。というわけで、恋愛スタイルが共通するカップルのほうが、スタイルのちがう者同士より関係が長続きする可能性が高い。

実験結果2

スピードデートを科学する

スピードデートの仕組みは簡単だ。一晩のうちに何人かはじめての相手と話をする。話す時間は数分だけ。そのあいだに、相手ともう一度会いたいかどうか決めるのだ。もともとはアメリカで一九九〇年代に、ユダヤ教の指導者が独身ユダヤ人たちのために考え出した方法だった。それが急速に国境を越えて広まり、いまではいわゆる〝婚活〟の中でもきわめて人気の高い方法になっている。だが貴重な三分間を使って、将来を決めるかもしれない相手に自分を印象づけるには、どうすればいいのだろう。さりげなく、自分の車はフェラーリだとほのめかす？　ありのままを打ち明けて、なりゆきにまかせる？　恋愛心理にかんする最新の研究によると、ポイントは意表をつく質問をする、相手をまねる、八方美人にならない、そして成功をひけらかさないことのようだ。

人気を集めるのは意表をつく言葉

数年前、エディンバラ国際科学フェスティバルで、私は心理学者仲間のジェームズ・フーラン、キャロライン・ワットとともに、スピードデートで最も効果的な話し方について調べた。私たちは独身の男女を五十人ずつ集め、任意にペアを組んで三分間おしゃべりしてもらった。そのあとで、三分のあいだに自分をアピールするために言った言葉と、相手に対する評価を全員に書いてもらい、さらにペアの組み方を変えて同じことをくり返した。最も効果的だった言葉を探し出すため、私たちは相手から非常に好ましいと評価された参加者と、好ましくないと評価された参加者の言った言葉をくらべてみた。

人気の低かった参加者たちが口にしたのは、「あなたはここに、よくくるの？」といったありきたりな質問や、「ぼくはコンピュータで博士号を取ったんだ」などの、いかにもものほしげな台詞だった。かたや最も人気を集めた男性参加者の質問は「君、アイドルで言うと自分は誰に似てると思う？」で、最高人気だった女性の質問は、「あなた、ピザのトッピングで言うと自分はどれだと思う？」だった。このたぐいの台詞が成功するのは、スピードデートでは、デジャヴ（既視感）現象のように同じ会話が何度もくり返されるためだ。独創的な発想で面白おかしく話を切り出せる参加者は親近感をもたれ、魅力的な印象を残す。

「人まね」の効果

そしてもう一つ。ちょっとした「人まね」も効果を発揮する。研究によると、私たちは無意識に人を真似る傾向がある。自分でも気づかないうちに出会った相手の顔の表情、身振り、話し方をまねているのだ。心理学者によれば、考え方や感じ方を相手にあわせるこの人まね行動の働きが、コミュニケーションを円滑にしているという。そして、相手がどれほどこちらの行動をまねるかによって、私たちの相手に対する気持ちも驚くほど変わってくる。

この効果について簡単で効果的な実験をおこなったのが、ナイメーヘン大学（オランダ）の心理学者リック・ファン・バーレンとその仲間たちだった。[9] 研究チームは、小さなレストランでウェイトレスに協力を頼んだ。客をテーブルに案内したあと、二通りの方法で注文をとってもらったのだ。一つは、ていねいに注文を聞き、「はい、わかりました」「ええ、すぐに」と、前向きな相槌を入れる方法。もう一つは、客たちの注文を一つ一つくり返して確認する方法である。すると、注文をくり返すことでチップの額が大幅に変わった。

自分が言った言葉をもう一度耳にした客たちが残したチップは、「ていねいで前向き」な応対をした場合の七〇パーセント増しになった。しかも人をまねる効果は、チップの額を増やすだけではなかった。同じチームがおこなったべつの実験で、人をまねる行動が好感度アップにつながることがわかったのだ。[10] その実験では、一人が市場調査と称して道行く人を呼び止め、調査に協力してもらえないかと二通りの方法で頼んだ。実験者が質問に答えながら目立たないように相手の身振りや姿勢をまねる方法と、ふだん通りに振る舞う方法である。のちに感想を聞くと、自分の動作をまねられた人たちのほうが、実験者に親近感をいだいたが、まねられたことにはまったく気づいていなかった。

ここから、つぎのことが読み取れる。誰かから好意をもたれたいときは、相手の動作をまねること。相手が前かがみになったら、自分も前かがみになる。相手が足を組んだら足を組む。相手が両手を握りあわせたら、自分もそれにならう。この小さいながらもだいじな動作で、相手はいつの間にかあなたのことを「なんだか気があう」と思うようになるだろう。

気が多いと敬遠される

では、スピードデートを成功させる秘密は、意表をつく質問と、人まねだけだろうか。いや、ほかにもある。べつの研究で、えり好みするほうがいいという結果がでている。数年前、ポール・イーストウィックはノースウエスタン大学の仲間とともに、学生百五十人以上が参加するスピードデートで何度か実験をおこなった(11)。彼らはデートのたびに学生たちにパートナーの好感度を評価してもらった。すると、デート相手を何人も選んだ学生は、ほかの参加者から好感がもてないと評価された。もともと魅力のないメンバーばかりが集まったため、出会った相手の誰にもイエスと合図して成功のチャンスを増やそうとしたのだろうか。いや、そうではなかった。研究者はあらかじめ参加者全員の魅力度を調べてあったのだが、当人に魅力があってもなくても、まわりからの評価は同じだった。スピードデートで、あちらにもこちらにもいい顔をした参加者は、たちまち愛想をつかされた。ふつうは大勢の人を好きになれば、自分も大勢から好かれる。だがこと恋愛の場合、誰でも自分だけが相手にとって特別な存在と思いたがるものだ。そして、大勢を相手にする浮気者は、相手から敏感にその素性を見抜かれる。

条件のそろいすぎは、かえってマイナス効果

最後に男性たちへ、ひと言忠告しておこう。「条件がそろいすぎている」と、かえってそれがあだになることをお忘れなく。心理学者のサイモン・チューは中央ランカシア大学の仲間との共同研究で、女性たちのグループに六十人の男性の写真と略歴を見せ、一人一人の好感度を評価してもらい、結婚相手にしたいかどうか訊ねた。[12] 研究者は男性の略歴に手を加え、それぞれの職業が上級職（会社重役）、中級職（旅行代理店員）、ブルーカラー（ウェイター）に分かれるよう意図的に変化をつけた。全体的な結果としては、ハンサムな男性が魅力的と評価された。同様に、上級職の男性も低所得の男性より好ましいと見られた。そこまでは予測通りだった。だが意外だったのは、ハンサムで地位も高い男性が結婚相手としてはあまり魅力がないとされたことだ。女性たちが敬遠するのはその手の男性は大勢の女性にもてすぎ、浮気をしそうだからではないかとチューとそのチームは結論した。というわけで、あなたがハンサムで地位が高く、銀行に預金が沢山あり、贅沢に暮らしている場合、スピードデートで結婚相手を探すときは、少なくともそのうち一つは伏せておくほうがいいだろう。

成功へのステップ

スピードデートでは、わずか数分で相手の心をとらえなければいけない。そこで短い時間を最大限有効に使うために、相手のことを聞き出せるよう独創的で意表をつくおもしろい質問を用意しておこう。会場では相手の座り方、手の使い方、しゃべり方、顔の表情を（やりすぎにならない程度に）まねる。八方美人はやめること。デート相手をできるだけ大勢確保しようとして、あちこちで「あなたともう一度会いたいです」と声をかけたりせず、とても相性がいいと思える相手一人、二人に集中する。そしてあなたがハンサムで仕事上でも成功しているとしたら、あなたの容貌と地位が「よすぎて危ない」印象を女性たちにあたえることを、お忘れなく。といっても、わざと疵《きず》をいくつかこしらえあげる必要はない。成功をひけらかさなければいいのだ。もちろん、その他の男性たちは、拒絶にあったときこの理屈を逆手にとれる――女性からつぎからつぎへと断られたら、自分は嫌がられるほどハンサムで金持ちなのだと思えばいい！

異性にモテるスポーツは？

女性にもてたいとき、男性は自分を思いやりのあるやさしい人間に見せようとする。ところが研究によると、それは間違いらしい(13)。女性に友だちや恋愛あるいは結婚の相手に望ましい特徴を訊ねると、たしかにやさしさは得点が高い。だが、いつもかならず勇敢さには負ける。恋の相手となると、女性はやさしさや思いやり以上に、勇気や危険に立ち向かう強さを求めるようだ。というわけで、女性を口説くときは、どれほど献身的に奉仕活動をしているか話すかわりに、スカイダイビングへの情熱を語り、正義のために立ち上がることや、いかなる危険が待ち受けていようとも心の命ずるままに突き進むことの大切さを口にするほうがよさそうだ。

私はフィットネスの専門家サム・マーフィーに手伝ってもらって、スポーツと魅力度の関係についてインターネットで調査をおこなった。男性は、フットボールや山登りの好きな女性に魅力を感じるだろうか。ボディービルやヨガに熱中している男性を女性は求めるだろうか。六千人以上の人が、異性を魅力的に見せるスポーツについて回答を寄せてくれた。結果では、女性の五七パーセントが男性の登山に魅力を感じ、女性から見てもっともセクシーなスポーツになった。僅差で続いたのが、バンジージャンプやジェットスキーなどの過激なスポーツ（五六パーセント）、フットボール（五二）、ハイキング（五一）だった。最下位はゴルフとエアロビクスで、それぞれ一三パーセントと九パーセント。逆に男性は女性のエアロビクスを最も魅力的だと評価し（七〇パーセント）、ヨガ（六五）、ジムでのエクササイズ（六四）と続いた。最下位はゴルフ（一八）、ラグビー（六）、ボディービル（五）だった。

女性の選択には、自分たちが心理的に男性に求める特徴が反映されているようだ――勇敢さや、危険をものともせず立ち向かう強さなどである。かたや男性は、強すぎて自分の自負心が脅かされない程度に、肉体的に整った女性を求めている。そして、ゴルファーには誰も魅力を感じないらしい。

実験結果*3*

初デートを成功させる方法

一九七五年に、アメリカのウィリアム・プロクスマイアー上院議員は、政府機関による税金の無駄遣いにあたえる賞として、「金の羊毛賞」を設けた。その一回目の受賞者はアメリカ国立科学財団で、理由は人が恋に落ちる原因を解明する研究に出資したためだった。彼は、「二億人のアメリカ人が、人生の中で謎のままにしておきたいと思うものがいくつかある。その筆頭がなぜ男が女に、女が男に恋をするかという問題だ」と説明した。さいわい、彼の意見に共鳴する声もあがらず、心理学者たちはその後も男女の愛と吸引力について数々の研究をおこなった。その一つが、恋愛にとって重要な初デートの裏側にひそむ心理を調べた、魅力的な研究である。

誰でも最初のデートには、かなり気をつかう。ロマンチックな出会いに、最もふさわしい場所はどこだろう。なにを話せばいい？　最初から迫るべきか、最初はよそよそしくすべきか。ご心配なく。この三十年のあいだ研究者たちがそれらの疑問に挑戦し、キューピッドの矢がみごと標的を射抜けるよう、手っとり早くて効果的な方法を考え出している。

ドキドキすると、恋が芽生える？

まず、初デートには相手をどんな場所に誘えばいいだろう。静かなレストランか、田園の中での散歩。そんな答えが浮かんでくる。だが、心理学者のドナルド・ダットンとアーサー・アーロンがおこなった研究によると、それは的外れのようだ⑭。彼らの実験以前に、すでにいくつかの研究でいにしえの詩人たちが歌っていたことが事実であることは確認されていた。つまり、誰かに恋をすると、心臓の鼓動が速くなる。ダットンとアーロンは、その逆も言えるのではないかと考えた。つまり、心臓の鼓動が速くなると、誰かを好きになる確率が高まるのではないか。

それを確かめるべく、二人は女性の助手にブリティッシュコロンビア州のカピラノ渓谷にかかる二つの橋の上で男性に声をかけてもらった。一つは渓谷から六〇メートル上にかかる危なっかしくゆれる吊り橋、もう一つはずっと低い場所にかかる安定した橋である。彼女は調査と称して簡単な質問をしたあと、今回のことについてなにか問い合わせたくなったときのためにと、男性に自分の電話番号を渡した。ゆれる吊り橋を渡っていた男性たちは、低い橋をわたる男性より心臓の鼓動が速くなっていた。そして若い女性から声をかけられたとき、彼らは無意識のうちに心臓がドキドキするのは橋のせいではなく相手のせいだと考え、彼女を魅力的だと思うようになり、あとで電話をかけてくる率が高かった。

だが、橋の上で見ず知らずの相手から声をかけられたときに効果があったとしても、実際にカップルがデートしたときも同じ効力を発揮するだろうか。数年前に、テキサス大学の心理学者シンディー・メストンとペニー・フローリックが、その点を調べた。二人はテキサスにある二つの大テーマパークを訪れ、紙ばさみと平均的な男女の写真を用意して、ジェットコースターの下で待ち構えた。そしてカップルがやってくると、彼らがコースターに乗る少し前と恐怖の体験をした直後に呼び止めた。実験者はカップルの男女におたがいの魅力度と、用意した写真に映っている男女の魅力度を1から7の点数で評価してもらった。研究者はコースターに乗り終えた人たちは心臓の鼓動が速くなっているから、「鼓動が速ければ、相手を魅力的と思う」説から言えば、相手に感じる魅力の点数が高くなるはずだと予測した。

「一目惚れについて」と題する論文でこの実験結果をまとめた二人は、予測が一部しかあたらなかったことを認めた。[15] ジェットコースターに乗ったあとで写真を見せられたカップルは、写真の男女のほうが列にならんで順番待ちしている人たちより魅力的だと評価した。だが、おたがい同士の評価となると、乗ったあとのほうが相手の魅力を低く評価した。その理由を研究者は、パートナーが自分に低い点をつけたのを知った参加者が腹を立て（「私に1点をつけるって、どういうわけ？」）、それが評価に影響したのではないかと推測している。また、ジェットコースターに乗ったあと相手の魅力が薄れて見えたのは、恐怖体験後の疲れた表情や振り乱した髪のせいだったかもしれない。だが、恐い映画を見る前と見た後のカップルを調べた実験では、仮説を裏づけるもっと明確な証拠が示されている。この実験では、さまざまな映画を見にいったカップルを、研究者がひそかに観察した。そして、とりわけスリラー映画のあとでは二人が手をとりあったり、さわりあったりする姿が見られたのである。[16]

いきなり個人的な話をすると親密度が深まる？

もちろん、デートを成功させる秘訣は、心臓の鼓動を速めることだけではない。あなたがなにをいつ話すかということも、だいじなポイントだ。

数年前、アーサー・アーロン（二種類の橋で実験をした心理学者）は仲間との共同研究で、男女の接近を早める話題について調べた。[17] 常識的には、個人的な話はたがいに親密になったあとでするものだ。だがアーロンとそのチームは、逆も成り立つのではないかと考えた。つまり、個人的なことを打ち明けると、相手と親密になれるのではないか。彼らは知らない者同士の男女二人ずつに、積極的に自分の個人的な話をするよう頼んだ。即席のペアはあらかじめ用意された質問をおたがいに相手に投げかけ、四十五分間「やりとりゲーム」をする。用意されたリストにはパーティーなどで最初に相手と打ち解けるときによく使われる質問（「歴史上の人物に会えるとしたら、誰に会いたい?」）に続いて、いきなり〝親しい友人と飲んでいるときの質問〟に移り（「自分がいつ、どんなふうに死ぬか考えたことある?」）、最後に〝親密度を深めたい若いカップルの会話〟へ突入する（「一番最近誰かの前で泣いたのは、いつ?」）。

だが、どんな話題でも人は親密になれる。それを考慮してアーロンは比較対照グループとしてべつの男女を集め、べつの雑談的な質問をしてもらった（「作り物のクリスマスツリーのいい点と悪い点は、なんだと思う?」「時計ではデジタル式が好き? それともアナログ式が好き?」）。そして会話を終えたあと、ペアはおたがいに相手の魅力度を評価するよう頼まれた。当然と言えば当然ながら、クリスマスツリーと時計について話したペアは、おたがいにそれほど惹かれあわなかった。かたや「やりとりゲーム」をしたペアは、ふつうは何か月も何年もかかるほどの親密度を深めた。じつのところ、実験が終わったあと電話番号を交換する参加者もいたという。

というわけで、だいじな初デートではゾクゾクする場所にいき、ためらうことなく親密な会話をかわしたほうがよさそうだ。常識から見れば、あなたのデートはいささか風変わりかもしれない。だが科学は、あなたがたまらない魅力を発散するはずだと言っている。

「成功へのステップ

デートはドキドキする場所で

デートの成功率を高めるには、心臓がドキドキしそうな場所を選ぶ。テンポのゆっくりしたクラシックコンサートや、ハンドベルの演奏会、田園での散歩などは避け、スリル満点のサスペンス映画、テーマパーク、サイクリングなどを選ぶ。デート相手は心臓がドキドキするのは体験のためではなくあなたのせいだと感じ、あなたには特別ななにかがあると思うはずだ。

最初からずばり聞いてしまう

先にご紹介した「やりとりゲーム」の実験では、一つの質問ごとに大きく前進した。だが、実際の会話では段階を少しずつ進むほうがうまくいくようだ。研究によると、あなた自身が個人的なことを打ち明けると、相手も打ち明けやすくなり、急速に親密度を深められる。では、アーロンの「やりとりゲーム」をもとにした、十の質問をご紹介しよう。

1　空想のパーティーで、ホスト役の自分が歴史上のどんな人でも呼べるとしたら、誰を呼びたい？

2　一番最近自分に向かって話しかけたのは、いつ？

3　自分は運がいいと思えることを、二つあげるとしたら？

4　これまでずっとしたいと思ってきたことは？　そして、これまでできなかった理由は？

5　自分の家が火事になり、一つしか物を持ち出せないとしたら、なにを選ぶ？

6　これまでで一番しあわせだったことは？

以下は質問ではない。自分から話し、相手からも話してもらうこと。

7　（デートの相手と親密になれた場合）自分について知ってもらいたい一番だいじなことを話す。

8　デートの相手について、自分が心から好きな点を二つ言う。

9　これまでに自分が体験した一番恥ずかしいできごとを話す。

10　いま抱えている個人的な問題を打ち明け、デートの相手に解決法を相談する。

デートに役立つ五つのヒント

デートの前にデート？

調査によると女性は、ほかの女性から笑いかけられたり、女性と楽しいときをすごしたりしたあとの男性に、強い魅力を感じとるという[18]。というわけで、バーやパーティーで女性たちにもてたいと思ったら、まず気の置けない女友だちを誘ってあなたの冗談で大いに笑ってもらい、そのあとさりげなく別行動に移る。そして女友だちには、そのことを秘密にしてもらおう。

デートにはお腹を空かせて

進化心理学者によれば、腹を空かせた男性は太った女性を好ましく感じるという。理由は、女性のサイズが食事を連想させるかららしい。この説を実証するため、研究者は男子学生たちに協力を頼み、大学の食堂に入るときと出るときに体のリイズがそれぞれちがう女性の等身大の写真を見せ、魅力を評価してもらった[19]。すると空腹状態の学生は、たしかに太めの女性のほうが魅力的だと評価した。というわけで、あなたが〝ふつうの体型〟の女性で、男性に興味があるなら、気分を盛り上げる飲み物は食事のあとではなく、前に飲むこと。あるいは食事の一、二時間前に待ち合わせ、彼に食べさせる料理は軽いサラダだけにすること。

最初は冷たく、徐々に熱く

つねに相手をほめ、相手の言葉にすべてうなずくことが、ハートをつかむ早道と思うかもしれない。だが研究結果によると、それは間違いだ。[20]デートの最初では気がなさそうに振る舞い、終わりが近づくにつれて積極的になるほうが相手を惹きつける。つまり、会ったとたんから一時間に百回笑いかけるかわりに、最初の一時間はそっけなくし、帰る時間が近づくにつれて魅力を振りまくほうが効果的なのだ。そして、共通して好きなものを話題にするかわりに、共通して嫌いなものについて話す。二〇〇六年の「同じ相手を嫌うことで結ばれる絆」と題する研究では、人は好きなものが同じ場合より、嫌いなものが同じ場合のほうが親密になれると報告されている。[21]

効果的な笑顔は？

一世紀以上前、科学者が発見したところによると、笑顔は本物の場合も作り物の場合も唇の両端が上がるが、目尻にしわがよるのは本物の笑顔だけである。最近では、相手を魅了する笑い方など、笑顔の微妙な作用についても研究が進んでいる。その報告によると、顔にゆっくり（〇・五秒以上）広がっていく笑いは、とても魅力的に見える。そのとき同時に相手にむかってわずかに首を傾けると、とりわけ効果的だという。[22]

相手が感じているのは愛か欲情か

ジャン・ゴンザーガは仲間との共同研究で、初デート中のカップルをビデオ撮りしたあと二人にそれを見せ、愛情と欲情のどちらの要素が強い話をしていたのか場面ごとに訊ねた。[23] 愛しあう喜びについて話していたと答えた場面では、カップルはたがいに前に身を乗り出し、うなずいたり微笑んだりしていた。だが、欲情のからむ内容だったと答えた場面では、二人とも舌をだし唇をなめる回数が多かった。というわけで、デート相手の気持ちを知りたいときは、これらの信号に注目すること。うなずいたり微笑んだりしているのは愛のしるし。だが意味深に唇をなめはじめたら、あなたに素敵な夜が待っているかもしれない。

元カレ、元カノの数は？

どんなカップルにも待ち受けている、微妙な瞬間。たがいにうまくいっている最中に突然浮上してくるのが、それまで自分に何人恋人がいたかという問題だ。そのとたん、頭の中につぎつぎに疑問がわきあがる。厳選主義を打ち出すために、深い関係になったのは一人、二人だけだったことにする？　それとももっと大勢恋人がいたことにして、経験豊かに見せたほうがいい？　アリゾナ州立大学のダグ・ケンリックの研究によると、この点はつねにバランスがだいじだという。[24]ケンリックは大学生たちに恋人経験の数がいろいろにちがう男女の紹介文を見せ、好ましさを評価してもらった。結果は、女性から見た場合は、元カノの数がゼロから二人の男性が最も望ましいが、三人以上になると魅力度が落ちる。かたや男性から見た場合は、元カレの数がゼロから四人の範囲では一人増えるごとに魅力度が高まるが、五人以上になると引いてしまうことがわかった。

実験Ⅵ

ストレス解消法のウソ

大声で叫んだり、サンドバッグを叩いても、ストレスは増すばかり
……アイオワ州立大学ブラッド・ブッシュマンの実験結果

不愉快な体験のプラス面を書きつけることで、怒りはおさまる
……マイアミ大学マイケル・マカラックと学生たちの実験

自分は健康だと思い込むと、本当に健康状態は改善される
……ハーヴァード大学アリア・クラム、エレン・ランガーの研究

著名な精神分析学者ジークムント・フロイトは、人間の精神はおもに三つの要素からなっていると考えた。すなわち、イド（本能的衝動）、エゴ（自我）、スーパーエゴ（超自我）である。イドは人の精神の動物的な部分であり、衝動的で本能に突き動かされる。超自我はイドと対極をなす道徳的な部分。そして自我は、二つの力のあいだで調停をおこなう。ふつうは三つがたがいにバランスをとりあっていて、なにごともスムーズに進行する。だが、ときとして大きな対立が起こり、世間で目にしがちなセックスと暴力にいきつく。

フロイトの考えを、わかりやすく説明してみよう。性欲の強い十代の少年（イド）と、僧侶（超自我）と、会計士（自我）が一つの部屋に閉じ込められ、ポルノ雑誌がそこにあったとする。少年、すなわち精神の動物的な部分は雑誌に飛びつくが、僧侶が少年からふしだらな雑誌を奪い取って破り捨てようとする。

そこへ会計士が割って入り、争いをやめさせるため二人をなんとかまるくおさめようとする。やがて三人とも冷静になり、問題を話し合う。そしてたとえば、雑誌をなかったことにするのが一番だという解決法にたどりつく。そうすれば少年はいかがわしい写真を見なくなるし、僧侶も道徳の大切さをいちいち説かなくてもすむようになる。この賢い和解案に満足して、三人は雑誌を敷物の下に隠し、存在を忘れようとする。だがあいにく、ものごとはそう簡単に運ばない。日が経つにつれ、少年は雑誌をのぞきたくてたまらなくなるが、敷物に手をのばすたびに僧侶から止められる。やがて緊張が高まり、三人とも不安に駆られはじめる。

フロイトによると、私たちは自分の中に住む少年と僧侶の争いにたえず巻き込まれる。少年は自分の欲望のおもむくままを主張し、僧侶は自分のなすべきことを主張する。少年が浮気をしたがると、僧侶は結婚の誓いの大切さを説く。少年が気に入らない相手に殴りかかろうとすると、僧侶は許してやりなさいと言う。少年が危ない取引きに手を出そうとすると、僧侶が法を犯してはならないと説得する。たいていの場合、私たちは最終的にはそうした問題を無意識の奥深くにしまい込み、問題などなかったかのように振る舞う。だが、敷物の下にポルノ雑誌を隠さなくてはいけない精神的ストレスがしだいに高じて、欲求や不安や怒りを感じはじめる。

怒りを発散させる方法は有効か？

それに対処する最良の方法は、抑圧された感情を社会的に害のない安全な形で吐き出すこと。そう考える心理学者は多い。枕を叩く。大声で叫ぶ。悲鳴を上げる。足を踏みならす。自分の中にいる少年がドアを蹴破る前に、その気持ちを鎮めることならなんでもいい。怒りの発散効果《カタルシス》は、広く認められている。だが、はたしてそれで本当にストレスが解消されるのだろうか。

それを調べるため、心理学者たちは人をストレス状態に置いたあと、悲鳴を上げたり叫んだりさせてその効果を調べてきた。二〇〇二年にはアイオワ州立大学のブラッド・ブッシュマンが六百人の学生を対象に実験をおこなっている。(1) 彼は学生たちに妊娠中絶をどう考えるか作文を書いてもらい、採点はべつの学生に頼むと伝えた。実際には実験者が採点をおこない、意図的に悪い点数をつけ、「こんなひどい作文は読んだことがない」など、手きびしい感想を書いたのだ。当然ながら、学生たちは自分の作文が仲間にけなされたと思い込み、猛烈に腹を立てた。

そして学生の半数に、攻撃感情を発散させる機会があたえられた。ボクシングのグローブが渡され、自分の作文を採点したとされる相手の写真を見せられ、サンドバッグをその相手だと思って叩けと言われたのだ。怒りをバッグにぶちまけるあいだ学生は一人きりだったが、インターホン装置を通じて実験者はひそかに学生がバッグを叩く回数を数えた。そして残りの学生グループには、ボクシングのグローブとサンドバッグはあたえず、部屋で二分間静かに座るよう頼んだ。

そのあとで、全員が情緒を測定する質問表に答え、現在感じている怒り、不快感、欲求不満の度合が調べられた。最後に二人一組でゲームがおこなわれ、ゲームの勝者には敗者の顔の前で大きな破裂音を立てる権利があたえられた。音の大きさや長さは勝者にまかされ、コンピュータがそのレベルを正確に記録した。

はたしてサンドバッグを叩いた学生は、部屋で静かにしていた学生より気分が鎮まっていただろうか。結果は、逆だった。猛烈な勢いでサンドバッグを叩いた学生は、終わったあと叩く前よりさらに攻撃的になり、仲間の学生の顔の前で長く大きな破裂音をたてた。二つの学生グループは、情緒面でも爆発的な行動面でも大きなちがいがあった。このパターンは、べつの実験でもくり返し証明された。怒りを発散させても火は消えない。実際には、ブラッド・ブッシュマンが論文で指摘したように、火に油をそそいでしまう。

サンドバッグを叩き、叫び声を上げても、ストレスや欲求不満を解消する役には立たない。では、役に立つ方法はなにか。そして穏やかな日常を作り上げるために、どんなことをすればいいのだろう。怒りを抑制するセラピーに長いあいだ通う、あるいは何時間も瞑想をする。それが答えだろうか。じつは、非常に簡単にできる解決法がある。こつはどんなできごとにもいい点を見つけること、そして四つ足の友だちの力を借りることだ。

実験結果1

マイナス体験にもいい面を見つける

人は誰でも、一生のあいだに何度かつらい体験をする。病気にかかる、長く続いていた関係が壊れる、パートナーの浮気がばれる、親友があなたを傷つけるような噂をばらまく……。そのようなことが起きると、当然ながら人は不安になり、動揺する。過去を振り返り、あのときああしてこうしていればと思い悩む。嫌なできごとの原因がほかの人にあった場合は、その相手を恨み、仕返しを考える。こうした体験は、怒りや苦しみや攻撃につながることが多い。そんなとき、ボクシングのグローブでサンドバッグを叩いても気分は良くなるどころか悪化するとしたら。気持ちを鎮めるのに最もいい方法はなんだろう。

マイナス体験をプラスに変える

一つは、たんに怒りとつながらない行動をすることだ。愉快な映画を見る、パーティーにいく、子犬と遊ぶ、むずかしいクロスワードパズルに挑戦する。あるいは、エクササイズや芸術的な活動、友人や家族との食事などで気をまぎらせる。だがこうした行動は、小さないざこざが原因で引き起こされたストレスは解消できても、長く尾を引く深刻な欲求不満の根本的解消にはなりにくい。だが、もっと効果的な方法がある。それにりするセラピストのもとに何度も通ったり、身近な人たちに何時間も話を聞いてもらったりする必要はない。この方法には数分しかかからず、実際に火事で財産をなくした人や、身内を亡くした人、心臓発作を体験した人、あるいは事故の犠牲者や慢性関節リウマチと診断された人へも効果があった。それは、「いいこと探し」と呼ばれる方法だ(2)。

この効果を実証したのは、マイアミ大学のマイケル・マカラックとその仲間たちだった(3)。彼らはまず、三百人を超える学生に自分が誰かに傷つけられたり、嫌な思いをさせられたりした体験を書いてもらった。裏切りから侮辱まで、拒絶から無視まで、学生たちは誰もが不愉快な経験をしていた。

そのあとで参加者を三つのグループに分け、第一のグループには自分がそのときどれほど怒り、その体験がいかに自分にマイナスの影響をあたえたかについて、数分間で詳しく書くように頼んだ。第二のグループには、その体験から自分がえたプラスのことについて同じく数分間で書いてもらった。たとえば前より強く賢い人間になれた、などである。第三のグループには、翌日の予定だけを書いてもらった。

この実験の最後では、自分を傷つけた相手に対する考えや気持ちを測定する質問表に全員が答えた。その結果、むかつく体験からえたプラスのことがらについて数分考えるだけで、怒りや不快感を鎮める効果があることがわかった。自分を傷つけた相手を許そうと考える気持ちが前より強くなり、相手を避けたいとか相手に仕返ししたいという感情が減ったのだ。

マイナス体験にプラスの面を見いだすというのは、現実ばなれした話に聞こえるかもしれない。だが、プラス面がたしかに存在することを示す例は、いくつかある。調査結果によれば、テロリストによる9・11の事件後、感謝、希望、やさしさ、リーダーシップ、チームワークといったプラス要素が、アメリカ人のあいだで高まったという[4]。また、重病をわずらうと勇気、好奇心、公正さ、ユーモア、美に対する感受性が高まるという報告もある[5]。

ストレスを解消するためにボクシングのグローブをはめたり、枕を叩いたりすると、攻撃的な感情は鎮まるどころか高まってしまう。かわりに、マイナスのできごとからえられるプラス面を考えれば、怒りの感情を大幅に鎮めることが可能である。

成功へのステップ

不愉快な思いをしたときは、つぎのことを実行して怒りを鎮め、前向きになろう。ほんの少しのあいだ、嫌な体験のプラス面について考える。たとえば、そのできごとであなたは……

・前より強い人間になれた。あるいは自分の中に、それまで気づかなかった強さがあるのがわかった。

・前より自分の人生を大切に感じるようになった。

・前より賢くなった。あるいは大切な絆が強まった。
・前より自分の感情をうまく伝えられるようになり、嫌な関係を終わらせる自信や勇気がもてるようになった。
・前より人に対する思いやりが深まり、人を許せるようになった。
・自分を傷つけた相手との絆が強まった。

嫌な体験からえたプラス面と、そのできごとにより日常面でよくなった点を書き出す。なにも隠さずに、すべてを正直に書くこと。

1分でできるストレス解消法

人が危険を感じたとき、逃げるか踏ん張って立ち向かうかの決心にあわせて、体がその態勢をとる。あいにくストレスの多い現代社会では、この反応がひんぱんに起きる。駐車スペースが見つからない、子どもが言うことをきかない——たいていの人がくり返し「闘争か逃走か」のボタンを押すことになる。少量のストレスは、目の前の仕事に対する集中力を高めてくれる。だが、ひっきりなしに問題が起きると、やがてストレスは極限にまで達し、血圧が上がり、集中がとぎれ、不安感がつのり、体重は増加し、免疫系の力が弱まる。だが、あなたの血圧をもとにもどすための簡単で効果的な方法が、いくつかある。

ほかの人のために祈る

ミシガン大学のニール・クラウゼがおこなった研究によると、ほかの人のために祈ることが健康に良いという[6]。彼は千人の人に自分が祈るときの内容（お金や健康など）を訊ねた結果、ほかの人のために祈ることが、祈り手の経済的ストレスを軽くし、幸福感を高める事実を発見した。ただし、新車やいい家など、物について祈ってもそのご利益《りやく》はなかったという。

クラシック音楽の効果

カリフォルニア大学のスカイ・チャフィンとそのチームは、ストレスがたまったときに血圧を下げる効果のある音楽について調べた[7]。彼らはまず参加者に2397という数字から13ずつ引き算をしてもらった。2397、2384、2371……というぐあいである。しかも三十秒ごとに、実験者は緊張をあおるような言葉（「どうしたんだ、さあ早く」など）で、答えを急かせた。終わったあと、参加者の半数を一人で静かにさせ、残り半数には音楽を聞かせた。音楽はクラシック（パッヘルベルの〈カノン〉、ヴィヴァルディの〈四季〉からの第一楽章「春」）か、ジャズ（マイルス・デイヴィスの〈フラメンコ・スケッチ〉など）か、ポップス（サラ・マクラクランの〈エンジェル〉、デイヴ・マシューズ・バンドの〈クラッシュ・イントゥ・ミー〉）に分かれていた。血圧を測定すると、ポップスやジャズを聞いた場合は、一人で静かにしていた場合と回復度が同じだった。だが、パッヘルベルとヴィヴァルディを聞いた参加者の血圧ははるかに早く下がり、短時間で平常にもどった。

太陽の効果

ヴァージニア州心理・行動遺伝学研究所のマシュー・ケラーは仲間とともに人の情緒におよぼす太陽の影響を調べた[8]。その結果、温度も気圧も高い暑い日には気分がよくなり、記憶力も向上することがわかった。ただしそれは外に三十分以上いた場合にかぎり、三十分以下しか太陽を浴びなかった場合は、逆にいつもより気分が沈んでしまう。おそらく天気のいい日に家に閉じ込められていると、腹が立つからではないかと研究者たちは考えている。

笑う効果

笑えば世界中があなたに笑いかけ、泣けば心臓発作の危険が増す——少なくとも笑いとリラクゼーションにかんする研究は、そう言っている。ストレスに襲われても自然にユーモアで乗り越えられる人は、免疫系がきわめて健康で、心臓発作や脳卒中を起こす確率が四〇パーセント低く、歯の手術で痛みを感じることも少なく、平均より四年半長生きをする。二〇〇五年に、メリーランド大学のマイケル・ミラーは仲間と実験をおこない、参加者に不安を感じさせる映画（「プライベート・ライアン」の冒頭三十分など）と、笑える映画（「恋人たちの予感」でサリーがレストランでオーガズムの真似をする場面など）を見せた。[9] 緊張が高まる映画を見たあとは、参加者の血流量が三五パーセント近く低下したのに対し、笑える映画を見たあとは血流量が二二パーセント増えた。研究者はこの結果をもとに、毎日最低十五分は笑うことを勧めている。

実験結果2
動物の友だちをもつ

犬はさまざまな場面で人の気持ちを癒してくれる。たとえば犬は、切り刻んでおいしいシチューにすることもできる。だが、犬のシチューで本当に気持ちが満たされるだろうか。罪悪感が残りはしないだろうか。それを調べるために、大学の研究チームが……というのは冗談。私の知るかぎり、そんな実験がおこなわれた例はない。だが、四本足の友だちが人の気持ちにあたえる効果を調べた研究は、いくつもある。

犬がいると穏やかに生きられる

なかでも有名なのが、メリーランド大学のエリカ・フリードマンとその仲間がおこなった研究である。彼女は、犬を飼うことと心臓血管機能との関係について調べた[10]。心臓発作で倒れた人の回復率を、犬を飼っている人と飼っていない人とでくらべると、飼っている人のほうが十二か月後の生存率が九倍近く高かった。この結果が多くの研究者に刺激をあたえ、犬が一緒にいる場合のメリットを調べるさまざまな研究がおこなわれた。そして犬を飼っている人は日常のストレスを上手に乗り越えられ、生き方が穏やかで自信もあり、鬱になりにくいことがわかった[11]。

このメリットの大きさは、あなどれない。ある実験では、ストレスになりやすい作業（四桁の数字から3を引き算しながら順番に数える、氷水に手を入れてじっとしているなど）を実行するあいだ、飼い犬ないし配偶者がかたわらにいた場合の、参加者の血圧と心拍数が測定された[12]。すると配偶者が一緒の場合より飼い犬が一緒にいた場合のほうが、参加者の血圧と心拍数が低く、数字を数えるときのミスも少なかった。科学的な実験結果から言うと、いざという場合は配偶者より飼い犬にそばにいてもらったほうが、あなたの健康にはよさそうだ。

おもしろいのは、猫では同じことが言えない点だ。研究によると猫と暮らしている[13]とマイナスの気分が軽くなりはしても、目立って気持ちが穏やかになることはなく、心臓発作を起こした場合に、十二か月後の生存率が高まるわけでもない。[14]

だが、このたぐいの研究には大きな問題が一つある。犬の飼い主の穏やかな日常と健康な免疫系は、はたして本当に犬のおかげだろうか。犬を飼っている人は、もって生まれたある種の性格のせいで長生きをし、ストレスの少ない生活が送れるのではないか。

この点をたしかめるために、ニューヨーク州立大学バッファロー校のカレン・アレンが重要な実験をおこなった。[15]アレンは日々猛烈な緊張を強いられる都市部の証券マンを参加者として集め、任意に二つのグループに分け、片方のグループに犬をあずけて世話をしてもらった。そして六か月後に全員の血圧が測定された。結果を見ると、犬と暮らした証券マンのほうが、対照グループにくらべてずっと気持ちが落ち着いていた。実際の話、精神的ストレスの緩和という点で、犬は一般的な緊張緩和剤以上の効果を示した。この二つのグループは任意に「犬あり」と「犬なし」に分けられ、参加者の性格的ちがいで分けられたわけではないので、性格的な要素は結果に反映されていないと見ていい。興味深いのは、犬と暮らすうちにストレスが減っただけでなく、百戦錬磨の都会っ子たちがあずかった犬にめろめろになり、実験が終わっても誰一人この新しい友だちを返そうとしなかったことだ。

犬を飼うとなぜ良いのか。その理由については、いくつか説がある。毎日散歩に連れていくことが、飼い主の肉体的・精神的健康にプラスになるという説。犬は批判などしない「究極の友だち」になれるからだという説。しかも犬はあなたの心の奥深くにある悩みに辛抱強く耳を傾け、あなたの秘密を誰にももらさない。そうして見ると、犬は毛むくじゃらの耳と濡れた鼻をもった、低賃金で働く献身的なセラピストである。そして犬をなでたりさわったりすると、気持ちが癒される効果もあるという。それは、看護師に手を握られると患者の心拍数が落ち着く効果と同じだ。⑯

だが研究者の多くが大きなメリットとしてあげているのは、犬を飼うと人とのふれあいが増えることだ。公園にいけば、犬を散歩させている人たちが、見ず知らずの相手とすぐにうちとける様子が目に入るだろう。「あら……かわいい……なんていう犬種です？」「きれいな犬ですねえ……何歳ですか？」「おや、ついてきたりして……人なつこい犬ですね」などなど。大規模な研究によると、人間にとっての幸福感と健康のみなもとは、ほかの人とのふれあいにあるという。そして人間同士を自然にしかも効果的に結びつける犬の能力が、飼い主のしあわせに大きく貢献するようだ。

では、犬は実際にふれあい作りのためにどれくらい効果的で、どんな犬が適しているだろう。それを探るため、ベルファストにあるクィーンズ大学の動物心理学者デボラ・

ウェルズは、助手にランチタイムを何度か犠牲にしてもらい、種類のちがう犬を連れて同じ通りを往復するよう頼んだ[17]。一回の散歩で、助手は向こう側から歩いてくる通行人三百人とすれちがった。そしてべつの研究者がその数歩後ろからあとをつけ、通行人が助手に目をとめ、微笑んだり立ち止まって話しかけたりする様子を記録した。三日間の散歩におともをしたのは黄色いラブラドールレトリーバーの子犬、成犬のラブラドール、そして成犬のロットワイラーの三種類だった。対照実験として、べつの三日間は助手が犬を連れずに、高さ五〇センチほどの茶色いクマのぬいぐるみ（大きな茶色い目、短い手足、広いおでこが人の注意を引くと思われたため）、ないし観葉植物のユッカの鉢植えをもって歩いた。

千八百人の通行人と二百十一回の会話をかわしたあと、結果が集計された。クマのぬいぐるみと植物はかなり人目を引いたが、笑顔を向けられることはあまりなく、話しかけられることは皆無に近かった。かたや犬たちは通行人の目を引き、笑顔とおしゃべりを誘った。ただしロットワイラーを連れていると、話しかけられる割合が非常に低かった。おそらくこの犬種は攻撃的だと思われていて、道ゆく人びとが喉に食いつかれるのを避けたかったのだろう。だが、助手が子犬ないし成犬のラブラドールを連れているときは、十人に一人が立ち止まって話しかけてきた。

動物を連れていると人とのふれあいが増えるという説を裏づける実験は、これだけではない。以前にも女性の研究者が、公園のベンチに座って実験をおこなった。ウサギやカメをかたわらに置いていると、一人でシャボン玉を飛ばしたり、携帯テレビを見たりしているときよりも通行人の注目を引いたのだ。[18]

成功へのステップ

この研究から、だいじなことが二つ読み取れる。一つは、犬を飼うと人とのふれあいが増え、日常の不安や緊張がやわらげられるということ。二つ目は、人とふれあう機会をできるだけ増やすためには、ロットワイラーやクマのぬいぐるみ、ユッカの鉢植え、携帯テレビ、シャボン玉よりもラブラドールを選んだほうがいいということ。

そしてあなたの現状では犬を飼うことが許されないとしても、同じ効果をえられる方法が二つある。

ロボット犬を育てる

ほんものの犬のかわりに、ロボット犬を手に入れる方法。セントルイス大学医学部のマリアン・バンクスとその仲間は、ロボット犬とほんものの犬の効果を、各地の長期療養施設で一人きりで暮らす患者たちに試した。[19] 研究チームは、週に一回生きた犬とソニーのアイボを各地の施設に連れていき、患者に毎回三十分ずつ一緒にすごしてもらった。八週間後には患者はどちらの犬とも同じように強い精神的絆を結び、どちらの犬も患者の淋しさを同じ程度に癒した。

動物の映像を見る

デボラ・ウェルズは二〇〇五年に画期的な実験をおこない、動物のビデオを見るだけで、実際に動物がそばにいる場合と同じ癒し効果があるかを調べた。[20] 彼女は短編ビデオを三種類作成し（十四の魚が水藻の生い茂る水槽を泳ぎ回る映像、十羽のセキセイインコが鳥小屋にいる映像、十匹の猿が木に腰かけている映像）、参加者たちに見せ、その前後に各自の血圧を測った。比較対照データをとるために、ウェルズは第二の参加者グループに有名な昼メロのビデオを見せ、さらに第三のグループにはなにも映っていないテレビ画面を見てもらった。大きな発見が二つあった。一つは、生理的な面から言うと、昼メロのビデオはなにも映っていないテレビ画面と同程度の効果しかなかったこと。もう一つは、二つの対照グループの結果にくらべて、三種類の動物ビデオはどれも参加者の気分を安らかにしたことだ。心拍数と血圧を一分足らずで下げたいときは、テレビをつけ、愛らしい動物の映像を見るといい。

実験結果3

意識するだけで血圧は下げられる

数年前、私はテレビ番組のために、アルコールが心理にあたえる影響についてちょっと変わった実験をした。内容は学生たちに一晩バーで酒を飲んでもらうというものだった。酒が飲めるというので参加者は簡単に集まった。だが彼らを待っていたのは、いいことばかりではなかった。人間モルモットとして、実験のあいだにいくつかテストを受けさせられたのだ。その晩、全員が集まったところで最初のテストがおこなわれた。課題は数字が並ぶリストを見てできるだけ沢山憶える記憶力テスト、床に引かれた線に沿って歩くバランス感覚のテスト、そして親指と人差し指のあいだにはさんだ定規を、落としてパッとつかむ反応力テストである。

このテストを完了したところで、お待ちかねの酒を楽しむ時間に移った。学生たちは任意に青組と赤組に分けられ、その色のバッジをつけていれば、バーで好きなだけ無料で飲むことができた。ただし一つだけ条件があった――参加者は全員バーにいって自分の飲み物を注文できるが、友だちのために酒を運んではいけない。その晩、学生たちは何度か会話を中断させられ、最初にやったものと同じ内容の記憶、バランス感覚、反応力のテストをやらされた。

血管内のアルコール量が増えるにしたがって、学生たちは声が大きくなり、陽気になり、異性に対して積極的になった。テストの結果は目に見えて変化し、会が終わるころには学生の大半がリストの中から数字を一個以上は記憶できなくなり、床の線はかならず踏み外し、指ではさんだ定規が落ちてもたっぷり一分は拾えなかった。というのは冗談だが、だいたいそれに近い感じだった。だが、なんといってもすばらしかったのは、赤組と青組の参加者の点数に、差がなかった点である。じつは二つのグループには、あらかじめしかけがしてあったのだ。

思い込みの力

実験ではどちらのグループも大幅に記憶力が落ち、線に沿ってバランスをとりながら歩くのがむずかしくなり、何度も定規を落とした。

だが本人たちは知らなかったが、青組の学生はこの晩アルコールを一滴も飲んでいなかったのだ。私たちは実験をはじめるに先立って、ほんものの酒のほかに、アルコールはゼロだが見かけも匂いも味もほんものそっくりの飲み物をバーに用意してもらっていた。そしてバーのスタッフには参加者のバッジの色をたしかめて、赤組にはほんもののアルコールを、そして青組にはノンアルコールの偽物を出すよう頼んであった。だが、アルコールを一滴も口にしていないにもかかわらず、青いバッジをつけた学生たちは、ごくふつうの飲みすぎ状態と同じ症状を示した。たんに酔ったふりをしていたのだろうか。答えはノーだ。彼らは自分が酒を飲んでいると思い込んでおり、その思い込みが脳と体に「酔っぱらい」として考えたり行動したりさせたのだ。その会の終わりに、私たちはしかけをばらした。青組の学生たちは大笑いし、たちまち酔いから醒め、しゃきっとして楽しそうにバーをでていった。

この簡単な実験が証明したのは、プラシーボ（偽薬）効果と呼ばれるものの力だ。参加者は自分が酒を飲んで酔っぱらったと思い込み、それにふさわしい思考方法や行動をとった。同じような効果が医学の実験でも実証されている。ウルシだと言われて偽物にさわると、実際に体に発疹がでる。カフェインぬきのコーヒーを飲んでも頭がさえてくる。そして膝に手術をしたと見せかけるだけで、患者は腱が「治った」と思い込み、痛みを感じなくなる。じつのところ、本物の薬品と砂糖をかためた錠剤で比較実験した結果によると、薬の効き目の六〇〜九〇パーセントがプラシーボ効果によるものだという[21]。

エクササイズは、血圧を下げるのに効果がある。だが、その効き目には心理的なものがどの程度影響しているのだろう。この問題についてハーヴァード大学のアリア・クラムとエレン・ランガーが、七つのホテルのルームサービス係八十人に参加してもらって、画期的な実験をおこなった[22]。ルームサービスの仕事は、かなりな重労働だ。実験に参加したスタッフはみな毎日平均十五室の清掃と整理整頓をおこない、一部屋につきおよそ二十五分のあいだ、ひっきりなしに物を持ち上げたり運んだり、なにかに上がったりしていた――ジムの常連たちも青ざめるほどの運動量である。だが、クラムとランガーは、ルームサービス係は毎日活発に動き回っていても、自分ではそれを意識していないのではないかと考えた。その彼らが、自分の仕事がどれほど健康増進に効果があるか教えられた場合、なにが起きるだろう。自分が健康づくりに適した環境にいると思ったとき、その暗示が体重と血圧に影響をあたえるだろうか。

研究チームは、各ホテルのルームサービス係を任意に二グループに分け、それぞれにちがう条件をあたえた。片方のグループには運動の効果を教え、彼らが一日にどれくらいカロリーを消費しているか計算して伝えた。十五分のシーツ交換は四〇キロカロリー、十五分の室内清掃は五〇キロカロリー、十五分のバスルーム掃除は六〇キロカロリー。そしてスタッフの頭にこの内容が刻み込まれるよう、重要なポイントと数字が書かれたパンフレットを渡し、スタッフ用ラウンジの掲示板にも貼り出した。もう片方のグループには、運動の効果にかんする一般知識は伝えたが、彼らが実際に消費しているカロリーについては教えなかった。そして全員にアンケートを配って食事、飲酒、喫煙の習慣と仕事以外にしている運動について答えてもらったあと、健康チェックがおこなわれた。

ひと月後に、ふたたび研究者が調査に訪れた。彼らはホテル支配人に訊ねてルームサービス係の仕事量がどちらのグループも以前と同じだったことを確認した。そして参加者全員に前と同じアンケートに記入してもらい、健康チェックをおこなったあと、データの分析に入った。どちらのグループも仕事以外で運動はしておらず、食事、喫煙、飲酒の習慣も前と同じだった。つまり、片方のグループだけが健康状態がよくなるような、生活習慣の変化はなかったのだ。

研究者は健康チェックの結果に目を見張った。自分たちが毎日消費しているカロリー量を教えられたグループは、大幅に体重が減り、肥満度指数とウェスト・ヒップ比が下がり、血圧も下がっていた。かたや対照グループには、そのような改善は見られなかった。

この差が生じたのは、なぜだろう。クラムとランガーは、すべてはプラシーボ効果の力だと考えた。ルームサービス係に自分たちの毎日の運動量に気づかせた結果、彼らの自分自身に対する考え方が変わり、その考えを現実にするよう体が反応したのだ。自分が酒を飲んだと思い込めばろれつが回らなくなり、自分は病気だと思い込めば発疹がでるのと同じだ。つまり、あなたも毎日の運動が自分を健康にすると考えさえすれば、実際に健康になれる。

このふしぎな効果についての説明はさておき、健康増進という問題にかんしては、あなたはすでに必要なことをはじめているのかもしれない。あとはただ、それに気づきさえすればいいのだ。

成功へのステップ

クラムとランガーの研究は論議を呼びそうだが、有効だとすれば、自分が毎日おこなっている活動が消費しているカロリー量を意識すれば、健康になれる。つぎに用意したチャートは、平均的な体重の人がふつうの日常生活で消費するおよそのカロリー量を示したものである（背が高い人や体重が軽い人の場合は、それに応じて消費カロリーに増減がある）。このチャートを使って、あなたが毎日消費するだいたいのカロリー量を計算してみよう。

チャートを手近な場所に置いて、あなたが毎日おこなっている「目だたない」エクササイズを意識するだけで、（理屈のうえでは）なにもしなくてもあなたのストレス度は下がっていくはずだ。

A 一分間に消費されるカロリー量		B ふつうの日常生活では毎日する（○、×）	C 一週間におよそ何分くらいするか	D 合計カロリー消費量（A×C）
ふつうに歩く	3			
速足で歩く	6			
自転車に乗る	5			
軽い家事	4			
アイロンかけ	3			
洗いもの	3			
芝刈り	5.5			
床掃除	5.5			
庭仕事	5			
読書	1.5			
買物	3			
デスクの前に座る	1.5			
テレビを見る	1.5			
セックスをする	2			
ドライブ	1.5			
睡眠	1			
電話で話す	1			
食べる	0.5			
シャワーを浴びる	5			
立つ	1.5			
階段の上り下り	8			
子どもと遊ぶ	4			

合計

実験Ⅶ

離婚の危機に瀕しているあなたに

いくら夫婦間で話し合いを重ねても、関係改善に効果なし

……ジョン・ゴットマンとワシントン大学の研究チーム

夫婦で一緒にゲームをするだけで、恋人時代の感情は甦る

……ニューヨーク州立大学アーサー・アーロンの実験

ぎくしゃくした関係は、
自分たちよりダメな夫婦を思うことで改善できる

……オランダ、フローニンゲン大学のブラム・ブーンクの研究

専門家によると、円満な夫婦関係の基本は、「アクティブ・リスニング（積極的な聞き方）」にあるという。つまり相手の言葉をべつの言葉で言い換えたり相槌をうったりして、おたがいに相手を理解しようとする会話の進め方である。

たとえば、カウンセリングのときに、妻が夫に「あなたはいつも酒の匂いをぷんぷんさせながら帰ってきては、真夜中すぎまでテレビを見ている」と文句を言ったとする。アクティブ・リスニングの教えによると、夫は妻の不満を自分の言葉に置き換え、妻がなぜ怒っているのか理解しようと努めるほうがいい。このいかにも仲むつまじくなれそうなテクニックは非常に人気が高く、「言いたいことはよくわかる」という言葉が流行にまでなった。だが、アクティブ・リスニングは本当に夫婦円満に欠かせないのだろうか。あるいはこれもまた、伝説にすぎないのだろうか。

一九九〇年代に、心理学者で円満な結婚生活にかんする世界的権威ジョン・ゴットマン[1]とワシントン大学の研究チームが、その究明に乗り出し長期にわたる調査をおこなった。彼らは百組以上の新婚夫婦を集め、研究所に招いた。そして一組ずつ、目下いさか

いの種になっている問題について、十五分間ビデオカメラの前でしゃべってもらった。そのあとチームはテープをひとこまごとに検討し、すべての言葉を分析した。その後六年間、彼らは夫婦に連絡をとり、離婚していないか、離婚していない場合は夫婦仲が円満か調べた。

アクティブ・リスニングの効果を探るために、彼らは画面の中でどちらか一方が否定的な感情を顔にだしたり、言葉にしたりする瞬間を一つ一つチェックした。たとえば「あなたの態度が気に入らないのよ」とか、「ぼくの両親のことをそんなふうにいうなんて、がまんできない」などである。チームはそのときの相手の反応を記録し、アクティブ・リスニングと結びつく話し方を探した。相手の身になって言葉を言い換えるしゃべり方などである。そして離婚した夫婦としていない夫婦、仲のいい夫婦とよくない夫婦について、会話にでてくるそうした言葉の頻度をくらべれば、アクティブ・リスニングの効果が科学的に評価できるわけである。

ゴットマンとそのチームは、その結果にショックを受けた。夫婦が円満であろうとなかろうと、アクティブ・リスニング的な話し方はきわめてまれだったのだ。この結果からすると、アクティブ・リスニングは夫婦のしあわせにあまり関係がないようだ。

結果に驚いたチームは、確認のためにほかのビデオも参考にすることにした。以前の研究で彼らは十三年にわたってべつの夫婦グループを撮影し、追跡調査していた。そこでそのテープを使い、同じ分析をおこなってみたのだ。彼らが発見したのはまったく同様なパターンだった。きわめて円満で長続きしている夫婦でさえ、アクティブ・リスニングを思わせるような会話はめったにしていなかった。

ゴットマンによると、関係が壊れかけたときに相手の言葉を言い換えたり理解を示したりしても助けにならない。しかも実行には「感情のアクロバット的な操作」が必要で、ふつうの人にはむずかしすぎるという。チームの結論は論議を呼びそうだ。とくにアクティブ・リスニングの考え方を信奉するカウンセラーには受け入れられにくいだろう。だがべつの研究でも、アクティブ・リスニングが人間関係の要であることを裏づける証拠は見つかっていない(2)。

相手の言葉に耳を傾け、相槌を打つことが円満の秘訣でないとしたら、どうすればいいのだろう。ゴットマンは、長続きするしあわせな男女のカップルには、対立したときのパターンに独特の特徴があると指摘している。女性のほうがたいてい厄介な問題を切り出し、問題について分析をおこない、解決法をいくつか提示する。男性がその案を一部でも受け入れて、パートナーに協力する姿勢を見せると、その後も関係が続く可能性が高い。だが、男性が相手の言葉をはぐらかしたり馬鹿にしたりすると、関係が壊れやすい。

カップルの仲がもめたとき、おたがいに相手に対する態度をあらためるよう指導することは可能だ。だが、それには時間も手間もかかる。だが、驚くほど簡単に仲良くしあわせになれる方法が、いくつかある。必要なのはラブレターを書くこと、目立つところに写真を置くこと、そして初デートのときまで時計の針をもどすことだけだ。

「成功へのステップ

パートナーとの親密度を測定してみよう

ジョン・ゴットマンがおこなった研究によると、パートリーについて知っていることがらが、関係が長続きするかどうかを知る鍵になるという。あなたとパートナーが、おたがいにどれくらい相手をよく知っているかを測るクイズを、つぎに用意した。パートナーについて考えながら、まずあなた一人で質問に答える。そのあとで、パートナーが正解を言う。一問正解すれば一点。つぎにたがいの役割を交代して、同じことをくり返す。終ったら、二人の点数を合計する（0点から20点まで）。

質問

1　パートナーが好きな映画は？
2　パートナーが最初に就いた職業は？
3　パートナーがテレビでよく見るスポーツは？
4　パートナーの生まれた場所は？
5　パートナーの好きな本は？

6　パートナーの首回りのサイズ（男性の場合）、ドレスのサイズ（女性の場合）は？
7　パートナーの好きな休日のすごし方は？
8　パートナーの親友（あなたをのぞく）のファーストネームは？
9　パートナーの好きな動物は？
10　パートナーがよくやる癖は？

実験結果1

目を見つめると恋が生まれる

一九八〇年代の終わりごろに、マサチューセッツ州クラーク大学のジェームズ・レアードは、風変わりな実験をおこなうというふれこみで参加者を募った。(3) 内容は超能力《テレパシー》の存在を確かめるというもので、知らない者同士の男女が同時刻に研究室に集まった。研究者はテレパシーの実験に先立って任意に男女二人を組み合せ、おたがいのあいだに絆を作るために必要だからと説明して、数分間おたがいの目を見つめ合ってもらった。そのあとで二人はべつべつの部屋に連れていかれ、一人は単純な絵を何枚か見せられ、もう一人はその絵を別室から超能力で識別するように言われた。

実験のあとでレアードはそのデータを調べたが、超能力が働いた証拠はまったく見られなかった。彼は失望しただろうか。答えは完全にノーだ。じつは、この実験は超能力とまったく関係のないものだった。テレパシーの存在を試すというのはただの見せかけで、本当の目的は恋の心理を調べることにあったのだ。

じっと見つめあえば好意が生まれる

恋愛というのは外見、人柄、相性、偶然が複雑に入り混じる不可思議な現象だと、多くの人が考えている。だが、レアードの見方はちがっていた。彼はこの比類のない神秘的な感情は、じつはもっと単純なもので、念入りにお膳立てをすれば人工的に作りだすことも可能ではないかと考えた。彼の仮説はいたって簡単だった。恋人同士は、ごくふつうにおたがいの目を見つめあう。ではその逆も言えないだろうか。男女がたがいにしばらく目を見つめあうと、恋に落ちるのでは？　レアードは、それをたしかめることにしたのだ。

ふつうは、見ず知らずの相手をじっと見つめたりすれば変なやつだと思われ、襲われるのではないかと警戒されかねない。そこでレアードは、しばらく目を見つめあってもらうための口実として、超能力実験の話を作り上げたのだ。そうとは知らずにやってきた参加者たちは、まるで恋人同士のようにたがいに目を見つめあった。レアードはそれで十分に恋心を抱くはずみがついたと考えた。

見せかけの超能力実験が終わったところで、参加者は自分と組んだ相手にどのくらい好意を抱いたか、アンケートに答えた。その結果は、レアードの仮説の正しさをみごとに証明するものだった。参加者たちははじめて出会った相手に本気で好意をもち、魅力を感じていたのだ。

彼の実験は愛情にかんする理解へ新しい道を開いた。この見方によれば、私たちの思考や感情が行動に影響をあたえると同時に、行動が思考や感情に影響することになる。心の問題への理解を深めるために、この考え方をとったのはレアードだけではない。ニューヨーク州立大学ストーニーブルック校のアーサー・アーロンも、男女の親密度を高めるには同様な方法が有効だと指摘している(4)。恋がはじまったばかりのときは、誰でも胸を躍らせ新しいパートナーとの新鮮な毎日を生き生きと楽しむ。だが、二十年も経つと、そこにあるのはまったくちがう風景だ。いまやカップルはおたがいを知りつくし、毎日が同じことのくり返しになっている。同じレストラン、同じ会話、同じ休日のすごし方。慣れた暮らしはらくだが倦怠感もあり、かつてのように胸はときめかない。

長年連れ添った夫婦も新婚気分に

アーロンは、たがいの目を見つめ合うと引力が生じるのであれば、夫婦に恋愛時代のような興奮を体験させると、二人の気持ちに新たな火がつくのではないかと考えた。結婚生活の単調さを破るためになにか変わった楽しいことをすれば、たがいの魅力にあらためて気づくかもしれない。アーロンは新聞に広告をだし、「二人の関係に影響をあたえる要素を調べる実験」に、夫婦の参加をつのった。

実験室にやってきた参加者夫婦の全員が、自分たちの関係にかんする質問表に答えを記入したあと、任意に二つのグループに分けられた。そして部屋にあったテーブルと椅子が運び出され、体操用のマットが床に敷かれていよいよ実験がはじまった。

夫婦の半数にマジックテープのロールが渡され、いまからちょっと変わったゲームをしてもらうと説明があった。その指示にしたがい、参加者は自分の右手首とパートナーの左手首、そして右足首と左足首をそのテープでつないだ。

続いて部屋の中央に、高さ一メートルの発泡スチロールで作った障害物が置かれた。手足をつないだカップルが、その障害物をよじのぼって反対側に降り、そこで回れ右をしてもう一度障害物を乗り越え、スタート地点にもどるのだ。ゲームをさらにおもしろくするためにカップルに枕が渡され、最初から最後まで枕をたがいの体で支えて落とさないように言われた（手や腕、歯を使うことは禁止だった）。しかも一往復に六十秒という制限時間がもうけられた。ただし誰も失望させたくなかったので、実験者は「相手の腕を傷つけないため」という名目で参加者に腕時計をはずさせ、全員が制限時間内に終了できたように見せかけた。

第二グループの夫婦たちが頼まれたのは、もっとふつうのゲームだった。夫婦の片方が四つん這いになり、渡されたボールを部屋の中央の指定の場所まで転がす。そのパートナーは部屋の反対側から見ていて、ボールが指定の場所まで転がったら、役割を交代して出発地点までボールを転がす。

発泡スチロールの障害物競走などで遊んだ夫婦はめったにいないはずであり、この体験は愉快で物珍しく、胸を躍らせるものになると研究チームは考えた。カップルは二人で一緒にゴールを目指し、おたがいをいつもとちがう新鮮な目で眺めることができるだろう。理屈からすれば、二人がはじめて出会い、毎日胸をときめかせていたころと似た体験になるはずだ。かたや、対照グループの体験はそれよりはるかにふつうであり、二人が力をあわせる場面もない。

実験の終わりに参加者全員がアンケートに答え、自分がパートナーに感じた気持ちを点数で評価した。たとえば「わくわくした」「うれしさで、はちきれそうになった」度合などである。予測通り、ボール転がしをした夫婦にくらべ、発泡スチロールの障害物を乗り越えた夫婦は、愛情を感じあう度合がはるかに高かった。ほんの数分新鮮で楽しい共同作業をおこなっただけで、魔法が働いたのだ。

この結果に力をえて、アーロンとそのチームは再度実験をおこなった。ただし今回は実験後カップルの満足度を測るに際して、アンケートのかわりにべつの手段を使った。実験者はゲームを終えたあとの夫婦の会話をビデオで撮影したのだ。内容はつぎの休暇の予定や、家の改装計画などである。そしてべつの研究者がそのビデオを見ながら、カップルがマイナスな表現をした瞬間をすべて数えた。結果を見ると、障害物競走組は、ボール転がし組よりはるかにプラスの言葉を口にする回数が多かった。

アーロンの研究もやはり、人の行動が思考や感情に強く影響することを実証している。

見知らぬ人の目をじっと見つめると、たがいに惹かれあう感情が湧く。それと同じように、恋愛時代と同じような行動をすると、夫婦のあいだにかつての情熱がよみがえるのだ。

この研究によれば、長く愛しあうために必要なのは、マジックテープと大きな発泡スチロールの障害物、そして柔軟な心だけのようだ。

成功へのステップ

アーロンの研究は、夫婦が一緒に同じゴールを目指し、胸の躍る新鮮な活動を日常的におこなっていると、愛のある関係が長続きすると伝えている。この実験結果は、数々の調査結果でも裏づけられている。おたがいに満足してしあわせな結婚生活を続けている夫婦は、二人で一緒に休暇をすごすことが多く、たがいにときどき相手の意表をつくところがあり、刺激的で、受け身でいるより積極的に行動するタイプである。

というわけで、スポーツ、アマチュア演劇、ロッククライミングなどに挑戦する、知らない場所にでかける、ダンスを習う、いつもと趣向のちがう場所に旅をする……などの活動で、一緒に人生の障害物を乗り越えれば、夫婦はいつまでも仲むつまじくいられる。

女性はサプライズが好き

私は最近、大規模なオンライン調査をおこない、愛を感じさせる行動とその心理について調べた。作家のレイチェル・アームストロングに手伝ってもらって、愛を感じさせるロマンチックな行動をリストに書き出し、アンケートを作成してインターネットで発信したのだ。たとえば「仕事で嫌な思いをしたパートナーのために、くつろげる風呂を用意する」「寒がっているパートナーに、自分のコートを着せかける」「前もって知らせずに、週末に不意打ちでパートナーを素敵な場所に連れていく」などだ。イギリスとアメリカの千五百人以上から回答が集まった。その集計結果から、愛の奥底にひそむ心理の一端が明らかになった。女性はよく、「男はまったくロマンチックな生き物ではない」とこぼす。調査の結果も、はたしてその通りだっただろうか。

調査では女性たちに、リストを見て自分のパートナーがそれらの行為をどれくらいの頻度でしてくれるか答えてもらった。結果は明るいものではなかった。たとえば、女性の五五パーセントが、仕事で嫌な思いをして帰ってもパートナーが風呂を用意してくれたことは一度もないと答えた。寒い思いをしたときにコートを着せかけられたことはないという回答が四五パーセント、週末に不意打ちで素敵な場所に連れていかれたことはないが五三パーセントだった。男はロマンチックではないという昔ながらの女性の嘆きを裏づける、客観的な証拠と言えそうだ。だが、なぜこのように情けない結果がでたのだろう。

調査のべつの項目では、男性回答者にロマンチックな行為のリストを見せて、それらの行為に女性が相手の愛を感じると思うか、十点満点で答えてもらった。そして女性回答者には、パートナーがこれらの行為をしてくれたら、どのくらいロマンチックな愛を感じるか同じ採点法で答えてもらった。結果を見ると、男性のほうがさりげない行動にロマンチックなものを感じる度合がぐっと低かった。

たとえば、「君は最高に素敵な女性だと、パートナーに言う」という行動のロマンチック度に最高点をつけた女性は二五パーセントだったのに対し、男性はわずか一一パーセント。同様に、「仕事で嫌な思いをしたパートナーのために、くつろげる風呂を用意する」のロマンチック度に十点をつけた女性は二二パーセント、男性は一〇パーセントだった。同じパターンが、リストのほぼ全項目について見られた。つまり、男性がロマンチックな行為をしないのは、愛情がないからでも怠け者だからでもなく、たんにそういう行為に女性が愛を感じるとは思っていないためのようだ。

最後にこの調査結果にもとづいて、女性のハートを射止めたい男性に、彼女に対してどんなことをすればいいか、ヒントをお教えしよう。つぎに書き出したのは、女性たちが「ロマンチックな愛を感じる行為」として最高点をつけた上位十項目である。

1　彼女に目隠しをしたあと、思いがけないプレゼントでよろこばせる――四〇パーセント
2　週末にいきなり彼女を素敵な場所へ連れていく――四〇パーセント
3　彼女について詩を書く――二八パーセント
4　君は最高に素敵な女性だと彼女に言う――二五パーセント
5　仕事で嫌な思いをした彼女のために、くつろげる風呂を用意する――二二パーセント
6　彼女にロマンチックな言葉を書いて郵便やeメールで送る、あるいは家のどこかに残しておく――二二パーセント
7　彼女が寝ているベッドへ朝食を運んで起こす――二二パーセント
8　彼女が寒がっているときに、自分のコートを着せかける――一八パーセント
9　彼女に宛てて大きな花束かチョコレートを仕事場へ送る――一六パーセント
10　彼女の好きな曲を集めてダビングし、CDを作る――一二パーセント

注目すべきは、現実離れした意表をつく行為がトップになっている点だ。それに続くのが思いやりのある行為、物で愛を表現する行動は最下位である。科学的証拠から言うと、愛のある行為でだいじなのは、心のようだ。

実験結果2

絆を長続きさせる、だいじなひと言

次頁の図の中から、不満げな顔を探してみよう。

不満げな顔は群れの中で目につきやすく、簡単に見分けられる。研究によると、それと同じ現象が、私たちの日常のさまざまな面で起きるという。私たちの思考や行動の仕方から言うと、マイナスなできごとや体験のほうがプラスのものよりはるかに気になり、大きな影響力をもつ[5]。人は落ち込むとすぐに自分が過去に経験した嫌なことを思い出す。離婚や解雇などだ。だが、気分がいいときにファーストキスや最高の休暇を思い出すことはあまりない。たった一度の嘘や裏切りが人の評判を大きく傷つけ、プラスのイメー

ジを築きあげてきた長年の苦労がたちまち水の泡になる。

　自己啓発書の古典とも言えるデール・カーネギーの著書『人を動かす』には、友人同士や夫婦の会話でも同じ原則が働くと書かれている。カーネギーによると、ほんのちょっとでも批判めいたことを口にするだけで、関係に大きくヒビが入るという。そして彼は、自分にとって最も身近な相手にはふんだんにほめ言葉を浴びせることがだいじだと説いた。その後も多くの人たちがカーネギーと同じ考え方をとった。たとえばアメリカのコラムニスト、ヘレン・ローランドはこう書いている。「女性のほめ言葉は男性の頭を少しばかりやわらかくするが、けなす言葉は男性の心臓をぐさりと突く。そして心は固く閉ざされ、彼女を二度と以前のように愛せなくなる」

　だが、これらの言葉に現代科学もうなずくだろうか。

夫婦が交わす言葉の、プラスとマイナスの関係

先にご紹介した心理学者ジョン・ゴットマンは、夫婦関係が長続きする鍵となる要素を三十年以上調べた[6]。彼の研究で中心的なデータとなったのは、自分たちの関係について話す夫婦の会話だった。その中でも彼がとりわけ興味をもったのは、プラスの表現（たとえば共感、理解、許しなどをあらわす言葉）とマイナスの表現（敵意、批判、軽蔑などをあらわす言葉）がはたす役割だった。彼はそれらの頻度を綿密に記録し、その後の夫婦関係のなりゆきを追跡調査した。そしてプラスの言葉とマイナスの言葉の割合を調べ、夫婦の関係が下降線をたどるかどうかを予測した。彼の研究結果は、みごとにカーネギーの説を裏づけていた。円満な関係を続けるためには、プラスの言葉がマイナスの言葉の五倍必要なのだ。言い換えると、批判めいたひと言が生んだ亀裂を埋めるには、相手に五回賛成し理解を示さねばならない。

ゴットマンはマイナスの言葉がもつ力を証明すると同時に、なぜ敵意や批判がそれほど破壊的なのかについても調べた。プラスの言葉とマイナスの言葉に対する人間の反応を分析した結果、それぞれに大きく異なるパターンが明らかになった。ほめ言葉の場合は、片方がほめると（「そのネクタイ、素敵ね」）、相手もプラスの言葉を返す（「ありがとう、君のドレスも素敵だよ」）。だが、かならずこのパターンがくり返されるわけではない。プラスの言葉が何度も重なると（「そのネクタイ素敵ね、シャツも格好いいわ。セーターも好きよ」）、相手からほめ言葉がなにも返ってこない場合（「いま、何時だ

い？」など）が多い。かたやマイナスの言葉は、はるかに予測がつきやすい。少しでも批判めいた言葉（「そのネクタイ、大丈夫？」）を口にすると、相手からマイナスの言葉が山ほど返ってくる（「君がどう言おうと、おれはこれが気に入ってるんだ。それに、ネクタイのことで君にあれこれ言われたくないね。君のドレスのセンスだって、いいとは言えないぜ。そのドレス、まるでカカシじゃないか」）。円満な関係はおたがいの理解と支えあいで成り立っていく。そしてひとこと苦い言葉を口にしたあとは、愛情と思いやりをたっぷりそそいで甘くする必要がある。

だが、ぎくしゃくした関係を修復するには、どうすればいいのだろう。夫婦に自分たちの会話を聞かせて心を入れ換えさせる方法は、かなり時間も労力もかかる。だが研究者たちは、もっと簡単にできる効果的な方法を発見した。

相手への気持ちを書き出す方法

テキサス大学オースティン校の心理学者リチャード・スラッチャーとジェームズ・ペンベイカーは、トラウマに結びつくような体験をした人が自分の考えや思いを書き出すと、免疫力が高まり鬱の発症が防げることを、以前の研究結果で知っていた。はたしてその方法は、カップルの関係修復にも役立つだろうか。それを探るため、彼らは恋人同士になりたてのカップル八十組に依頼してカップルのどちらか片方に参加してもらい、二つのグループに分けた。第一グループの参加者には、三日のあいだ一日二十分ずつ現在の相手との関係について、自分が考えたり感じたりすることについて書いてもらった。第二グループの参加者には、同じ時間をかけてその日のできごとだけを書くように頼んだ。三か月後、研究者は参加者全員に連絡をとり、恋人同士の絆がまだ続いているかどうか訊ねた。結果を見ると、カップルの片方が相手に対する気持ちを書くという簡単な行動が、大きな効果をもたらしたことがわかった。「気持ちを書き出す」日記をつけた人たちの七七パーセントは、まだ相手との関係が続いていた。かたやその日あったことだけを書いた人たちの中で、関係が続いていたのは五二パーセントだった。[7]

この大きなちがいの裏にあるものを調べるため、研究者は参加カップルが三か月間たがいにやりとりした文章を集めて分析した。文章の中のプラスの言葉とマイナスの言葉を数えてみると、気持ちをあらわす日記をつけていた参加者の文章には、その日のできごとを書く日記をつけていた参加者より、プラスの言葉がはるかに多かった。つまり、三日のあいだ一日二十分ずつ自分たちの関係について書き出すというごく簡単な行動が、パートナーへの言葉づかいに大きな影響をあたえ、二人の絆を長続きさせる可能性を高めていたのだ。

自分たちのほうが○○さんよりまし

べつの研究によると、相手との関係を改善するには、「三日のあいだ一日二十分ずつ」も必要ないという。次頁の図をご覧いただきたい。

上の白い丸は、下の白い丸より大きく見える。だがじつは、二つの大きさは同じである。ちがって見えるのは、私たちの脳が、無意識に二つの白い丸をその周囲の黒い丸と比較するためだ。上の白い丸は小さな黒丸にかこまれているので大きく見え、下の白い丸は大きな黒丸にかこまれているので小さく見える。

オランダのフローニンゲン大学のブラム・ブーンクは、同じような「比較思考」が、夫婦が自分たちの関係を認識するときにも働くのではないかと考えた[8]。それを調べるため、ブーンクは長年連れ添っている夫婦を集めて二つのグループに分け、片方のグループには自分たちの関係が円満に続いている理由を、たんにそのまま書き出すよう頼んだ。そしてもう一つのグループには、まず自分たちより関係がうまくいっていない夫婦を思い浮かべ、なぜ自分たちのほうが円満かを書き出してもらった。理屈から言えば、第二グループ

が頼まれた作業は、先の二つの白丸を見る行為と同じである。予想通り、頭の中で自分たちの関係を周囲の小さな丸と比較した人たちは、自分の伴侶への評価がはるかに高かった。

「でも」のひとことが関係を救う

さらに、心理学者サンドラ・マレーとジョン・ホームズは、たった一つの言葉で、おたがいの関係が変わってくるという[9]。二人は、参加者に面接して自分の伴侶の最もいい点と嫌な点を話してもらった。そのあとで、参加者を一年間追跡調査し、夫婦の関係がそれぞれうまく続いているかどうかを観察した。つぎに彼らは円満な夫婦とそうでない夫婦が面接のあいだに使った言葉のちがいを調べた。その結果、最も重要なちがいはただ一つ、「でも」という言葉にあるらしいことがわかった。円満に続いている夫婦は、相手の欠点について話すとき、否定的な言葉をやわらげようとする傾向があった。「夫はなまけ者なの。でも、それをネタにして二人で笑えるわ」「妻は料理が下手でね。でも、おかげでしじゅう一緒に外に食べにいけます」「彼は内気なの。でも、愛情を示すときはちがうの」「彼女には冷たいところがある。でもそれは、子ども時代に苦労したせいなんだ」そんなふうに、「でも」というひと言が、パートナーの欠点というマイナス効果をやわらげ、関係を安定させるのだ。

成功へのステップ

つぎに用意したのは、実験で使われた「三日のあいだ一日二十分ずつ」の宿題と同様のものである。相手との関係について書き出すことは、精神的にも肉体的にも効果があり、よい関係を長続きさせるのに役立つ。

一日目
十分間で、現在のパートナーに対する本当の気持ちを書き出す。自分の感情や思いをなんでも自由に書くこと。

二日目
自分たちより関係がうまくいっていないカップルを思い浮かべ、なぜ自分たちのほうがうまくいっているか、大きな理由を三つ書き出す。

1 ……

2 ……

3 ……

三日目

自分のパートナーの大きな長所を一つ、それが自分にとってなぜ大切なのか、その理由とともに書く。

つぎに、パートナーの欠点と思う部分（性格、習慣、行動など）について書いたあと、その欠点を帳消しにできる、あるいは欠点をかわいく思えることがらについて書き出す。

パートナーの大きな長所：……

それが自分にとって大切な理由：……

パートナーの欠点‥‥‥‥‥‥‥‥‥‥‥‥‥‥‥‥‥‥‥‥‥‥‥‥

欠点を帳消しにできることがら‥‥‥‥‥‥‥‥‥‥‥‥‥‥‥‥‥‥

‥‥‥‥‥‥‥‥‥‥‥‥‥‥‥‥‥‥‥‥‥‥‥‥‥‥‥

実験結果3

部屋を見ればわかること

自分がいま、見ず知らずの他人の家に入ったところを想像してみよう。あなたはその人物についてなにも知らないので、しばらく部屋を見回してどんな人物か探ろうとする。壁に貼ってあるポスター、暖炉の上の写真。あたりに散らばっている本やCD。それらの物から、どんなことがわかるだろう。ここの住人は外向型か、内向型か。神経質タイプか、それともおおらかなタイプか。誰か一緒に住んでいる相手がいるか。いるとしたら、仲はいいだろうか。さて、そろそろ時間ぎれ。もうじきこの家のあるじが帰ってくる。留守のあいだに入り込んだのを知られたら、大変だ。

心理学者は最近、住いや職場の様子から人物の性格がわかるかどうか、真剣に調べはじめている。たとえば数年前、テキサス大学オースティン校のサム・ゴスリングは、参加者に性格を測定する標準的な質問表に答えてもらったあと、専門家チームを参加者の住いや職場に送り込んでこまかく観察をおこない、記録をつけた。[10]部屋は散らかっていたか、整理整頓がいきとどいていたか。壁にはどんなポスターが飾られていたか。植物の鉢植えは置かれていたか、置かれていた場合、鉢植えはいくつあったか。調査結果によると、たとえば創造的な仕事をしている人たちの部屋には本や雑誌の数が少ないかわり、種類は多岐にわたっていた。職場を見ると、外向的な人の仕事場は、内向的な人の仕事場より温かさと開放感を感じさせた。ゴスリングは、人の性格の多くの側面がその環境に反映されると結論した。

部屋の様子からカップルの親密度をチェックする方法

べつの研究によると、部屋の様子から住んでいるカップルの仲の良さもわかるという。ではここで、もう一つ実験。ただし独り暮らしの読者には申し訳ないが、これはあなたが現在誰かと暮らしている場合のみ有効である。

まず、家の中で客を呼んだときに使う部屋を一つ選びだす。そして自分がその部屋の真ん中に座って、あたりを見回したところを想像する（もちろん、いまその部屋にいる場合は、ただ見回すだけでいい）。そして部屋の中で自分の好きな品物を五つ選び、紙に書き出す。ポスター、絵、テーブル、椅子、置物、鉢植え、玩具、なにかの器具……。自分が本当に好きな物なら、なんでもいい。つぎに、それらの品をどうやって手に入れたか思い出し、パートナーが買ってくれた物、二人で一緒に買った物にチェック印をつける。そしてチェックのついた品物がいくつあるか数える。

チェックの数が、あなたとパートナーとの絆になにか関係があるのだろうか。仲間と共同研究をおこなったクレアモント大学院大学の心理学者アンドリュー・ローマンは、大いに関係があると述べている。(11) ローマンは百組以上のカップルを集め、「二人の両方に関係のある物にチェック」のテストをおこなったあと、参加者全員にパートナーに感じている愛情の度合を答えてもらった。結果は、チェックの数が多いほどカップルの親密度が高く関係が健全で、おたがいに絆が長く続くと考え、それを実現するために時間と努力を惜しまない傾向が強かった。というわけで、今度あなたが友人夫婦の家を訪ねたときは、部屋の中で目立つ物について、どうやって手に入れたか訊ねてみるといい——カップルの実態が、驚くほどよくわかるかもしれない。

パートナーを思い出させる品物の効果

パートナーとの関係を思い起こさせる品物は、たとえば楽しい思い出などとつながっていて、見るとしあわせな気分になれる。自分たちの気持ちが高揚した瞬間や、愉快なできごとが甦る。しかも最近の研究によると、それ以上の効果があるようだ。フロリダ州立大学のジョン・メイナーは仲間とともに、愛の力について独創的な研究をおこなった。(12) 恋人のいる学生を百人以上集めて異性の写真を何枚か見せ、肉体的に最も魅力的だと思う相手を一人選ぶように頼んだ。そのあとで参加者を二つのグループにわけ、片方のグループには自分のパートナーに対して愛情を強く感じる瞬間について文章を書いてもらい、対照グループにはなんでも好きなことを書いてもらった。

作文を書くあいだ、学生たちは自分が写真で選んだ魅力的な人物について考えないよう指示された。そして、もし写真のイメージが頭に浮かんだら、文章の合間にチェック印を入れるように言われた。なにかについて考えるなと言われると、たいていの人はそのことばかり考えてしまうものだ。対照グループには、たしかにその現象があらわれ、彼らの文章の合間に入ったチェック印は平均一ページにつき四個だった。かたや恋人について書いた第一グループの学生は、魅力的なイメージをかなり簡単に頭からとりのぞけたようで、チェック印がついたのは平均二ページに一個だった。

実験の最後では、学生たち全員が自分の選んだ写真についてできるだけ思い出すように言われた。恋人について作文を書いたグループは、人物の服装や写真が撮られた場所など、一般的なことを思い出す傾向が強かった。そして誘うような眼差しとか素敵な笑顔など、人物の肉体的魅力に関係のある特徴は忘れていた。じつのところ、恋人のことを考えた学生たちが思い出した写真の人物の特徴は、対照グループのおよそ三分の二だった。

これらの結果から、ほんのしばらく愛する人について考えるだけで、魅力的なほかの異性への関心が大幅に減ることがわかる。研究チームによると、これは太古の昔から続いてきた、特定の絆を大切にする進化のメカニズムが男女のあいだに働くせいだろうという。そして実際的な面から言うと、パートナーについて思い出させる品物は、重要な心理的効果をもっているようだ。写真、結婚指輪、思い出のつまった旅先で買ったネックレス、そんな品々が浮気をふせいでくれるだろう。

成功へのステップ

自分のパートナーを思い出させる品物を身近に置くと、いつまでも仲のいい二人でいられる。思い出の指輪やペンダント、ネックレスなどを身に着ける。あるいはパートナーからのプレゼントを家や仕事場に置いておく。二人の写真を目立つ場所に置くか、財布やバッグに入れる。いずれにしても、これらの品物が愛の象徴であるだけでなく、大きな心理的効果があることをお忘れなく。品々はしあわせな思い出を甦らせ、二人の関係を前向きに捉える力になると同時に、自分の中に眠っている進化のメカニズムを呼び覚ますため、誘惑に負けにくくなる。

実験VIII

決断力の罠

意思決定を集団で行うと、リスクの高い決断になりやすい

……マサチューセッツ工科大学、ジェームズ・ストーナーの研究結果

人間は「したこと」より「しなかったこと」を後悔する

……コーネル大学、トマス・ギロヴィチの研究

正直者とうそつきを見抜く絶対的方法は存在しない

……サウサンプトン大学、リチャード・グラムゾウと学生たちの実験

大勢で考えると一人よりすぐれた決断ができる？

職場で重要な決定をするとき、ふつうは専門知識のある道理のわかった人材を集めて問題を話し合う。それのほうが、たしかに理にかなっていそうに思える。なにかを決断するにはさまざまな学歴、経験、専門知識をそなえた複数の相談相手がいるほうが、バランスよく目配りの効いた見方ができそうだ。だが、大勢が額を集めると、一人のときよりすぐれた決断ができるというのは本当だろうか。心理学者はこの問題で何百種類もの実験をおこなった。そしてその結果は、グループ討議法の熱心な支持者をも驚かせるものだった。

なかでも有名なのが、一九六〇年代のはじめにマサチューセッツ工科大学の大学院生だったジェームズ・ストーナーがおこなった、リスクのからむ問題にかんする研究である(1)。世の中には危険をおかすことが好きな人もいれば、なにごとも安全第一と考える人もいる。彼は、グループで討議するほうがリスクの高い決断をするか、あるいはその逆かを調べようと考え、単純ながら効果的な実験をおこなった。

この実験で、ストーナーはまず参加者一人一人に人生相談の回答者になってもらった。悩みを抱えている人がいて、いくつかの選択肢の中からどの道を選ぶべきか答えるという筋書きである。ストーナーはどの選択肢もそれぞれリスクをともなうように設定した。たとえば、ヘレンという安手のスリラー小説を書く作家がいる。彼女は最近文学作品が書きたくなり、アイディアが湧いた。だがそのためにはスリラー小説を休まねばならず、収入が減ることを覚悟しなければならない。プラス面として考えられるのは、文学作品が大きな転機になり、成功すれば大金が入るかもしれないこと。マイナス面として考えられるのは、文学作品が大失敗に終わり、それにかけた大量の時間とエネルギーがむだになること。参加者にあたえられた問題は、ヘレンの悩みについて考え、文学作品を成功させる自信がどのくらいあれば、スリラー小説の定収入をあきらめてもいいかを割り出すことだった。

非常に保守的な参加者は、ヘレンの決断には一〇〇パーセントの自信が必要だと答えた。かたやリスクに対して積極的な参加者は、成功の見込みは一〇パーセントあればいいと答えた。

集団は暴走する

そのあとでストーナーは、参加者をおよそ五人ずつの小さなグループにわけた。そしてグループそれぞれに筋書きについて討議し、意見をまとめて結論を出すよう頼んだ。結果を見ると、グループが出した結論は参加者が個人として出した結論よりはるかにリスクの高いものだった。個人としてはスリラーを書き続けるべきだとしていた人たちが、グループになると、ヘレンはすべてを投げうって文学作品に取り組むべきだと答えたのだ。そしてその後おこなわれた数百種におよぶ実験で、グループになるとリスクの高い決断をすると同時に、両極端に分かれやすいことが示された。ストーナーの最初の実験では、さまざまな要因により、グループのほうがリスクの高い決断をしていたが、べつの実験ではグループのほうが個人より保守的になる傾向も見られた。つまり、グループになった場合は個人の意見が誇張され、一人で考える場合より極端な決断がなされる。グループを構成する個人がもともともっていた考え方しだいで、最終結論が極端にリスクの高いものになる場合も、極端に保守的になる場合もあるのだ。

この奇妙な現象は、さまざまな場面で顔を出す。しかも危険な状況で起きることが多い。人種偏見をもつ人びとが集まると、個人でいるとき以上に人種問題について極端な決定を下すようになる(2)。見込みのない事業に投資したがる実業家が顔をあわせると、破綻が目に見えている事業にさらに金をつぎ込んでしまう(3)。暴力的な若者が徒党を組むと、ますます凶暴になる。強い宗教的、政治的理念をもつ者同士が集団を作ると、考え方が極端になり暴力的になりがちだ。この現象はインターネットにも出現する。チャットに参加する人数が多くなると、意見や表現が極端に走る傾向が強い。

このふしぎな、だがつねに一貫している現象は、なぜ起きるのだろう。自分と同じ志向や意見をもつ人びとと集団を組むと、自分が抱いていた考え方が強化される。ほかの人びとの意見を耳にすると、それまで漠然としか捉えていなかった自分の立場を、表立って表明できるようになる。自分の考えは極端で社会的に受け入れられないと感じて表に出さずにいた場合も、同じような考えの人たちにかこまれると、しまい込まれた考えが表に浮上しやすくなる。しかもそれがまた仲間を励まし、極端な感じ方がさらに広がっていくのだ。

集団が個人の思考や感情にあたえる影響は、両極化だけではない。(4) べつの研究によると、個人にくらべて集団は独断に走りやすく、不合理な行動を正当化しがちで、自分たちの行動こそ道徳的とみなし、部外者に対しては画一的な見方をする。そのうえ、強い意志をもった人びとがグループ討議で主導権をにぎると、ほかのメンバーを従わせようとして発言を抑え、合意の幻想を作りあげる。

二人以上が額を集めても、かならずしも一人よりいい知恵が生まれるわけではない。五十年以上にわたる研究によれば、集団で決断にまで到達しようとすると、考え方が過激になり、意見の両極化と偏見にみちた状況判断が生じやすいという。

決断をおこなうのに集団が有効でないとしたら、どんな方法が良いのだろう。研究結果は、それは私たちの思考を曇らせがちな誤りや落とし穴を避けることだと教えている。ただし理性的な決断をおこなう方法として勧められているものの多くは、理論と可能性を完全に理解するのに時間がかかり、それが難点だ。だが、なかには手っとり早く身に着けられる方法もある。たとえば、セールスマンがよく使う手にだまされないこと、うそを見抜くこと、そして自分の決断を悔やまないことである。

実験結果1
小さな要求からはじめるか、途方もない要求からはじめるか

まずは、ご想像いただきたい。あなたに二つの会社から誘いがあった。就業時間、仕事内容、通勤の便、将来の可能性——いずれの条件でも、A社とB社はまったく同じである。唯一のちがいは、あなたの給与額と将来同僚となる社員たちの給与額との差だけだ。A社ではあなたの年間給与は五万ポンド。かたや同僚たちの年間給与は三万ポンド。B社ではあなたに年間六万ポンドが支給される一方、同僚は年間八万ポンドである。あなたは、A、Bどちらの会社に魅力を感じるだろう。調査では、大多数の人がA社を選んでいる(5)。

経済面のみから考えれば、この決断は理屈にあわない。B社のほうが一万ポンド多く支払われるからだ。だが、人間の性質を探る科学者たちによると、私たちはまったく理性的な生き物ではない。私たちは社会的な動物であり、自分の感覚や自分に対する見方、あるいは周囲の人びとからどう見られるかなど、さまざまな要素に影響を受ける。客観

的に見れば、B社のほうがたしかにA社より給与は上だ。だが、A社では同僚より二万ポンド収入が多くなる。その優越感が、B社でえられる収入の多さを補ってあまりあるのだ。

この微妙で、意識されることも少ない心理の働きは、ものを買うときにも影響する。

お客の抵抗力を奪うセールステクニック

私はデパートではじめて見た宣伝販売の光景を、いまでも覚えている。八歳だった私を、両親がロンドンへ連れていってくれたのだ。デパートの中を歩きまわるあいだ、最新技術から生まれた画期的なキッチンナイフについて一人の男が熱弁をふるう様子に、私は思わず引きこまれた。そのすばらしいナイフがあれば、望みしだいになんでもできるという。男が数えあげる「できること」の中には、必要のなさそうなものもあった。コカコーラの空き缶を半分に切る、というのもその一つだった。そして最後に男は声を落として、ナイフの定価は十ポンドだと言った。

だが、そこでふしぎなことが起きた。私たちの目の前で、彼は突然人が変わり、値引きをしたくてたまらなくなったようだった。このナイフをたったの八ポンド……いや……五ポンドで売ります。でも、みなさんはじつにすばらしい方ばかりなので、特別に三ポンドにしましょう。そのあと、自分の幸運を信じられないでいる客たちに向かって、男は仕掛け花火のように最後の見せ場を炸裂させた。同じナイフをもう一本と小さなナイフを五本、「ただで」おまけにつけます、しかもいつもはそれだけで十ポンド以上する合成皮革のケースつきです、というのだ。男のひと言ひと言に、見物人は驚いたり喜んだりした。しかもその言葉に感じ入り、買う予定はまったくなかったナイフを買った人が大勢いた。私の両親もその仲間だった。だが、この買物はただではすまなかった。家に帰ってその万能ナイフで試しにコーラの空き缶を切ってみると、たちまち柄がとれてしまったのだ。

両親も私も、研究者の言う「特典付加テクニック」と呼ばれるものに、引っかかったのだ。セールスマンが客から乞われもしないのに取引内容をどんどん魅力的にしていき、客を抵抗できなくさせる手法だ。ほんの少しの値引きやおまけでも、効果はある。実験によると、カップケーキとクッキー二個を七十五セントで売った場合、四〇パーセントの客が買った。それに対して、カップケーキは七十五セントだがクッキーを二個「ただで」おまけにつけると言った場合は、七三パーセントの客が買う気になった。[6]

よく使われるこの説得手法に加えて、かなり異色ながら非常に効果のあるテクニックについても、心理学者は研究をおこなっている。たとえば、「ひっかけ」と呼ばれる手法がある。意表をつく要求で人の注意を引きつけて、自分のペースに巻き込む方法だ。カリフォルニア大学のマイケル・サントスが仲間とおこなった実験では、物乞い（実際は実験者）が通行人に二十五セント硬貨一枚か、三十七セントめぐんでくださいと訴えた。するとこの妙な頼みに引きずられて、いつもより多くの人が金を出した。[7]

これに近いのが、「混乱させてから正常にもどす」手法である。一瞬相手をまごつかせて型通りの反応パターンを停止させたあと、ふつうの要求をおこなうテクニックだ。一連の実験で研究者は戸別訪問をしてチャリティーのためのメモパッドを売り歩いた。[8]一つのパターンでは、相手に「三ドルです。お買い得ですよ」と言った。そして〝混乱させたあと正常にもどす〟パターンでは、「三百セント……つまり三ドルです。お買い得ですよ」と言った。このように意表をつく言い換えをした場合、売り上げはおよそ二倍になった。

小さな要求からはじめるテクニック

だが、手っとり早く効果的な説得テクニックとして最もよく研究で取り上げられるのは、二つの法則にのっとったものだ。すなわち、小さな要求から大きな要求へと進む段階的な方法と、最初に大きな要求をしたあと小さな要求に切り換える方法である。

一九六〇年代のはじめに、スタンフォード大学の心理学者ジョナサン・フリードマンとスコット・フレイザーは、説得にかんする画期的な実験をおこなった。[9]研究チームは無作為に選んだ百五十人以上の女性に、カリフォルニア消費者団体の者だと称して電話をかけた。そして「ザ・ガイド」という刊行物のために、家事用品の使用状況にかんする調査への協力を依頼した。ほかの雑誌とちがい、「ザ・ガイド」では徹底した取材をおこないたい。そこで、できれば六人の男性調査員に、お宅の様子を二、三時間調べさせてもらえないだろうか。調査は念入りなものになる。収納部分をすべて調べて、使っている石鹸、洗剤、洗浄液、漂白剤をリストアップする。当然と言えば当然だが、この科学捜査そこのけの依頼に応じた女性は、全体の四分の一以下だった。だが実験はこれだけではなかった。べつのグループの女性にも同様な電話をかけたのだ。そして家の中を念入りに調べたいという依頼のかわりに、あなたがよく使っている家事用品について簡単な電話調査に応じてもらえないかと言った。するとほぼ全員が依頼に応じた。だがその三日後、主婦たちはふたたび電話を受けた。そして六人の調査チームに、お宅の収納棚を調べさせてもらえまいかと訊ねられた。この条件のもとでは、半数以上の女性が承諾した。

補足の調査で、同じチームが人の家の前に「車は安全運転で」という大きな看板を立てさせてもらう実験をおこなった。看板はその区域でのスピード違反を防止するためのものだったが、住人の大半が依頼を断った。つぎに研究者がべつの住人たちに接触して、はるかに小さい数十センチ四方の看板を立てさせてもらえないかと言ったところ、ほとんど全員が承知した。二週間後、研究チームがその住人たちを訪れて、小さな看板を大きなものに換えさせてほしいと頼んだ。するとなんと七六パーセントが、嫌がることなく依頼に応じたのだ。

これらの実験は、小さな要求から入る「段階的要請法」の効果を実証している。人は小さな要求を受け入れると、つぎの大きな要求に応じやすくなるのだ。

四十年以上にわたる実験結果を見ると、この手法はさまざまな場面で有効である。[10]誰かから少しだけ寄付金が集められたら、つぎにはもっと多額の寄付がしてもらえる。社員に職務態度をほんの少し改めさせられると、つぎにはもっと大きな改善が可能になる。ふつうの照明を低エネルギーのエコ照明に変えるよう説得できたら、生活全体をもっと大きなエコライフに変えさせることもできるだろう。

最初に大きな要求をだすテクニック

そして、小さな要求から段階的に入っていく方法とは、まったく逆の方法もある。つまり最初にとほうもない要求を出し、きっぱり断られたあとで、もっとつつましい要求をして相手をうなずかせる方法である。この法則にかんする研究で最も有名なのが、アリゾナ州立大学のロバート・チャルディーニのおこなったものだ。[11]彼の研究チームは、地域青少年指導計画のメンバーという名目で学生たちに声をかけ、非行少年のグループを一日動物園に連れていってくれないかと頼んだ。無理もないところだが、手に負えない子どもたちと一日つきあうと答えた学生は二〇パーセントに満たなかった。

研究チームはめげずにべつの手段をとった。今回彼らは学生たちにもっと大きな要求をした。今後二年間毎週二時間ずつ、非行少年のカウンセリングにつきあってくれないかと頼んだのだ。このときも、彼らの頼みは断られた。だがはねつけられたあと、研究者たちはそれよりはるかに小さな頼みで再挑戦した。では、非行少年のグループを動物園へ一日連れていってくれないかな。すると、学生の半数が引き受けると答えた。

　べつの例をあげよう。フランスの研究チームが若い女性に頼んで、レストランで食べ終えたあと、お金をもっていないのに気づき、ほかの客たちに助けを求めるという設定で実験をおこなった。[12]彼女が数フランでいいから助けてほしいと頼んだとき、応じた客はわずか一〇パーセントだった。だが、最初に食事代を全額払ってもらえないかと頼んだあと、数フランでもいいと言った場合は、七五パーセントの客が応じた。このテクニックも、さまざまな場面で効果を発揮する。不動産の値段から就業時間まで、給料から約束手形の支払い期限まで、交渉にあたってはまず相手が驚くような条件からはじめることだ。

　というわけで、説得には小さな要求から入る段階的な方法と、まずとほうもない要求で相手を驚かせる方法、そしてかぎりなく値引きをしていく方法がある。重要なのは、研究結果にある通り、これらの方法がきっかり四十七秒で身に着けられるという点だ。いや、実際にはせいぜい三十秒。しかも小型ナイフのセットが無料でおまけについてくる。

成功へのステップ

私たちは自分が思っているほど、理性的な生き物ではない。そして効果的なあの手この手に簡単に乗ってしまう。「特典付加テクニック」で、頼みもしない値引きをし、あなたの財布から金をさらおうとする人たちにご用心を。また、小さな頼みからはじめて、だんだん要求を大きくしていく人たちや、最初に大きな要求をもちだして、すぐに小さな要求に切り換える人たちにもご用心を。当然のことながら、まったく同じ手法を使って人を動かすことも可能だ。それは結構なことだが、「スター・ウォーズ」のオビ＝ワン・ケノービもこう言っている。「おまえが新たにえたフォースの力は、弱き心に強い影響をあたえる。だから、善きことのみに使うよう、心がけるのだぞ」

実験結果2
決めたことを後悔しない方法

さほど重要ではない問題で決断を下す場合、あらゆるプラスとマイナスを考えることが役に立つ。だが、問題が決定的に重要な場合……決断は自分の奥底に眠る無意識の領域にまかせるべきだと私は思う。

——ジークムント・フロイト

想像してみてほしい。オフィスがいささか垢ぬけないので壁に絵を飾りたい、ついてはしゃれた感じのモダンアートの版画を買ってきてくれと、上司からあなたが頼まれたと

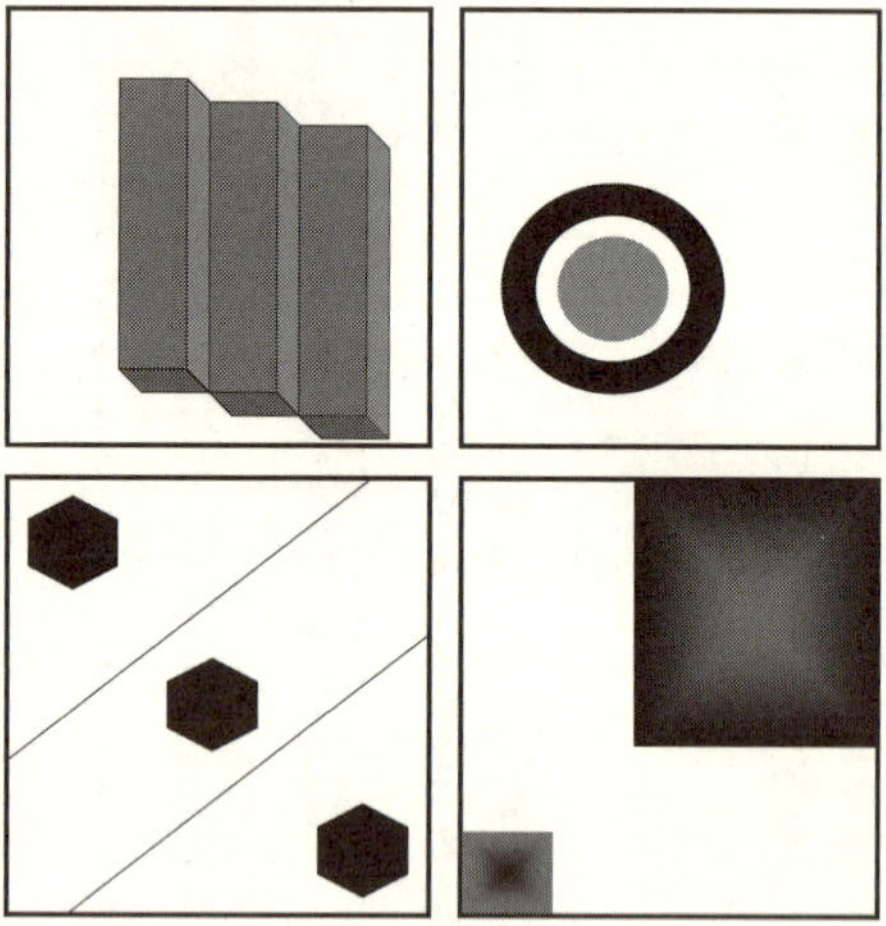

する。コートをはおって近くの画廊へでかけてみると、版画は四枚しかなかった。

あなたは、どうやって選ぶだろうか。一つは、上司の好み、会社のイメージ、現在のオフィスの内装を思い浮かべながら、四枚それぞれのプラス点とマイナス点を考えて決める方法。二つ目は、自分の直感を信じて、「これだ」と思うものを選ぶ方法。そして三つ目に、最近の研究でかなりいい結果を招くとされている方法がある。

数年前、アムステルダム大学の心理学者アプ・ダイクステルホイスとゼーゲル・ファン・オルデンは、ポスターを選ぶという設定で、すぐれた実験をおこなった。(13)二人は研究室にポスターを五枚用意し、集まった参加者を三つのグループに分け、最も好きなポスターを選んでもらった。第一グループはポスターをそれぞれ一分半ずつ眺め、一枚ごとに自分の好き嫌いの理由を書き出し、じっくり検討したうえで一枚選んだ。第二のグループはポスターを五枚とも眺めてから、自分が好きだと直感したものを一枚選んだ。そして第三のグループは五枚のポスターを素早く眺めたあと、五分間かなりむずかしい言葉遊び《アナグラム》をやり、もう一度ポスターをざっと眺めてから、一枚を選んだ。選択を終えたあと、参加者全員が五枚のポスターそれぞれについて自分がどの程度気に入ったか採点を依頼された。

全員が作業を終了したところで、実験者は気前のいいところを見せ、実験に参加してくれたお礼に気に入ったポスターを差し上げると言った。参加者がまるめたポスターを手にしたところで、実験者が全員にさりげなく電話番号を教えてほしいと言った――パソコンのデータに問題が生じて、実験をやり直さねばならない場合のためにと。

こういう場面で、実験者がこのように言ったら、なにかをたくらんでいると思っていい。最もありえるのは、実験にはまだ先があり再度電話しようと考えている、という筋書きだ。

実際にそのひと月後、実験チームは参加者に連絡をとり、ポスターは気に入っていますか、売るとしたら何ユーロで売りますかと訊ねた。研究室でポスターを選ぶときに一枚ずつプラスとマイナスを考えて選んだ参加者は、自分の選択が間違っていなかったと確信をもって答えた。彼らの満足度は直感的にポスターを選んだ第二グループの参加者や、決める前にアナグラムをした第三グループの参加者よりも高かった。ところが四週間後には、その様相がまったくちがっていた。自分の選択に最も満足していたのはアナグラムをしてからポスターを選んだ参加者で、だいじなポスターを手放すのに要求した金額は、ほかの参加者たちよりはるかに高かった。

このような実験でなされる選択は、人がふだん日常でおこなう込みいった選択とはちがうという意見もあるだろう。だが、研究者はこのふしぎな現象について、くり返し同じ結果をえている。[14] アパートでも、車でも、株でも、選ぶ前にまったくちがう作業で頭を使うと、いい決断ができるのだ。

無意識の力にゆだねる

なぜ、そうなるのだろう。ダイクステルホイスとファン・オルデンはその理由を、無意識の力を味方につけられるからだと説明している。ちがいが一、二か所しかない選択肢の中から一つを選ぶ場合、意識の力は状況について冷静に理性的な判断を下し、最もいい選択をおこなう。だが、その力には限界があり、一度にかぎられた数の事実や数字しか処理できず、問題が複雑になるとあまりよい判断ができない。そのため意識は状況を全体として捉えるかわりに、最も目立つ要素だけに注意を集中し、全体を見失いがちになる。かたや無意識は、私たちが日常のさまざまな面で出会う複雑な選択を扱うのがはるかにうまい。時間とともにゆっくりとすべての要素にまで浸透して、バランスのとれた選択をおこなう。無意識効果にかんするダイクステルホイスとファン・オルデンの説明は、「無意識思考理論」と呼ばれるもので、複雑な決定をおこなうときの、いわば中道について述べたものだ。複雑な問題にかんしては、考えすぎは即断と同じくらいよくない。大切なのは決めるべきことを頭に入れること、そして意識を遊ばせ無意識に出番をあたえることだ。では、ある問題について無意識を働かせるには、どうすればいいのだろう。そう、第四章の創造力に刺激をあたえるという部分でご説明したとおり、アナグラムや四桁の数字から3ずつ引き算をするなど、目の前の問題と関係のない、だがかなりむずかしい作業で意識を忙しくさせればいいのだ。

したことへの後悔より、しなかった後悔のほうが大きい

だいじな決断で後悔しないための方法は、決断の前にアナグラムを解くことだけではない。研究では、後悔しない可能性を高めるもっと手っとり早い方法が示されている。

コーネル大学のトーマス・ギロヴィチは、十年以上にわたり後悔の心理について研究を続けた。(15) 彼の研究結果はきわめて興味深い。彼は、人びとに自分の人生を振り返って最も後悔することはなにか答えてもらった。回答の約七五パーセントが、自分がしなかったことに対する後悔だった。そのうち上位三項目が学校でまじめに勉強しなかったこと、だいじなチャンスをものにしなかったこと、そして友人や家族を大切にしなかったことだった。それに対して、なにかをしたことに対する後悔はわずか二五パーセントで、就職先を選びまちがったこと、愛のない結婚をしたこと、タイミングの悪い時期に子どもをもったことなどが挙がった。

したことに対する後悔は、起きた結果のマイナス点が比較的目につきやすい。就職先

の選択をまちがえた結果、いやな仕事から離れられない。早すぎる時期に子どもをもったため、友だちとのつきあいが十分できなかった。まちがった相手と結婚したため、いさかいが絶えない。マイナスの結果はすでにわかっており、今後も後悔する可能性は消えないが、範囲はかぎられている。だが、起きなかったことに対する後悔は、それとはまったくちがう。突然自分が、かぎりない可能性をうしなったように思えてくる。あの仕事を引き受けていたら、あのとき恋人に思い切って心を打ち明けていたら、学校の勉強にもっと時間をかけていたら――なにが起きていただろう。想像力がおよぶかぎり、あなたはあれこれ思い描く。

このギロヴィチのすぐれた研究は、十九世紀のアメリカの詩人、ジョン・グリーンリーフ・ホイッティアの詩を思い出させる。「すべての悲しい言葉の中で、最も悲しいのは『あのとき、ああしていたら』という言葉」

成功へのステップ

アナグラムと無意識の働き

二者択一の決断をするときは意識を働かせ、状況のプラスとマイナスについて冷静に理性的な判断をおこなう。だが、選択がもっと複雑な場合は、意識の力を眠らせて、無意識を働かせる。つぎに用意した練習問題は、ダイクステルホイスとファン・オルデンの研究にもとづいており、意思決定のプロセスに役立つよう考えられている。

A　あなたが、いま決断しなければならない問題は？

……………………………………………………

……………………………………………………

B　つぎのアナグラム（文字を並べ替えてべつの言葉に変える）を五分間で、できるだけ沢山解いてみよう。答えにつまったら、あまり長く考えずにつぎに進むこと。

	アナグラム	ヒント	答え
1	open change	ヨーロッパの都市	……………
2	a motto	野菜	……………
3	past eight	イタリアの有名な食べ物	……………

4　noon　leap　ヨーロッパの歴史上の人物

5　eat　飲み物

6　cool　cheat　女性が好きなお菓子

7　groan　教会によくある楽器

8　cheap　甘い果物

C　あまり時間をかけずに、Aに対するあなたの決断を書く。

アナグラムの正解

1　copenhagen　2　tomato　3　spaghetti　4　napoleon　5　tea　6　chocolate

7 organ 8 peach

なんでも実行するほうが後悔は少ない

研究によると、人は人生を振り返って、自分がしなかったことを悔やむことが多い。それを踏まえて、後悔しないための簡単で効果的な方法がある。

まず一つは、チャンスに対してはつねに「実行」を心がける。作家のマックス・ルカードはこう書いている。「努力を傾ける、時間を作る、手紙を書く、謝る、旅にでる、プレゼントを買う。なんでも、したほうがいい。つかんだチャンスは喜びを生む。逃がしたチャンスは後悔を生む」。二つ目は、もし後悔するはめになったら、状況を改善する方法を考える。手紙を書く、電話をかける、家族とすごす時間を増やす、壊れた関係を修復する、大学に入り直して資格をとる……。後悔を目覚まし時計がわりにして、やる気を起こすのだ。二つ目に、状況を改善する手だてがまったくない場合。自分が手に入れそこねた想像上のプラスのことがらに、制限をつける。「あのときああしていればと」手に入ったかもしれないことについて思い悩むのをやめ、いまの状況のいい点を三つ考える。そして、「もしああしていれば」自分に降りかかったかもしれないマイナス点を三つ考える。

とことん最高のものを追求するか、それともそこそこで満足するか

つぎの十項目が自分にどの程度あてはまるか、採点してみよう。(16) あまり時間をかけて考えず、正直に答えること。

点数：1＝まったくあてはまらない　5＝よくあてはまる

1　テレビを見るとき、一つの番組を見続けるより、チャンネルをよく替えるほうだ。　1　2　3　4　5

2　買物にいっても、本当に気に入った物がないと買わない。　1　2　3　4　5

3　ビデオ屋にいくと、どの映画を借りるか決めるまで時間がかかる。　1　2　3　4　5

4　自分がこれまでつかみそこねたチャンスについて、ときどき考える。　1　2　3　4　5

5　なにかを決めるときは、あらゆる可能性を頭に置く。

6	取り消し不可能な決断をするのは嫌いだ。	1	2	3	4	5
7	なにかを決めるとき、べつの選択をしたらどうなるだろうと考えることが多い。	1	2	3	4	5
8	次善の策を受け入れるのは、好きではない。	1	2	3	4	5
9	インターネットをしているときは、たいていネットサーフィンであちこち飛び回る。	1	2	3	4	5
10	いまあるもので満足しきれず、もっといいものがあるはずだと思いがちだ。	1	2	3	4	5

自分の点数を合計する。10～20は低い。21～40は中間、41～50は高い。

研究によると、人はさまざまな選択で基本的に二つの方法のうちどちらかをとるという――とことん追い求めるか、そこそこで満足するか。極端な最上志向型人間《マクシマイザー》は、あらゆる選択肢をたえず調べあげ、確実に最高のものを選ばないと気がすまない。かたや極端な満足型人間《サティスファイサー》は、自分の必要を満たすものが手に入れば、あとは気にしない。マクシマイザーのほうが傍目《はため》には収穫が多そうに見えるが、ほしいものを見つけるまでに時間がかかり、手に入れても満足度が低い。もっといいものがあったのではないかと、思い悩むためだ。

　たとえば、就職活動を調べた研究では、十一の大学から五百人以上の学生を集めて最上志向型と満足型に分類し、就職先を見つけるまで追跡調査がおこなわれた。[17]最上志向型の学生は、満足型の学生より二〇パーセント給料の高い就職先を見つけた。だが同時に彼らは自分の職探しに満足できず、後悔と不安を感じ、悲観して鬱状態になっていた。

　あなたが最上志向型で、完璧なものを求めすぎて時間を無駄にしている自分に気づいたときは、効果的な方法が二つある。一つは選ぶ時間をかぎること（友だちのバースデーカードを買う時間を、三十分以内に制限するなど）、もう一つは選んだものを変えられない状況を作ること（たとえば、領収証を捨ててしまうなど）だ。[18]

「幸福とはほしいものを手に入れることではなく、いまあるものを好きになること」という格言もある。マクシマイザーはほしいものを手に入れても、手に入れたものを好きになれないのだろう。

実験結果3
「うそをつく人は緊張する」というウソ

うそをついている人は、態度でわかるだろうか。つぎのリストの中でうそをつく人がしがちな行動と思われるものに○、そうでないものに×をしてみよう。

うそをつく人は、こんな行動をする

相手と目をあわせない
不必要に笑顔を作る
座っている場合は椅子の上でもじもじする
立っている場合はからだを左右にゆする
手や顔に汗をかく
口に手をあてる
質問に対する答えが長く、とりとめがない
筋の通らないごたごたした受け答えをする

必要以上にうなずく
身振りが大げさである
居丈高になる

人は想像以上にうそをつくようだ。私がデイリーテレグラフ紙でおこなった調査では、二五パーセントの人がその日自分はうそをついたと答えた。べつの調査では、なんと九〇パーセントの人が恋人にうそをついたことがあると答え、四〇パーセントの人が友人にうそをつくのをなんとも思っていなかった。うそは職場でも大きな問題である。調査結果では、就職試験の面接で八〇パーセントの人がうそをついたと答え、従業員のおよそ半数が、少なくとも一回は上司に大うそをついたことを認めた。[19]

うそつきは口の中が乾く？

うそがこれほど氾濫していることを考えれば、それを見抜く方法が数々開発されたのも当然と言えるだろう。たとえば古代には、火かき棒がうそ発見器に使われた。生き地獄ともいえるこのテストでは、焚き火に突っ込んであった真っ赤に燃える火かき棒を、うそつきとされた人間に三度なめさせたという。正直者は口の中に唾がたまっているので火傷をしないが、うそつきは口の中が乾いているため火かき棒に舌がくっつくという理屈だった。

歴史書によると、それと趣旨は同じでやや穏やかな方法がスペインの宗教裁判でおこなわれた。罪に問われた者に大麦パンとチーズを食べさせたのだ。そしてそのまわりで人びとが、うそつきはパンが飲み込めませんようにと大天使ガブリエルに祈った。私の知るかぎりでは、どちらの方法も有効性が科学的にたしかめられたことはない。その一つの理由は、当事者たちと大天使ガブリエルから同意がとりつけられなかったせいだろう。だが、もし科学的研究がおこなわれていたなら、その結果は現在うそをつく行動の定説となっている「緊張仮説」の裏づけになったにちがいない。

この仮説によると、人はうそをつくとき非常に神経が高ぶり、緊張と結びつく症状を示すようになる。口の中が乾くのもその一つで、真っ赤に燃える火かき棒に舌がくっついたり、大麦パンを飲み込めなくなったりするのだ。この説は直感的にはうなずけても、信憑性のある証拠を手に入れるのはきわめてむずかしい。いくつかの研究によると、人はうそをつくときも真実を話すときと同じくらい平然としているという。たとえばサウサンプトン大学のリチャード・グラムゾウとその仲間は学生たちを集め、心拍測定器につないだ状態で、最近の試験結果について訊ねた[20]。学生たちは数年前からの自分の成績と、クラスの中での自分の順位について話した。面接のあと、実験者は学生たちの実際の成績表を入手し、彼らが話した内容と照らし合わせた。その結果を見ると、半数近くの学生が自分の成績を粉飾して話していた。そして心拍数のデータを見ると、成績について うそをついた学生たちの緊張度は、正直に話した学生と同程度だった。いや、むしろ正直な学生たち以上に落ち着いていたのだ。

ハイテク機器を使ってうそと結びつく緊張の度合を調べても、結果はかなり通説とずれがある。だが、うそをつくと緊張するものだという説はなかなか崩れそうにない。それは、映画やテレビで、うそをつくとき手のひらに汗をかき、動悸が激しくなる場面がくり返し登場するせいでもある。たいていの人は、緊張が高まったときの徴候が、うそを見抜くいちばんの目安だと信じている。

さまざまな研究チームが、専門家に依頼してうそつきと正直者の映像を念入りに比較し、笑い方、まばたき、身振りなどを綿密に分析した。一分の場面の分析に一時間かけた結果、うそつきと正直者の行動を比較するのに十分なデータが集まり、細かなちがいまでわかるようになった。結果は画期的なものだった（これは、うそではない）。

ここで、この項の最初に用意されたリストにもどってみよう。○はいくつになっただろうか。ここにあげられた行動はすべて人が緊張したときの行動である。相手と目をあわせようとせず、椅子の上でもじもじし、汗をかき、支離滅裂なことをしゃべりはじめる。だが、うそつきと正直者の行動を何時間も観察した研究者たちによれば、このリストにある行動は一つもうそと結びつかない。じつのところ、うそつきはいらついたように手を動かすことも、椅子の上でそわそわすることもないのだ。

だが、これらの神話が頭にこびりついているため、たいていの人はうそを見抜くのがとても下手だ。ビデオでうそつきと正直者を見分けるよう言われても、まぐれあたり程度にしか見分けられない。本当の話と作り話をする子どものフィルムを大人に見せても、どちらがうそか見抜くことができない。(21) 長年連れ添った配偶者に、写真に映っている魅力的な人物について魅力がないとうそを言っても、驚くほど成功する。(22) 弁護士、警察官、心理学者、ソーシャルワーカーなどの専門家たちでさえ、うそを確実に見抜けないのだ。(23)

うそつきは「考える人」状態になる

では、どうすれば本当にうそを見破れるのだろうか。うそをつくとき人はかならずしも緊張しないが、頭は使う。うそをつくには相手がすでに知っていること、この先知られそうなこと、いかにもありそうなこと、自分が以前話した内容と矛盾しないことについて、考えねばならない。そのためうそをつく人は、なにかの問題について考え込むときに似た態度をとりがちだ。手足をあまり動かさず、身振りが少なくなり、同じ言葉をくり返し、答え方が短く大ざっぱになり、答えるまでに時間がかかり、口ごもったり言いよどんだりすることが多くなる。そしてうそと自分とのあいだに距離を置こうとするため、非人称の言葉づかいが増える。話の中から〝私は〟や〝自分の〟という言葉が減り、ほかの人間については名前のかわりに〝彼〟や〝彼女〟を使いはじめるのだ。さらには、はぐらかすような話し方が増え、質問に対してきちんと答えるかわりに話題を変えたり、自分からべつの質問を返したりするようになる。

うそを見破るには、緊張、いらだち、不安などの徴候を目安にするのはやめよう。じつは、うそをついている人はなにごとか考え込むように見え、妙にしゃべり方がよそよそしく、政治家や中古車のセールスマンそこのけに話のはぐらかし方がうまいものなのだ。

成功へのステップ

急に口数や動作が少なくなったら要注意

うそを見抜くには、「緊張仮説」がらみの神話を頭から追い払って、人が考え込むときに見られる徴候を探したほうがいい。うそをつく人は手のひらに汗をかき、そわそわ落ち着かず、目をあわせたがらないものだという発想はやめよう。かわりに、相手の口数や動作が急に少なくなったら要注意だ。そしてその話し方にもよく耳を傾けること。急にくわしい話をしなくなり、口ごもったり言いよどんだりしはじめ、「私」や「自分」などの言葉が減り、「彼女」や「彼」を使うことが増えたら、ご用心。相手が急に話をはぐらかしはじめたら、ちゃんと質問に答えるよう要求したほうがいい。(24)

態度の変化を知る手がかりとして、専門家から「正直さの基準」と呼ばれている方法を知っておこう。まず、うその答えを誘いがちな質問をする前に、相手が正直に答えられることを訊ねる。この最初の受け答えのあいだに相手のしぐさと言葉づかいに注目し、正直に話しているときはどんな態度をとるか把握しておく。つぎにもっと微妙な質問をして、相手の態度が〝要注意〟として先に書き出したようなものに変化しないか観察する。

ただし、これらの危険信号が見てとれた場合も、それで確実にうそからまぬがれられるわけではない。税金や死とちがい、うそについては〝確実〟なことは言えない。これらは「たぶん」の指標にしかならないので、安心はできない。

顔が見えない相手にはうそをつきやすい

コーネル大学のコミュニケーション学者ジェフ・ハンコックは、学生たちに一週間のあいだに自分が面談、電話でのおしゃべり、手紙およびeメールでの通信で、誰かとかわした会話のおもなものをリストアップしてもらった。そしてどの会話にうそがまじっていたかを調べた(25)。その結果、うそがまじっていた割合は、eメールが一四パーセント、手紙が二一パーセント、直接顔をあわせる面談が二七パーセント、電話での会話が三七パーセントだった。ハンコックによると、eメールでうそが少なかったのは、記録が残るのに加え、自分の言葉があとで自分に跳ね返ってくる恐れがあるためだという。というわけで、うそをつかれたくなかったら、答えはeメールでもらうほうがいいかもしれない。

作業時間を正確に読む方法

時間管理にかんするすぐれた研究の中で、カナダのウィルフレッド・ローリエ大学のロジャー・ビューラーは、学生たちにある重要論文を提出できそうな期日を答えさせた。[26] 学生の半数近くが、締め切りの十日前には提出できると答えた。だが、それは読みが甘すぎた。実際には締め切りの一日前にようやく書き終えた学生が多かったのだ。「計画錯誤」と呼ばれるこの現象は、論文を書く学生にかぎったものではない。研究によると、人は計画にかかる日数を甘く見積もる傾向があり、とりわけ集団作業の場合は非現実的な予測をしがちである。[27] 現実的に考えようとする場合も、人はすべてが計画通りに進むと考え、予期せぬ遅れや不測の事態が生じることを計算に入れない。

だがビューラーの研究からは、この問題を解決するための簡単で効果的な方法も読み取れる。彼は学生たちに、過去に同じような論文書きにどれくらい時間がかかったか思い出すように言った。すると学生は、論文作成の日数を前より正確に読めるようになった。作業に必要な時間を正確に予測するためには、過去に同様な仕事でどれくらいかかったか考えることが必要なようだ。

それでも効き目がなかったときは、イリノイ大学アーバナシャンペーン校のジャスティン・クリューガーとマット・エヴァンスが開発した方法がある。[28] 二人は、実験の参加者を二つのグループに分け、かなり複雑な作業に要する時間を見積もってもらった。たとえば、デートの準備などだ。一つのグループはたんに見積もるように言われ、もう一つのグループは、作業を細かな部分（シャワーを浴びる、着替える、あわてる、など）に分けてから、時間を読むように言われた。このように頭の中で作業を小分けにして計算した人たちは、ふつうに計算した参加者より、時間の見積もりがはるかに正確だった。というわけで、なにかの作業にかかる時間を見積もるには、全工程を段階に分けてから考えたほうがよさそうだ。

実験 IX

「ほめる教育」の落とし穴

ほめられて育った子どもは、失敗を極度に恐れるようになる

……コロンビア大学、クラウディア・ミューラーとキャロル・デュエックの大規模研究

「がまんすること」を覚えた子どもは、挫折しても立ち直れる

……スタンフォード大学の心理学者ウォルター・ミシェルの追跡実験

子どもをおどして注意すると、逆に禁じられた行為をしたがるようになる

……スタンフォード大学、ジョナサン・フリードマンの実験

ヴォルフガング・アマデウス・モーツァルトは一七五六年に生まれ、クラシック音楽の最高傑作を数々生みだし、一七九一年に恐らくリウマチ熱による弁膜症で死去した。彼は天才だった。そして彼の音楽にはほかの作曲家にない力があり、聞き手の脳の特殊な部分に届いて、知能を高めるとも言われている。その説をとなえる人びとは、この作用は感じやすい幼児にとりわけ効果があるとして、毎日モーツァルトを乳幼児に聞かせることを勧めている。この話は世界中に広まった。だが、モーツァルトの魔術を使うと、本当に幼児の知能が高まるのだろうか。

一九九三年にカリフォルニア大学の心理学者フランシス・ラウシャーが仲間とともに発表した論文は、世界を驚かせた。(1) 彼女は三十六人の大学生を集めて任意に三つのグループに分け、それぞれちがう作業を十分間してもらった。第一グループはモーツァルトの二台のピアノのためのソナタ・ニ長調を聞き、第二グループはごくふつうのリラクゼーションのテープを聞き、第三グループはなにも聞かず、黙って座っていたのだ。この作業のあと、全員が知能を測る標準テストを受けた。内容は思考能力だけを使って図形

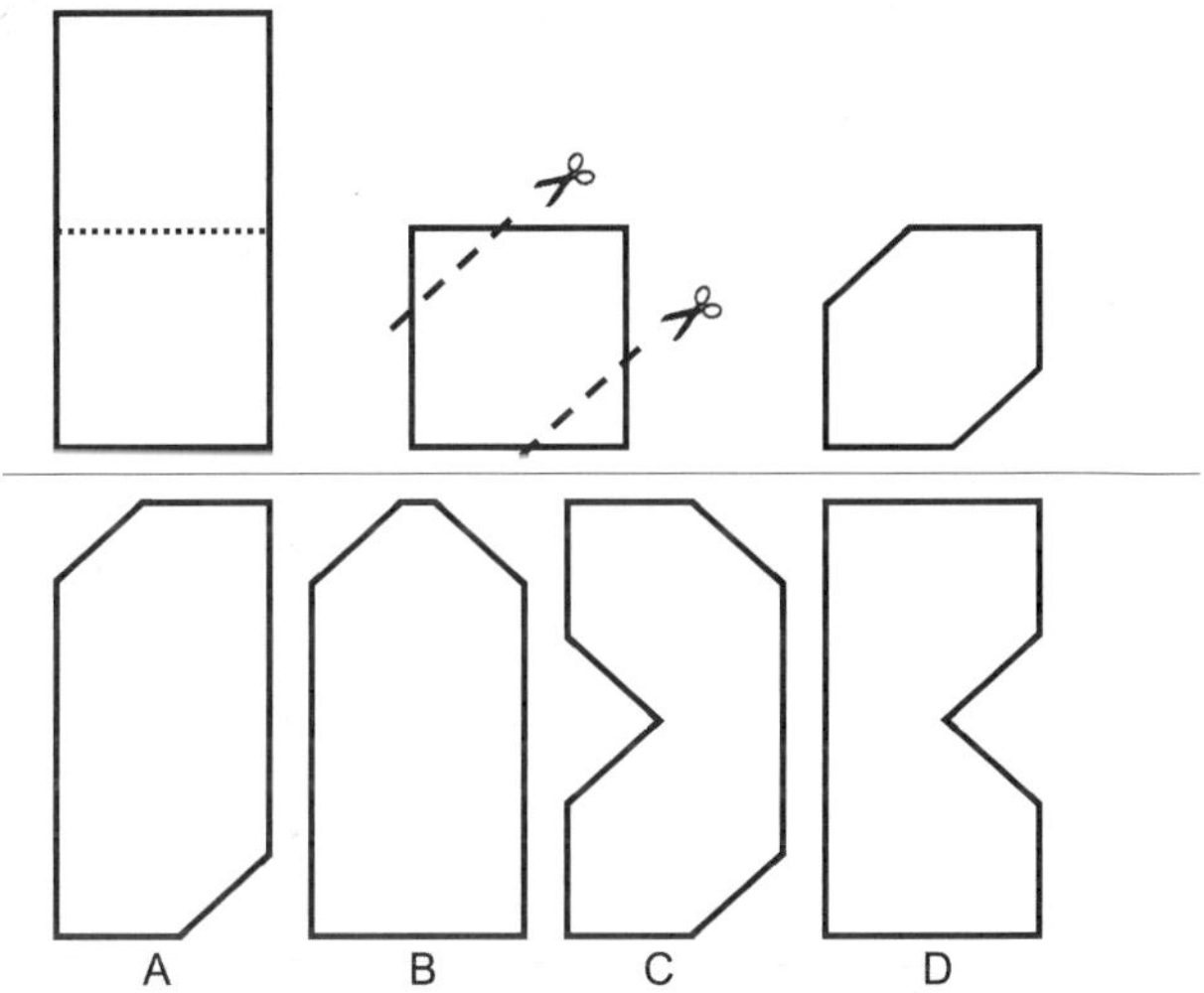

思考能力のみを使って図形情報を処理するテストの例。一枚の紙を半分に折ってから、上段の図のように二か所を切り取ったとする。紙をもう一度開いたときは下の四つの図のうち、どの形になるか考えてみよう。

情報を処理するものだった(図参照)。結果を見ると、モーツァルトを聞いた学生は、ほかの二つのグループの学生よりも、はるかに成績がよかった。そして研究者はこの効果が一時的なものであり、十分から十五分程度しか続かないことも報告した。

二年後。同じ研究チームが追跡調査のために二度目の実験をおこなった[2]。今回は学生の人数を増やし、時間も数日かけた。学生たちは前回と同じく任意に三つのグループに分けられた。実験の最初に第一グループはモーツァルトを聞き、第二グループはなにも聞かずに沈黙し、第三グループはフィリップ・グラスの〈変化する部分からなる音楽〉を聞いた。今回も大きなちがいがでた。モーツァルトを聞いたグループは、ほかの二つのグループより頭の中で紙を折るテストの成績がずっとよかったのだ。のちに日を変えて、フィリップ・グラスの曲は物語の朗読テープないし催眠状態を誘うトランスミュージックに差し替えられた。するとモーツァルトと沈黙グループの成績はほぼ同じで、朗読ないしトランスミュージックを聞いたグループの成績は三位になった。この実験結果は、モーツァルトの音楽が、知能を短期的に少しばかり高める効果があることをほのめかしていた。

マスコミが、たちまちこの発見に飛びついた。「ニューヨークタイムズ」の音楽評論家アレックス・ロスは、（恐らく皮肉まじりに）これでモーツァルトのほうがベートーヴェンよりすぐれた作曲家であることが、科学的に証明されたと語った。だが、一部のジャーナリストは結果を誇張し、モーツァルトを数分聞けば知能が長期的に向上すると報道した。

この話は急速に広まり、一九九〇年代の後半になると、その内容はもとの研究結果からさらにかけ離れたものになった。それまで乳幼児の知能に対するモーツァルトの音楽効果についての実験は、一度もおこなわれていなかった。にもかかわらず、トップニュースのネタを逃がしたくないマスコミは、モーツァルトを聞くと赤ちゃんの頭がよくなると報じた。これらの記事は、まさに無責任な報道の見本だった。一九九〇年代の終わり頃にはメディアの四〇パーセント近くが、この赤ちゃんへの効果を取り上げていた。(3)そして「モーツァルト効果」という名称で盛んに喧伝《けんでん》され、社会政策にまで影響をもつようになった。一九九八年には、ジョージア州政府がクラシック音楽のCDを新生児の母親に無料で配布しはじめ、フロリダでは州立養護施設で毎日クラシック音楽を流すという法案が議会で可決された。

モーツァルト効果は神話だった

「モーツァルト効果」は都市伝説化し、大勢の人がモーツァルトの音楽を聞くとさまざまな能力が向上し、その効果は永続的で、乳幼児にも効き目があると信じ込んだ。だが、一九九〇年代が終って二十一世紀に入ると、状況は一変した。まず、ハーヴァード大学のクリストファー・チャブリスが、ラウシャーによるもともとの実験をなぞったすべての実験結果を集め、この効果は（実際に存在すると仮定して）、当初考えられていたよりもはるかに小さいと結論した。(4)そして、べつの研究は、実際に効果があるとしてもモーツァルトの二台のピアノのためのソナタ・ニ長調に限定されたものではなく、このタイプのクラシック音楽から生まれる一般的な幸福感と結びつくものだと指摘した。またある研究者は、被験者にモーツァルトの音楽と、それよりもっと悲しい音楽（アルビノーニのアダージョ・ト短調）を聞かせて効果を比較し、やはりモーツァルトの効果のほうが上であることを発見した。(5)

だが研究チームが、音楽がいかに参加者の気持ちを沸き立たせ、しあわせにするかをほかの音楽で対照実験したところ、モーツァルト効果が急に消えてしまった。さらにべつの研究では、モーツァルトを聞いたときの効果と、スティーヴン・キングの小説『死のスワンダイヴ』の朗読テープを聞いたときの効果とが比較された。[6] キングよりモーツァルトのほうが好きだと答えた参加者は、思考能力テストではキングのほうが好きだと答えた参加者も、小説の朗読を聞いたあとのほうがいい成績をとった。

いわゆる「モーツァルト効果」は、神話にすぎない。彼のピアノ音楽を子どもに聞かせるとその知能が長期的に向上するという説に、科学的な裏づけはほとんどない。では、音楽を使って子どもの知能を高める方法はないと結論していいのだろうか。答えはノーだ。音楽がもたらす効果は、たしかにある。だがその方法はモーツァルトのCDを聞くことではなく、もっと実践的なものだ。

楽器を習うと思考力がやしなわれる

研究によると、音楽を習っている子どもは、クラスメートより成績優秀であることが多い。だが、音楽レッスンが子どもの知能を向上させるのか、もともと知能が高く才能のある子どもが音楽のレッスンを受けるのか――その因果関係をつきとめるのはむずかしい。数年前、心理学者のグレン・シェレンバーグは、この点について研究をおこなった。[7]

シェレンバーグは地方紙に広告を出し、調査のため無料で音楽のレッスンを受けてくれる六歳の子どもを募集した。百四十人以上の子どもの親から応募があり、子どもたちは任意に四グループに分けられた。そのうち三つのグループの子どもがトロントの王立音楽院で数か月レッスンを受け、その他の子どもは第四の比較対照グループとして、調査のあいだはレッスンを受けなかった。レッスンを受けた子どものうち、三分の一はピアノを習い、三分の一は声楽を習い、残り三分の一はドラマのクラスに入った。レッスンをはじめる前と終わったあとに、全員が標準的な知能テストを受けた。

結果を見ると、ピアノを習った子どもと声楽を習った子どもは、知能指数がはっきり向上していたのに対し、ドラマのレッスンを受けた子どもの変化は対照グループの子どもたちと同程度だった。これはなぜだろう。音楽の学習には楽器を弾く技術が不可欠である。その習得には長時間にわたって注意を集中させ、練習し、記憶することが必要であり、おのずと克己心や思考力が養われるためではないかと、シェレンバーグは考えている。

理由はどうあれ、あなたの子どもの知能を向上させるには、モーツァルトのＣＤは戸棚にしまって、子どもに楽器を習わせるほうがよさそうだ。

実験結果1

ほめたほうがいい子に育つ?

子育てにかんする指導書にはかならずと言っていいほど、いい子に育てたければ、子どもをたえずほめて自信をつけさせるのが一番だと書かれている。試験に合格したら、なんてあなたは頭がいいのとほめる。上手に絵を描いたら、あなたには芸術の才能があるわとほめる。球技でゴールを決めたり競走で一番になったりしたら、運動能力が抜群だねとほめる。教えによると、少しでも成績がよかったらほめ、マイナスな発言は厳禁だとされている。

この教えは大いに説得力がある。つねにいい子だと言い続けて育てれば、子どもは自信にあふれたしあわせな人間に育つにちがいない。たしかに、そう思える。だが、人間心理に対するこの理想主義的な見方には、ちょっとした問題がある。研究によると、頭がいいとか才能があると言って子どもをほめると、とんでもない結果を招きがちなのだ。

一九九〇年代の終わりに、コロンビア大学のクラウディア・ミューラーとキャロル・デュエックは、ほめることについて大規模な研究をおこなった。[8] 二人は実験のため、人種も社会経済的背景もちがう十歳から十二歳までの子どもたちを四百人以上集めた。実験では、三つのグループに分かれた子どもたちが知能テストを受けた。内容は、さまざまな形が一列に並んでいるのを見て、その列の続きにどんな形がくるか頭だけを使ってあてるというものだった。テストのあとで実験者たちは解答を集め、採点をおこなったが、子どもたちには実際の成績は伏せて、一人一人にとても優秀で八〇パーセント正解できたと伝えた。

それに加えて、第一グループの子どもには、こんなに沢山パズルが解けたのは本当に頭がいい証拠だと話し、第二グループの子どもにはなにも言わなかった。ほめることを奨励する子育ての指導書では、ほんの少しでも子どもの能力をほめれば、劇的な変化があるとされている。実験の結果はたしかにそのとおりだった。だが、その変化は思いもかけない方向に現れた。

ほめられた子どもは、失敗を恐れるようになりがち

つぎの実験で、子どもたちは二つの課題の片方を選ぶように言われた。一つは非常にむずかしく、問題が解けないかもしれない。だが、やりがいはあり、たとえ解けなくてもなにかを学ぶことができる。もう一つの課題はそれよりずっとやさしく、すらすら解けるだろうが学べることはあまりない。すると前のテストで頭がいいとほめられた子どもの約六五パーセントが、簡単なほうの課題を選んだ。それに対して、ほめられなかった子どもで簡単なほうを選んだのは四五パーセントだった。頭がいいとほめられた子どもは困難に立ち向かうのを避け、やさしいほうを選ぶ傾向が強かった。これは、子育てには「ほめるのが一番」と唱える人たちにはあまりいい知らせとは言えない。だが、悪

い知らせはそれだけではなかった。

続く実験では、子どもたちにもう一度パズルがあたえられた。今回の問題は最初のものよりずっとむずかしく、その結果、大半の子どもがあまりよくできなかった。テストのあとで子どもたちはパズルの感想を聞かれ、家に持ち帰って続きをやる気があるか訊ねられた。ここで子どもグループのあいだに、大きなちがいがあらわれた。頭がいいとほめられた子どもは、ほかのグループの子どもたちよりむずかしいパズルを楽しめず、家で続きをやろうとする子も少なかった。

そのうえさらに「ほめるのが一番」の推進者を落胆させる知らせが、実験の最後に待っていた。むずかしいパズルで苦労した子どもたちに、最後のテストがあたえられた。このときのパズルの内容は、実験の最初にあたえられたものと同じくらいやさしかった。最初におこなわれたテストでは、子どもたちの成績はどちらのグループも同じくらいだったのに、最後のテストでは二つのグループの成績に大きな開きがでた。結果は、「ほめるのが一番」派の指導者たちの予想とは正反対になった。頭がいいとほめられた子どもたちのほうが、なにも言われなかった子どもたちより、はるかに点数が低かったのだ。

なぜほめることが、予想に反して成果を上げなかったのだろう。ミューラーとデュエックは、そこにはいくつかの要素が働いているという。頭がいいとほめられた子どもは、気分はよくなるが、同時に失敗を恐れるようになる。成功しなかったら格好が悪いと考え、むずかしい問題への挑戦を避ける。しかも頭がいいと言われた場合、自分はがんばらなくてもよくできると思いがちである。そのため必要な努力をしなくなり、結果としてよけい失敗する割合が高くなる。そして不幸にして実際に悪い成績をとると、子どもは完全にやる気をなくし、無力感に襲われる。低い点数を目にして、自分は言われたほど頭がいいわけではない、自分には能力がないと思ってしまうのだ。悪い点数が子どもの心にあたえる影響を、みくびってはならない。ミューラーとデュエックの実験では、あるとき子どもたち全員に、むずかしいパズルでの自分の成績を仲間の前で発表させた。頭がいいとほめられた子どものほぼ四〇パーセントが成績についてうそを言ったが、ほめられなかった子どもがうそを言った割合は約一〇パーセントだった。

だいじなのは努力をほめること

では、ほめることはすべてよくないのだろうか。これまで私はミューラーとデュエックの実験に参加した三グループの子どものうち、二つのグループの結果しかご紹介しなかった。第三グループの子どもも、最初のパズルで「よくできた、君は八〇パーセント正解だった」と言われたあとでほめ言葉をもらった。ただしこのときは、頭のよさがほめられたわけではなかった。こんなにいい点がとれたのは、きっと一生懸命努力したからだねと言われたのだ。このグループの子どもたちは、ほかの二つのグループの子どもと行動の仕方に大きなちがいがでた。むずかしい問題とやさしい問題のどちらかを選ぶとき、やさしいほうを選んだ子どもはわずか一〇パーセントほどだった。頭がいいと言われた子どもたちやなにも言われなかった子どもたちにくらべて、「一生懸命よく努力した」と言われた子どもは、むずかしい問題をしたがり、家で続きをやろうとする割合が高かった。そして、実験の最後にもう一度やさしい問題をあたえられたとき、第三グループの子どもは、最初にやったときよりも沢山の問題を解いた。

この結果から、努力に対するほめ言葉と能力に対するほめ言葉のちがいが、はっきり見てとれる。ミューラーとデュエックによると、努力をほめられた子どもは、結果がどうなろうとも、失敗を恐れずやってみようと思うようになる。なにかを学びとろうとする意欲が、悪い点に対する恐れより大きいため、やさしい問題よりやりがいのある問題を選びたがる。そして当然ながら、その後のテストでも励まされたとおり懸命に努力しようとするため、成功の可能性も高くなる。またたとえ失敗しても、原因は努力不足にあると考えることができる――自分には能力がないのだという、無力感を避けられるのだ。

ミューラーとデュエックの実験は中学生を対象としていたが、べつの実験で、その年下や年上の子どもたちについても同様な結果がえられた(9)。それらの結果は、ほめ方しだいで効果がちがうという点で一致している。子どものやる気をうしなわせかねないほめ方もあれば、子どもから最高の能力を引き出すほめ方もあるのだ。子どもに知能や特殊技能など、特別な能力があるというほめ方は、心の健康にいい影響をあたえない。そのようにほめられた子どもは困難な状況を避けるようになり、まじめな努力をしなくなり、目の前に壁が立ちふさがるとたんにやる気をなくす。だが、努力をほめられた子どもはやる気が高まり、努力を惜しまず、困難に直面してもくじけなくなる。

成功へのステップ

親はつい子どもの才能や知能をほめて、気分をよくさせたくなるものだ。だが、研究によると、そうしたほめ言葉はいい結果を生まないようだ。ほめるなら子どもの努力や、集中力、時間の使い方などをほめるほうがはるかに効果がある。たとえばあなたの子どもが試験でいい点をとったら、「ずいぶんよく勉強したね」「遊びにいったりしないで、時間をちゃんと使ってえらかったわ」「大変だったのに、よくがんばったね」などとほめる。同じように、子どもが学校のサッカーチームの選手になったら、きびしい練習に耐え抜いた力や、ほかのメンバーと仲良くできたことなどをほめる。こうしたほめ言葉で子どものがんばる力や柔軟性、忍耐力がはげまされる。さらにそれらの点を明確にするために、子どもが自分の使った技術や作戦を思い出せるような質問をする（「今日の試合で、どこがいちばん楽しかった？」とか「困ったときは、どうやって切り抜けたの？」など）。そしてほめるときは、できるだけ具体的[10]にほめること（「サッカーがうまいね」ではなく、「今日は、とてもうまかったね」など）。

実験結果2

子どもの自制心を育てる方法

目先の満足に飛びつかず、大きな成果のためにがまんできるか

ここで、ちょっとご想像いただきたい。あなたはいま、とある高級コーヒーショップに立ち寄った。店に入ったところで、おいしそうなケーキやペストリーのリストを見せられる。形は小さいが、とびきり質の高いものばかり。あなたはリストに目を通し、お気に入りのひと品を選びだす——すばらしいチーズケーキか、最高のガトーショコラか、おいしいタルトか。あなたは注文をし、ウェイターが夢のデザートを運んでくる。小さいながらも完璧な逸品。目の前に置かれたデザートに、あなたは思わずつばを飲み込む。いざ食べようとしたそのとき、ウェイターが言う。「今日は当店で特別サービスを実施しています。いますぐご注文の品をお食べになってもかまいませんが、三十分お待ちになれれば、二倍の大きさのものを同じ値段でお出しできます」。あなたはどうするだろう。三十分待って倍の大きさのケーキを食べるか、ウェイターが言い終わるのも待たずに、目の前のものにかぶりつくか。

これと同じ筋書きで、一九六〇年代の後半にスタンフォード大学の心理学者ウォルター・ミシェルが実際に実験をおこなった[11]。ミシェルとそのチームは、マシュマロの大袋とベルをたずさえて近くの幼稚園へいき、四歳の子どもたちに難題をあたえた。彼らは

子どもを一人ずつ部屋に呼び、マシュマロが一個とベル、その横にマシュマロがさらに二個ならんでいるテーブルを見せた。そして子どもに、私はこれからしばらくいなくなると言った。もどるまでテーブルの上のマシュマロに手を出さなかったら、マシュマロを二つあげる。このベルを鳴らせば、いつでも私はもどってくる。ただしその場合、マシュマロは一つしか食べられない。そのように説明した。

どの子どもも、さきほどあなたが想像上で経験したケーキの難題と同じ、きびしい選択を迫られた。ベルを鳴らしてマシュマロを一つだけ食べるか、じっとがまんして二倍のごほうびを手に入れるか。この一見単純なテストで調べられたのは、子どもの自制心だった。子どもたちの三分の一はすぐに一個のマシュマロに手を出し、三分の一は少しだけがまんしてからベルを鳴らし、残り三分の一は実験者がもどるまで待って、二個のマシュマロを獲得した。

だがミシェルの目的は、たんに誘惑に負けない子どもがどれくらいいるか調べることではなかった。マシュマロを二個手に入れるまで待ち続けた子どもたちのように、彼は時間をかけてもっと大きな結果を待ったのだ。十年後、ミシェルは実験に参加した子どもの親をできるだけ大勢探して連絡をとり、すでに思春期を迎えた子どもたちの様子を訊ねた。どんな毎日を送っているか。将来の進路は決まっているか。困難に出会うとやる気をなくすか。すると、三個のマシュマロとベルを前にすごした数分間が、その十年後を驚くほど正確に予言していたことがわかった。実験者がもどるまで待って一個のマシュマロを獲得した子どもはきちんと仕事をこなせる自立した大人に育っており、困難を乗り越えるのがうまく、挫折しても立ち直れる力をもっていた。いっぽう、かつて一個のマシュマロにすぐ手をのばした子どもは、集中力と意欲に欠け、かなりだらしない少年に育っていた。

目の前の満足にとらわれず、長い目で見た成功に注意を集中させられる能力は、大きな目標や野心の達成には欠かせないものだ。たとえば研究によると、小学生時代に示された自制心の度合で、知能テストの結果以上に学者としての将来性が占えるという[12]。そのほかの例を挙げると、よだれのでそうなケーキの誘惑にさからえる人はダイエットに成功する、辛抱強く復習ができる学生は試験の成績が上がる、何時間も練習できるスポーツ選手は獲得するメダルの数が多くなる。ミシェルの研究は、この能力が幼いころに形成され、大人になっても変わらないことを教えている。そして彼の研究には、しばらく待つことができず、マシュマロにすぐ飛びつく子どもが非常に多いことも示されている。そんな子どもたちは、大人になっても自分のほしいものをがむしゃらに手に入れようとするのだ。

おどしてやめさせるのは、逆効果

では、あなた自身の子どもに、目の前のマシュマロにすぐ手をのばす傾向があるとしたら。その衝動を抑えさせるには、どうすればいいのだろう。やんわり、たしなめる手でいくほうがいいのか（「おりこうさんでしょ、お願いだからパソコンは三十分だけにしてくれるかしら」）、それとも強面《こわもて》で迫るべきか（「いいか、いますぐパソコンをやめないと、マウスを引っこ抜くぞ」）。一九六〇年代のなかばにスタンフォード大学のジョナサン・フリードマンはこの問題で実験をおこない、驚くべき結果をえた。(13) 実験に参加したのは、カリフォルニアの二つの小学校に通う、七歳から十歳までの少年約四十名だった。彼らは一人ずつ順番に部屋に呼ばれ、そこにならんでいる五つの玩具について採点を頼まれた。〇点（とても悪い玩具）から一〇〇点（とてもいい玩具）まで、点数をつけたのだ。玩具のうち四つはごくありふれたものばかり――安物のプラスティック製潜水艦、子供用の野球グローブ、玩具のトラクター、玩具のライフル銃である。だが、五つ目の玩具は、はるかに高価で魅力的な品物。玩具の中の玩具、一九六〇年代の最新技術が生かされた電池式ロボットだった。

子どもが採点を終えたところで、実験者が自分はいまから用事でしばらくいなくなる、君は四つの玩具で遊んでかまわないが、ロボットだけはさわってはいけないと伝えた。このとき少年の半数には、言いつけに反したら痛い目にあうとはっきり言った（「ロボットで遊んだら、私はとても怒って罰をあたえるからね」）。そして残りの半数にはもっとおだやかな言い方をした（「ロボットと遊んではいけないよ。ロボットと遊ぶのはよくないことなんだ」）。そして実験者は部屋をでていき、少年は「ぼくと遊んで」と目をピカピカ光らせるロボットを、いとしげに見つめた。五分ほどたったところで実験者がもどり、今日はありがとうと言って少年を帰らせた。

少年たちは誘惑に負けただろうか。それを調べる手段として、ロボットには誰かがスイッチを入れると記録が残る装置をとりつけてあった。そのデータによると、自制心を働かせてロボットにさわらなかった少年は二人だけだった。さわるなときびしく言われたグループと、おだやかに言われたグループの中でそれぞれ一人ずつ。つまり、どちらの言い方も同じくらい効き目がなかったことになる。

だが、フリードマンが調べようとしていたのは、その場で目につく被験者間のちがいではなく、時間とともにあらわれるちがいのほうだった。六週間後、彼は女性実験者を学校に送り、同じ少年たちでべつの実験をおこなった。少年を一人一人部屋に呼び、絵を描いてもらった。前回とまったく同じ玩具が部屋の隅に置かれていて、実験者は絵を描き終えた子どもに、どの玩具で遊んでもかまわないと言った。今回は禁止された玩具は一つもなかった。すると二つのグループのあいだに大きなちがいがでた。このときロボットと遊んだ子どもは、前回「ロボットで遊んだら、罰をあたえる」と言われたグループでは七七パーセントだったのに対し、おだやかな言い方をされたグループでは三三パーセントだった。数週間前に実験者が少し言い方を変えただけで、その後の少年の行動に大きなちがいが生じ、おだやかな言い方をされた子どものほうが、ずっと言いつけを守る率が高かったのだ。

このちがいはどこからくるのだろう。いくつか説がある。おどしに対する人間の反応が原因だとする研究者もいる。たいていの場合、人が誰かをおどすのは相手がしたがっていることを阻止するためだ。そして、それをしたいという相手の欲求が強ければ強いほど、それを阻止するためのおどしもきびしくなる。この理屈から言うと、強いおどしをかけられた子どもは、無意識に「こんなにきびしく言われるのだから、この禁じられたことをきっと自分はやりたいのだ、ぼくは本当はとてもロボットと遊びたいにちがいない」と考える。同じ理屈で、ロボットと遊んではいけないとおだやかに言われた少年は、きっと自分はそれほどロボットと遊びたくないのだと考える。

また、おどすことによってロボットがたちまち禁断の木の実に変わり、禁じられたことほどしたくなるという、太古の昔からの反応を目覚めさせるのだという説もある。さらにはこの反応が好奇心、あまのじゃく、反抗心などから生まれるという説もあるが、どの説でも一致しているのは、この効果が強力であり確実に起きるという点だ。十代の若者に煙草、飲酒、スピード運転を禁じると裏目にでることが多いのもそのためだ(14)。

自制心にかんしては、子どもの中に生まれつき衝動を抑えられる子どもと、目先の満足に逆らえない子どもがいることは事実だ。そしてマシュマロ二個を手に入れるまで待てず、一個のマシュマロに飛びつく子どもに自制心を植えつけるには、おだやかな言い方をするほど効き目があることもたしかである。

成功へのステップ

マシュマロテスト

マシュマロテストは、自分の子どもや友だちに簡単に試すことができる。相手の大好きな食べ物を用意し、いますぐなら少しだけ食べられるが、十分座って待てば沢山食べられると伝える。実行するときは食べ物が少量盛られた皿と大量に盛られた皿の両方が、相手に見えるようにすること。ミシェルの研究報告によると、自分の大好物が見えていて、たえず誘惑されるほうが実験効果は高い！

頭とつまさきゲーム

マシュマロテストは人の衝動性を試すものだが、自制心に焦点をしぼった研究も数多くある。子どもが人の言葉に耳を傾け、注意を払い、自分の頭に浮かんだことではなく自分に求められたことをするには、自制心が必要だ。それを試すために、オレゴン州立大学のミーガン・マックルランドは仲間と実験をおこなった(15)。彼らは四歳から五歳の子ども数百人に「頭とつまさき」というゲームをしてもらった。ゲームでは、実験者が「あたま」「つまさき」と声をかける。子どもたちは「あたま」と言われたら足のつまさきをさわり、「つまさき」と言われたら頭をさわる。このゲームでの点数で、子どもの読み書きと数学の能力が予測できるという。あなたの子どもにゲームをさせるときは、まずルールを説明したあと何度か練習をする。そして順番は無視して「あたま」あるいは「つまさき」と声をかけ、子どもがすぐさま正しい反応をしたら二点。まちがえそうになったあと、気づいて正解したら一点。完全にまちがえたら〇点。十回したあとで点数を合計する。平均で言うと、三歳児は三点、四歳児は一〇点、五歳児は一四点。だが、たとえあなたの子どもがこの平均圏内に入らなくても、ご心配なく！　平均点からはずれるのは、ごくふつうのことだ。そしてたとえ点数が低くても、つぎにご紹介するゲームでいい成績をとれるかもしれない。

集中力と克己心を育てるゲーム

研究によると、ある種のゲームが、子どもの集中力、人の命令を聞く力、克己心などを育てるのに役立つという[16]。「フリーズゲーム」と呼ばれるゲームでは、子どもに音楽にあわせて踊らせ、音楽が止まったらその場で動きを止《フリーズ》めさせる。ゲームの最初のほうでは、ゆっくりした曲ではゆっくり、早い曲では早く踊らせる。それができるようになったらその反対に、ゆっくりの曲では早く、早い曲ではゆっくり踊らせる。

同じような目的で作られたのが、「オーケストラの指揮ゲーム」である。子どもに手近な楽器で演奏をさせ、あなたは即席の指揮棒でその指揮をする。最初のうちは、あなたが指揮棒を振ったら子どもに演奏させ、指揮棒を止めたら演奏を止めさせる。それができたら、あなたが指揮棒を早く振ったら早く、ゆっくり振ったらゆっくり演奏させる。

最後にその反対に、早く振ったらゆっくり、ゆっくり振ったら早く演奏させる。

そのほかに、子どもに自分を鍛えることの大切さを理解させ、克己心をはぐくむ方法がいくつかある。子どもに自分の名前を、利き手と反対の手で書かせる。十二か月の名前や一週間の曜日を逆の順番で言わせる。あるいは同じ種類の物（野菜、動物、国など）の名前を、三十秒以内でできるだけ沢山言わせる。

そして子どもがなにかに集中していたら、あとでそのときのことを再認識させる。たとえば、集中していたあいだに、どれくらい時間がすぎたと思うか訊ねる（集中したときは、時間があっという間にすぎることをわからせる）。あるいは、集中していたあいだに邪魔が入ったとき、どう感じたかを訊ねる（中断されたあとは、作業にもどれるのをうれしく感じるものだ）。

大切なのは、おどすことより毅然とした態度

おどしてなにかをやめさせるという方法は、短期的には効果があるが、長期的に見ると前向きな結果を生まない。悪いことをしたらどんなひどい目にあうかを並べたてると、子どもの頭の中でその行動がよけい魅力的になる可能性がある。おどすのではなく、ロボットの実験で使われたようなおだやかな言い方をしたほうがいい。「○○をしてほしくない」と言い、それ以上は言わない。子どもがなぜそれをしてはいけないのかと聞き返したら、きちんと理由を説明しよう。

実験X

心理テストの虚と実

筆跡鑑定による性格判断はまちがいだらけ

……ジェフリー・ディーンの長期的研究成果

人間の性格は、ある程度まで生まれた順番に左右される

……カリフォルニア大学の心理学者フランク・サロウェイの分析

性格は指の長さにあらわれる

……セントラルランカシャー大学の進化心理学者ジョン・マニングの研究

二〇〇五年、スイスで開かれた世界経済フォーラムに鋭い目と絶大な影響力をもつ各国の指導者たちが集まり、地球が直面している問題を話し合った。貧困から民営化対策まで、資本主義から地球温暖化まで。だが、重要な問題が数々あったにもかかわらず、マスコミが大きくとりあげたのは、記者会見にのぞんだ首脳の一人がうっかりテーブルに置き忘れた一枚の紙だった。

新聞各紙が、トニー・ブレアのものと思われるメモや落書きの残る紙切れのコピーを、競って手に入れた。彼らは筆跡学の専門家に鑑定を頼み、その手書きの文字や絵をもとに当時のイギリス首相の心理を探ろうとした。筆跡学者も勇んで依頼に応じ、活字体で書かれた右下がりの文字、くせの強いDの書き方に、「ブレアらしさ」がどのように現れているか調べた。そして首相が混沌とした情勢を立て直そうと苦労していること、理想を追う夢想家であること、仕事を完遂できず、無意識の中で政治家としてのキャリアに終止符を打ちたがっていることを読み取った。

そのころブレアは労働党の議席数が過半数を割るなど、数々の政治的問題やスキャンダルを抱えていた。そこでこの分析内容は、彼の人物像をいかにも正しく言い当てていると思われた。だが、数日後、現実はそう甘くないことが判明した。くだんの紙切れはブレアのものではなく、記者会見に同席したビル・ゲイツのものだと、官庁筋から指摘があったのだ。ゲイツはマイクロソフト社の創業者で、世界有数の実業家である。

筆跡による性格判断結果は、しろうとの判断とほぼ同じ

筆跡分析の信奉者によると、ブレアとゲイツの混同は、筆跡学の業績の中でほんのわずかな汚点にすぎず、手書き文字から実際に驚くほど正確に書き手の性格、知性、健康、さらには犯罪指向までが読み取れるという[1]。そうした説を信じ込む企業の人事担当者は多く、調査によるとイギリスおよびアメリカでは五〜一〇パーセントの会社が筆跡分析を採用目安の一つにしている。

だが、筆跡による性格判断は実際に当たるのか、それともこれまた神話にすぎないのだろうか。ジェフリー・ディーンはこの問題について長期的な研究をおこなった。筆跡学にかんする数百種類の研究論文を集め、古くから伝わる鑑定法の有効性について調べたのだ。結果は驚くべきものだった。

ディーンは採用試験で使われた筆跡分析にかんする十六種類の論文に目を通し、それぞれの結果をたしかめた。応募者について筆跡専門家が査定した結果と、実際の試用期間中に上司が下した評価とを照合したのだ。すると筆跡による評価は、当人の実務能力

とほとんど重ならないことがわかった。じつのところ筆跡専門家の判断は、筆跡学とは無縁の人たちからなる対照グループの判断と同程度にしか当たっていなかったのだ。

　ディーンはさらに、筆跡専門家による性格判断と、科学的テストによる性格判断とを比較した研究結果についても調べた。彼は専門誌の記事（五十三種類）を集め、その結果を精査した。するとここでも筆跡専門家の判断は正確さに欠け、筆跡分析の知識がまったくない人びとからなる対照グループの判断結果と同程度でしかなかった。

　人の性格を筆跡で判断するのは、まちがいのもとのようだ。ブレアとゲイツの混同事件は、ちょっとした判断ミスではなく、筆跡分析について調べた科学的研究結果を代弁していると言えるだろう。筆跡分析の信奉者たちの主張とは裏腹に、研究結果は筆跡分析が人の性格を正確に言いあてないと伝えている。採用試験でも、応募者の能力を予測する手がかりにすべきではなさそうだ。

　筆跡鑑定で人の性格が判断できないとしたら、どんな方法が有効なのだろう。その答えは、ビッグファイブと呼ばれる考え方と、女たらしのジャコモ・カサノヴァと、車に貼るステッカーにある。

実験結果*1*

人間の性格の基本要素は五つ

世界的な学者の中に、人間の複雑な性格について探ろうとした人たちがいる。フロイトは、性的衝動にもとづいて人の性格を分類できると考えた。十九世紀の遺伝学者フランシス・ゴールトンは頭の形と性格との関係を調べ、ユングは人の性格は生まれたときの星座の位置で決まると考えた。

フロイト、ゴールトン、ユングは人が見る夢や、人の頭の形や、天体から手がかりをえようとして時間を無駄にした。いっぽう、もっと冷静な頭で研究をおこない、最終的に有効な手がかりをえた科学者たちもいる。(2) 彼らは表にあらわれない人間の深層心理は、言語の中に埋もれていると考えた。人が自分自身や他人を描写する言葉には性格の基本要素が反映される、だからこそそれらの言葉を使うのだ。だとすれば、人の描写に使われる言葉をできるかぎり集めて分類すれば、性格を構成する基本要素が見えてくるはずだ。彼らはそう考えて作業にとりかかった。

性格の五大因子「ビッグファイブ」

一九三〇年代に、研究チームが完全版の辞書を一ページずつ丹念に調べた。彼らは人の性格特徴をあらわすときに使われる言葉を、すべて拾いだした。「愉快な」から「憎たらしい」まで、「やさしい」から「喧嘩早い」まで。チームが集めた言葉は一万八千語になった。彼らはその中から人のおもだった性格特徴をあらわす言葉で、時代にあまり左右されない表現を四千語選びだした。一九四〇年代にべつの研究チームが作業を引き継ぎ、この四千語を初期のコンピュータ分析にかけて二百語にまでしぼった。続く四十年ほどのあいだに研究者は、何通りかに区分したこれらの形容詞が自分と他人の性格にあてはまるかどうか、何千人もの人びとに評価してもらった。精度が高まったデータ分析技術を使って、人の性格特徴を大きく分類することも可能になった。そして一九九〇年代初期に、さまざまな国や文化圏でおこなわれていた大規模な研究がようやく一つの結論に達した。人間の性格には、五つの基本的な因子がある[3]。

〝ビッグファイブ〟と名づけられたこの五つの因子は、性格研究の大前提となった。この五つの因子には何通りか呼び名があるが、ふつうは「開放性」「勤勉性」「外向性」「協調性」「情緒安定性」と呼ばれている。どの因子も〝高い〟から〝低い〟まで連続した尺度で測られ、個人の性格は五つの因子をそれぞれどの程度そなえているかであらわされる。補足研究によると、これらの因子は遺伝子の組合せと幼年期の経験で決まり、生涯変わることがない。そして個人の対人関係、職場での仕事ぶり、余暇のすごし方、消費志向、宗教や政治への志向、創造力、ユーモア感覚、健康などの、あらゆる面に影響をあたえるという。

では、この五つの因子はそれぞれなにをあらわしているのか。そして因子ごとの得点の高い低いには、どんな意味があるのだろう。

開放性は、興味をそそる、新しい、ふつうとちがう経験を求めたり楽しんだりする度合をあらわしている。点数の高い人は好奇心が強く、おおらかである。飽きやすいが、あいまいさを嫌がらず、状況や問題を多面的に捉えることができる。創造力があり、独創的で、かしこく、愉快で、想像力に富み、型にはまらない。内面の世界が豊かであり、新しい発想を好み、夢を覚えていることが多く、催眠術的なことを試したがる。それに対して、この因子の点数が低い人は保守的で、現実的であり、実際的なことのほうが得意である。慣れた場所や食べ物を好み、問題に対しては地道に一歩一歩取り組む。

　勤勉性は、几帳面さ、目標達成に対するねばり強さと克己心の度合をあらわす。点数の高い人は、非常にきちんとしており、信頼でき、勤勉で、忍耐力があり、目先の利益にまどわされず長期的な成功を目指す。職場では有能で、自分がやると決めたことは実行し、約束の時間をよく守る。危険運転などリスクの高い行動は控え、バランスのとれた食事をし、定期的に健康診断も受けるので、長生きの人が多い。この点数が低い人はやる気がでにくく、気が散りやすいが、状況変化に対しては柔軟性が高い。

　外向性は、外の世界やほかの人びとからの刺激を必要とする度合をあらわす。この因子で点数が高い人は一緒にいて楽しく、衝動的で、楽天的で、陽気で、ほかの人たちとのつきあいを楽しみ、友だちや知り合いが大勢いる。人にしたがうより自分がリードするほうを好み、きわどい露骨な冗談が好きで酒好き、一台のコンピュータで複数の処理を同時におこなうマルチタスクが得意。目先の満足に飛びつき、恋人を何人も作っては相手にうそをつきがち。点数の低い人は慎重で、自制心があり、控えめ。対人関係は数人の友だちとの比較的せまい範囲にかぎられており、夜遊びよりも読書を好む。苦痛を感じやすく、一つの仕事に集中するほうで、冗談はしゃれやかけ言葉など知的なものを好み、無駄な物がほとんどない閉め切った部屋で仕事をするのが好きである。

協調性は、ほかの人を思いやる度合をあらわす。点数の高い人は信頼ができ、利他的で、親切で、愛情深く、おそらくどの性格の人よりも人に好かれる。離婚率は少なく、職場でも昇進が早い。点数の低い人は攻撃的で競争心が強く、非協力的である。自分の立場でしかものを考えないところがあり、ほかの人たちの考えや気持ちを思いやるより、自分の正しさを主張したがる。情におぼれず他人につけ込まれないことが必要な状況で、力を発揮する。

五つ目の因子である情緒安定性は、情緒が安定していてつらい場面に耐えられる度合をあらわしている。点数の高い人は心配性で自信に欠け、自分の力におよばないものを渇望し、悲嘆や敵意、嫉妬などマイナスな感情を抱くことが多い。愛されたいという欲求と自信のなさが重なって、対人関係では独占欲と依存心が非常に強くなる。点数の低い人はおだやかで、肩の力が抜けており、挫折をはねかえす力があり、情緒が安定している。問題が起きても動じることがなく、自分や周囲の人たちの不安をユーモアで消し去るのがうまく、不運にめげず、危機的状況をプラスに変えることもできる。

現在心理学者の多くは、人間の性格が複雑であるというのは幻想だと考えている。人の性格のちがいは、実際には五つの基本的な因子のちがいにすぎないのだ。これらの因子について理解すれば、自分の行動や思考に重要な指針がえられる。同様に周囲の人たちの性格が把握できれば、その行動を理解して、最もよいコミュニケーションのとり方もわかってくる。新しい研究によれば、フロイト、ゴールトン、ユングの考え方はまちがいだったようだ。性格を理解する鍵は、私たちの言語と日常生活に埋め込まれている五つの因子にある。

成功へのステップ

心理学者は、ビッグファイブの各因子を人がどの程度もっているか測るために、質問表を何種類か作成した。あいにくいずれも質問の数が多く、答えるのにかなり時間がかかるのが難点だった。だが、時間をかけずにできる質問表も作りだされ、五つの因子を自分がどのくらいもっているか簡単に測れるようになった[4]。完璧な内容ではないが、自分の性格を作り上げている基本的な要素を知るうえで役に立つ。

次頁の質問を読み、その内容が自分にどの程度あてはまるか、四角い枠にチェックを入れてみよう。チェックを入れるときは、将来なりたいと思う自分ではなく、いま現在のふだんの自分にあてはまるかどうかで考えること。自分自身についてできるだけ正直に答え、対人関係については自分と同性でほぼ同年齢の知人との関係で答える。チェックを入れるときは、各項目の枠内に記された数字は無視すること。

私は……	完全にノー	中ぐらいにノー	少しノー	どちらでもない	少しイエス	中ぐらいにイエス	完全にイエス
1 人生はお祭りだと思っている	1	2	3	4	5	6	7
2 ほかの人のことはあまり考えない	7	6	5	4	3	2	1
3 いつも準備万端の態勢が整っている	1	2	3	4	5	6	7
4 ストレスを感じやすい	1	2	3	4	5	6	7
5 いいアイディアがたくさんある	1	2	3	4	5	6	7
6 口数が少ない	7	6	5	4	3	2	1
7 人に興味がある	1	2	3	4	5	6	7
8 物をもとの場所に返すのを忘れがち	7	6	5	4	3	2	1
9 なにごとにもあまりこだわりがない	7	6	5	4	3	2	1
10 抽象的なことを理解するのが苦手	7	6	5	4	3	2	1

採点の方法

質問の横にならんだ枠内に記された数字（1～7まで）で、採点をおこなう。まず、5番の質問（いいアイディアがたくさんある）と10番の質問（抽象的なことを理解するのが苦手）で、自分がチェックを入れた枠に書かれた数字を合計する。その合計があなたの開放性の得点である。点数が10点以下なら、得点が低い。点数が11点以上なら、得点が高い。その点数を右の採点表に書き込み、〝低い〟あるいは〝高い〟にチェックを入れる。

採点表

開放性　項目の5と10の合計点：
□低い（10点以下）　□高い（11点以上）

勤勉性　項目の3と8の合計点：
□低い（11点以下）　□高い（12点以上）

外向性　項目の1と6の合計点：
□低い（9点以下）　□高い（10点以上）

協調性　項目の2と7の合計点：
□低い（10点以下）　□高い（11点以上）

情緒安定性　項目の4と9の合計点：
□低い（9点以下）　□高い（10点以上）

もって生まれた脳と育ち方の影響

研究によると、もって生まれた脳の機能と育ち方のちがいが、人の基本的な性格に影響をあたえるという。

たとえば、外向性と脳の働きのあいだには関連がある。脳を開いてみると、表面にしわだらけの神経細胞の層が見える。それが大脳皮質だ。この大きな塊には百四十億個の神経細胞が集まっており、脳全体の重量の四割を占める。そして大脳皮質が刺激を受けて働きはじめる度合（覚醒レベル）は、オンにしたとき前もってセットされた音量で鳴りだすテレビと同じで、人それぞれであらかじめちがっている。脳スキャンで調べると、外向性の低い人はセットされている覚醒レベルが高い。そこで脳はそれ以上の刺激をさけたがる。そのため、静かで変化の少ない作業のほうが安心できるのだ。その正反対のことが外向性の高い人の脳に言える。彼らの脳はあらかじめセットされている覚醒レベルがずっと低いので、大きな刺激を必要とする。そのため、彼らは人とのつきあいやリスクの高い衝動的な行動に刺激を求めるのだ。

生まれた順番が性格に影響する

また、対人関係に焦点を絞った研究では、人の性格と育ち方の関係が調べられている[5]。カリフォルニア大学の心理学者フランク・サロウェイは、人の開放性の度合は、少なくともある程度まで、生まれた順番に影響されると考えている。サロウェイ説によると、あとから生まれた子どもは兄や姉の知能や技能に追いつけないため、両親の愛情や注意を自分に向けさせるには、独自の方法を工夫する必要がある。その結果彼らは長子より開放的で、創造力や独自性、冒険心や反抗心に富む子どもになることが多い。それを裏づけるため、サロウェイは各界の有名人六千人以上の伝記を分析したところ、驚くほど多くの実例が集まった。アメリカ大統領（ジミー・カーター、ジョージ・W・ブッシュ、ビル・クリントンなど）の大部分は長子で、ジェファーソン、マルクス、カストロなど革命の指導者は、あとから生まれた子どもだった。そして科学の分野では、長子に生まれついた人たちは主流派の学者になり、ダーウィンやコペルニクスなどあとから生まれた子として育った人たちは、革新的な学者になっている。子ども時代のわずかな経験のちがいが性格におよぼす影響の大きさを示す、驚くべき実例と言えるかもしれない。

実験結果2
指を見れば性格がわかる

あなたはいま会社を辞め、手相見として新しいスタートを切ったところだ。この商売には欠かせない紫色の長い衣をまとい、海岸町の混雑した通りに小さな屋台を確保して客を待つ。しばらくすると男が入ってきて椅子にかけ、あなたに代金を渡す。あなたは男の手を丹念に調べ、彼の人となりを知るヒントがないか探す。皮膚がしなやかなのは、会社勤めのせいか。爪を嚙んだ跡があるのは、最近職を失った証拠だろうか。手のひらにたこができているのはジム通いのせいか、それとも恋人がいないあかし？　心理学の世界では、皮膚のしなやかさも、爪を嚙んだ跡も、手のひらのたこも見る必要がなく、見るべきは男の人差し指と薬指の長さだという説もある。この説は一風変わっていて、十八世紀の有名な女たらしジャコモ・カサノヴァやイギリスの有名サッカー選手と関係が深い。

華麗な遍歴を描いた自伝によると、カサノヴァはヨーロッパ各地の国王や枢機卿、詩人や画家と交流があった[6]。あるとき彼はドイツの名高い画家アントン・ラファエル・メングスと出会い、二人のあいだで口論がはじまった。メングスは、おまえの行動は神にそむくものだとカサノヴァを非難し、カサノヴァも負けずにあんたは酔っぱらっては子どもを殴るやつだとののしった。険悪ムードが高まるなか、カサノヴァはメングスの絵をやり玉にあげ、中心人物である男性の人差し指が薬指より長く描かれていると指摘した。これは解剖学的に正しくない、男性の薬指は人差し指より長くあるべきだと言ったのだ。メングスは自分自身の人差し指が薬指より長いことを示して、作品を擁護した。カサノヴァは言葉につまり、〝自分の〟薬指は人差し指より長いと言い、男は本来こうあるべきで、自分の手こそ「アダムの子孫にふさわしい」と主張した。むっとしたメングスは、カサノヴァに「では、私は誰の子孫だと言うのか」と訊ねた。それに対しカサノヴァは答えた。「さあ、わからないね。だが、私と種族がちがうことはたしかだ」。論争はエスカレートし、二人はこの問題に金貨百枚を賭け、画家の召使たちを呼び集めて彼らの手を調べた。結果はカサノヴァの勝ちだった。メングスのほうは、自分には人にないものがあるという事実でわずかに体裁をたもった。

人差し指と薬指の比率

セントラルランカシャー大学の進化心理学者ジョン・マニングは、カサノヴァが指摘した指の長さのちがいについて長年研究をおこない、指の長さに人間心理にかんする重要な鍵があることを発見した。[7] マニングは仲間とともに人の人差し指（第二指＝２Ｄ）と薬指（第四指＝４Ｄ）の長さを計測し、人差し指の長さを薬指の長さで割って比率を求めた。これは〝人差し指と薬指（２Ｄ：４Ｄ）の比率〟と呼ばれている。二つの指の長さがまったく同じであれば、この比率は１になる。だが、薬指のほうが人差し指より長い場合、比率は1以下になる。逆に人差し指のほうが長ければ、比率は1以上になる。
研究ではカサノヴァが指摘した二本の指の長さパターンが、男性と結びつく傾向が強いと結論された。2D：4D比率が男性の場合は平均約0・98、女性はおよそ1である。つまり、男性は薬指が人差し指より長く、女性は二本の指の長さがだいたい同じなのだ。

なぜそうなるのだろう。マニングによると、その原因は人の生命が芽生えた最初の時期にさかのぼり、子宮内のテストステロン（男性ホルモン）と密接な関係がある。最初の数週間のあいだ、胎児は男性にも女性にもなれる。六週間ほど経つと、子宮内のテストステロンの量が変化する。そしてテストステロンを浴びる量が多かった胎児は男性に、少なかった胎児は女性になる。マニングは、テストステロンが人差し指と薬指の長さにも大きな影響をもち、多く浴びると薬指が長くなると考えている。マニングの説が正しいとすれば、人の人差し指と薬指の比率は、子宮内で浴びたテストステロンの量と関係があり、男らしさ、女らしさと結びつく精神的・肉体的特徴をどのくらいそなえているかを測る指標になりえる。つまり、2D：4D比率が低い（薬指のほうが長い）人は、男性的特徴をより多くもっており、比率が高い（人差し指のほうが長い）人は女性的な面が強いということになる。

これはいかにも論議を呼びそうな考え方で、実際にかなり批判された。(8) だが、大規模な研究ですでにこの説の正しさは実証されている、という意見もある。この説を証明するために肉体的な強靭さや、運動能力を調べる研究もおこなわれた[9]。男性グループの指の長さを測ったあと、重量挙げやベンチプレスで肉体的強さを試すテストをおこなったのだ。その結果は、予測通りのものになった。2D：4D比率が低い男性は、比率が高い男性より重いバーベルを挙げることができた。その差が目立って大きい場合もあった。たとえば肩から上までの重量挙げでは、2D：4D比率が0・91の参加者は、比率が1・00以上の参加者より一一キロ重いバーベルを挙げることができた。べつの実験では、学生たちが短距離レースを走った。すると一〇〇メートル、八〇〇メートル、一五〇〇メートルのいずれの完走時間にも、2D：4D比率との関連が示された[10]。速い走者はみな比率が低かったのである。さらにマニングとそのチームは画期的な実験をおこない、イギリスで人気の高いサッカー選手の指の長さを計測した[11]。英国チャンピオンズリーグ百周年の最後を飾る式典に参加した研究者は、三百人を超える選手に頼んで手のフォトコピーをとらせてもらい、その指の長さをサッカー経験のない対照グループの男性五百人以上のものとくらべた。選手たちの2D：4D比率は対照グループの比率よりずっと低かった。そして選手同士のあいだにも大きな開きが見られ、傑出した〝リーグの伝説〟的存在（ケニー・ダルグリッシュ、トレヴァー・フランシス、ポール・ガスコインなど）や、世界的に活躍している選手はとくに比率が低かった。

指の長さに性格や音楽の能力も読み取れる

べつの研究によると、２Ｄ：４Ｄ比率の効果は性格的特徴にもおよぶようだ。多くの研究で、男性は思考による空間情報の処理が女性より得意だとされている（女性は地図を読むのが苦手という説を裏づけるものと言えそうだ）。このことを前提に、マニングは２Ｄ：４Ｄ比率が低い、言い換えると〝男性的な〟頭脳をそなえた男性は、空間情報処理が得意だという。[12]そして彼の説によると、性格にかんしても２Ｄ：４Ｄ比率が低い女性は自己主張が強く、リスクを冒したがるなど男性的な傾向が強い。[13]

マニング説では、この影響は音楽の能力にまでおよぶらしい。プロの音楽家は男性が女性の十倍を占めるという事実に注目したマニングは、音楽の能力は女性的な脳より男性的な脳と結びついており、優秀な演奏家は２Ｄ：４Ｄ比率が低いのではないかと考えた。この点をたしかめるために、彼はイギリスの有名なオーケストラの男性メンバー五十四人の人差し指と薬指の比率を調べた。オーケストラには、各楽器セクションに演奏能力の高い首席奏者がいる。マニングはこの首席奏者の２Ｄ：４Ｄ比率が、たしかに仲間たちより低いことを発見した。[14]

人の隠れた内面を知るには、昔ながらの手相占いは忘れて、人差し指と薬指の長さに注目したほうがあたる確率が高そうだ。

成功へのステップ

あなたの人差し指と薬指の長さの比率に、性格的肉体的特徴があらわれるという科学者もいる。この比率は自分で簡単にたしかめられる。右手のひらを自分のほうに向けて、人差し指のつけ根と手のひらとの境目に注目する。何本かしわが寄っているはずだ。その一番下のしわの中央に定規のゼロの位置を合せ、指先（爪の先ではない）までの長さをミリ単位で測る。同じことを薬指でもおこなう。人差し指の長さを薬指の長さで割り算すれば、2D：4D比率がえられる。

研究によると、2D：4D比率の男性の平均値はおよそ0・98。0・94前後は非常に男性的であり、1・00はやや女性的である。女性の場合は、比率の平均値はおよそ1・00で、0・98は男性的、1・02はかなり女性的である。

セレブたちの指

人差し指と薬指の比率でスポーツや音楽の能力がわかるという説をはじめて知ったとき、私は同じことがほかの分野で成功した有名人にも言えないものかと考えた。

だが、裕福な有名人に指の長さを測らせてもらうのは、容易なことではない。私はその考えを「おそらく実現不可能」と書いた箱にしまい込んだ。だが一年前、アメリカを縦断するテレビのドキュメント番組を見ていたとき、突然アイディアが湧いた。ロサンゼルスを紹介する部分で、ハリウッド大通りを歩く人たちに話を聞く場面がでてきた。その背景に見えたのが、世界的に有名なグローマンズ・チャイニーズシアター。そこでひらめいたのだ。

一九二〇年代から、大勢の世界的有名人が自分のサインおよび足形と手形を劇場前のコンクリートブロックに残した。その手形から指の長さを測り、ショービジネス界の大物たちの２Ｄ：４Ｄ比率を入手することは可能だろうか。私は素早く頭を回転させた。有名な男優はテストステロンの数値が目立って高く、２Ｄ：４Ｄ比率が非常に低いだろうか。喜劇俳優はどうだろう。彼らが成功した原因はハンサムな容貌ではなく、すぐれた言語能力と創造力にある——それも２Ｄ：４Ｄ比率に反映されているだろうか。

ここで問題が一つあった——私はロンドンにいて、手形があるのはロサンゼルスだ。調査のために、九千キロ近く離れた場所までいくわけにはいかない。そこで私は友人のジム・アンダーダウンに連絡をとった。ジムはシカゴ育ちのコメディアンで、現在は調査センターで働いている——いわゆる超常現象に対して疑いを抱き、科学的な調査を推進するアメリカの団体だ。彼はロサンゼルス支部の支部長を務め、UFOを見たという人や自分には超能力があると主張する人たちを調べるなどの、一風変わった仕事をしている。

私はジムにeメールを送り、協力してもらえないかと訊ねた。具体的な内容はデジタル式の計測器を手に入れ、2D：4D説についてなにも知らない仲間に頼んで、コンクリートに刻まれた手形から指の長さをできるだけ沢山測ってもらうこと。ジムはやってみようと言ってくれた。数週間後、彼からeメールがとどいた。彼は計測器を購入し、スペンサー・マークスという調査員仲間とともに数日間水たまりをよけ、警備員の目をかすめながら、世界的な男優三十七人と喜劇俳優九人のデータを手に入れたのだ。

リストには映画界のトップスターがずらりと顔をそろえていた。ポール・ニューマン、ブルース・ウィリス、ジョニー・デップ、ジョン・トラボルタ、ウォーレン・ベイティ、ジャック・ニコルソン。一般的な男性の2D：4D比率の平均は0・98だが、トップ男優の平均比率は0・96。彼らがきわめて男性ホルモン旺盛であることがわかる。喜劇俳優のほうにもジョージ・バーンズ、ピーター・セラーズ、ボブ・ホープ、ロビン・ウィリアムズなど錚々《そうそう》たる顔ぶれがまじっていた。彼らの右手の2D：4D比率の平均は1・01で、驚くほど高かった。

この研究はまだはじまったばかりだが、これまでの結果はかなり有望であり、興味をそそる。この説が本当だとすれば、指を見るだけで隠れた天才が発掘できるようになるかもしれない。

実験結果3
人の性格を59秒で見抜くには

ペットで飼い主の性格がわかる

数年前、私はペットと飼い主の性格との関係について大規模なオンライン調査をおこなった。二千人以上の飼い主に、自分自身と飼っているペットの性格にかかわる数項目（社交性、情緒安定性、ユーモアのセンス）について採点を依頼し、そのペットを飼っている年数も答えてもらったのだ。結果を見ると魚の飼い主は最も幸福感が強く、犬の飼い主は最も社交性があり、猫の飼い主は最も頼りになると同時に感じやすく、爬虫類の飼い主は最も独立心が旺盛だった。おもしろいことに、結果にはペットのユーモア感覚のちがいもはっきり示された。飼い主によると、犬の六二パーセントにすぐれたユーモアのセンスがあり、魚は五七パーセント、猫は四八パーセント、馬は四二パーセント、鳥は三八パーセント、爬虫類はゼロだった。

回答には、飼い主とペットの性格がかなり似ていることも示されていた。興味深いのは、この類似性が時間とともに高まっている点だ。おそらくペットと飼い主が、おたがいの性格に徐々になじむためだろう。動物を飼っている人は、自分のペットには独特の個性があると言いたがる――私が集めたデータにもそれが読み取れた。そして同時に、ペットには飼い主自身が映し出されることもわかった。というわけで、犬を飼っている人に出会い、相手の人となりを手っとり早く知りたいと思ったら、その犬の性格について訊ねてみるといい。

バンパーのステッカーで危ないドライバーを見分ける

コロラド州立大学の心理学者ウィリアム・スレムコとそのチームは、自分の車のバンパーや窓にステッカーを貼ってカスタマイズするドライバーについて調べた[15]。研究チームはこの行為は強い縄張り意識のあらわれで、ほかの車と道路を分けあわねばならなくなると、こうしたドライバーはキレやすくなるのではないかと考えた。それを調べるため数百人の参加者を集め、車のバンパーや窓に貼ってあるステッカーの数と、自分がどのくらい攻撃的な運転をするかについて答えてもらった。結果を見ると、ステッカーの数が多いドライバーほど前の車両にぴったりつけたり、追突したりするなど攻撃的な運転をすることがわかった。というわけで、あなたが運転する車の前を、バンパーや窓にステッカーがべたべた貼ってある車が走っていたら、少しばかり間隔を開けたほうがよさそうだ。

右脳派か左脳派か

脳の働きは大きく二つに分かれている。片方は一般に〝右脳モード〟と呼ばれているもので、直感的、視覚的、創造的な働きをする。もう片方は一般に〝左脳モード〟と呼ばれており、論理的、連続的、言語的な働きをする。言ってみれば私たちの頭の中で芸術家と会計士が議論しあうようなもので、左右のあいだで働きが飛び交うのだ。私たちはつねに左右両方のモードで行動するが、誰にも生まれつき左右のどちらかがより強い傾向がある。あなたが右脳派か左脳派かを知るには、手っとり早い方法がある。両手の指を組合せて、左右どちらの親指が上になるかを見る。右の親指が上になったら左脳派で、言語能力にすぐれ分析的である。[16]左の親指が上になったら右脳派で、視覚的、創造的、直感的な仕事に向いている。

朝型人間か夜型人間か

時間が自由に選べるとして、あなたにとって一番好ましい朝起きる時間と夜寝る時間は何時だろう。起きる時間は朝の七時、八時、九時、それとも十時？　寝る時間は夜の十時、真夜中、それとも午前一時？　この二つの質問への答えで、あなたが朝型人間（早寝早起き）か、夜型人間（宵っぱりの朝寝坊）かがわかる。最近の研究によると、この答えにあなたの性格もあらわれるという。[17] 三百五十人以上から集めたアンケートの結果を見ると、朝型の人は抽象的なことより具体的な情報を好み、直感より理屈でものを考える傾向がある。内向的で自制心があり、人からよく思われたがる。かたや夜型の人は人生に対して創造的であり、リスクを冒すのをいとわず、独立心旺盛で人の意見にしたがうのを嫌い、やや衝動的なところがある。

おわりに
ソフィーへの回答 59秒でできる10のことがらを教えてあげよう

この本の最初に、私はソフィーという友だちと数年前にランチをしたときのことを書いた。おしゃべりの途中でソフィーは幸せになるための本を買ったと話し、私が自己啓発の本にはかなり疑問があると答えた。そして私がしあわせにかんする学問的な話を長々とはじめたとき、ソフィーがさえぎり、科学的に裏づけがあってしかも一分以内にできる方法はないのと言った。彼女の言葉に好奇心を刺激されたことが、この本が生まれるきっかけだった。その後数えきれないほどの科学雑誌に目を通してみると、行動学者がさまざまな分野で実際にそんな方法を開発していることがわかった。

ソフィー、君があのとき訊ねた質問への答えを、最高におもしろい研究の中から十個選んでここに書いておく。いつかこの十個のことがらを、すべて一分以内で解説してあげよう。

感謝の気持ちを育てる

人生の中で自分が感謝することを三つ書き出す。あるいはこの一週間のあいだにとくにうまくいったことがらを三つ書き出す。するとひと月ほどのあいだ、幸福感が高まる。そしてそれまでより将来に対して楽観的になり、健康状態もよくなる。

財布に赤ちゃんの写真を入れる

財布に笑顔の赤ちゃんの写真を入れておくと、なくしたときもどってくる割合が三割増える。赤ちゃんの大きな目とまるくて小さな鼻が、人の奥底に眠る進化のメカニズムに訴えて親切心を目覚めさせ、持主に返そうという気持ちが高まるのだ。

キッチンに鏡を置く

自分が食べる物を選ぶとき、目の前に鏡があると三二パーセントの人が健康によくない食品を避けたという実験結果がある。鏡に映る自分の姿を見ると体型が気になりはじめ、体にいい食品を選ぶようになるのだ。

職場に鉢植えを置く

職場に植物を置くと、男性社員の発想力が一五パーセント高まり、女性社員は問題に対してそれまでより独創的な解決法を考え出せるようになる。植物があるとストレスが減り、気分がよくなって創造力が高まる。

二の腕に軽くふれる

人の二の腕に軽くふれると、頼みを聞いてもらいやすくなる。人は誰かにさわられると、無意識に相手を上位の存在として受け止めるからだ。デートの研究によると、二の腕に触れるとナイトクラブで相手がダンスの誘いに応じる率が二割増え、通りで知らない人に電話番号を教える率が一割上がった。

パートナーとの関係について本音を書き出す

パートナーと毎週数分ずつ、自分たちの関係をどう感じどう思っているか、おたがいに本音を書き出すと、関係が長続きする率が二割増える。このような「感情にあふれたメモ」には、たがいにプラスの言葉で話せる効果があり、より健全でしあわせな関係が続く。

うそを見抜くときは目を閉じ、相手の言葉に耳を傾ける

相手のうそを見破るヒントは、その言葉づかいに隠れている。人はうそを話すとき「うーん」や「えー」などの言葉が多くなり、自分を指す言葉（「私に」「私が」「私の」など）を使わなくなる。そして電話よりeメールを使うほうが、うそをつく率が二割減る。メールでは記録が残るため、あとで自分に跳ね返ってくる可能性が高いからだ。

子どもをほめるときは、才能ではなく努力をほめる

子どもの才能より努力をほめると（「よくやったわ、ずいぶん頑張ったのね」など）、実際の結果がどうであれ子どもの励みになり、失敗を恐れることがなくなる。

成功した自分ではなく、前進する自分をイメージする

夢が現実になったときの自分を思い描くかわりに、目標達成に向けて一歩一歩前進する自分を思い描くほうが、はるかに成功する率が高い。とくに効果的なのは第三者の立場で眺めること。客観的に自分を眺める人は、主観的に自分を眺める人にくらべて成功する率が二割高い。

自分が遺せるものについて考える

親友が自分の葬式で弔辞を述べる場面を、少しのあいだ想像してみる。自分は個人と

して、あるいは仕事人としてなにを遺せるだろう。それを考えると自分の長期的な目標が明確になり、現在その目標に向けてどこまで進んでいるかを自覚することができる。

献辞

大勢の人たちの支えなしに、この本は生まれなかった。まずは私にすばらしい助言をあたえ、舵取りをしてくれたエージェントのパトリック・ウォルシュ、編集者のリチャード・ミルナーとジョン・バトラー、そして広報の達人ダスティー・ミラーに感謝したい。すべての段階で鋭い指摘をしてくれたクライヴ・ジェフリーズとエマ・グリーニング、あらゆる場面でかなめとなる役割をはたしてくれたポーシャ・スミス、有名人の指の長さを測ってくれたジム・アンダーダウンとスペンサー・マークス、ロジャー・ハイフィールド、恋愛について鋭い意見を言ってくれたレイチェル・アームストロング、男女の魅力とスポーツの関係を発見する手伝いをしてくれたサム・マーフィーに感謝する。そして最後に、いつもながら特別の感謝をキャロライン・ワットに。彼女の働きぶりは、たんなる仕事を超えていた。どうもありがとう。

訳者あとがき

自分が美しくなりたい、出世したい、すてきな恋をしたい、しあわせになりたいと願うのは、よほどのへそ曲がりでないかぎりごく当然のことだろう。それに応えるように、よりよい自分に変わるための方法を説く自己啓発の本やセミナーは世界のどこでももてはやされている。だが、その方法のすべてを本当に信じていいのだろうか。なかには「神話」にすぎないものもあるのでは？　この本の著者で心理学者のリチャード・ワイズマンは、その点に着目した。

自己啓発の方法には、たしかに科学的根拠のないかなりあやしげなものもある。その一方、科学的な裏づけのある方法は理解して実行するのに時間がかかり、一般の人にはなじみにくい。科学的な裏づけがあって、しかも簡単にできる方法はないものか。それを模索するため、ワイズマンは心理学の幅広い分野から研究論文のほか「ネイチャー」や「サイエンス」などの科学雑誌の記事を何百種類も克明に調べた（本書の巻末の参考資料をご覧いただけば一目瞭然、その数はまさに圧倒的だ）。そのうえさらにテレビやインターネットなどで、みずからユニークな実験もおこなった。その結果生まれたのがこの本である。

本書ではこれまで自己啓発の世界で広く知られた方法が、つぎつぎやり玉にあげられている。成功した自分を思い描く方法、マイナス思考をしめだす方法、集団なら一人よりいいアイディアが生まれるとされる集団思考法、ストレス解消のために大声で叫んだりサンドバッグを打ったりする方法、恋人の気を引くためにわざと冷たくする方法、ほめ言葉を浴びせる子育て法などなど、おなじみのものばかりだ。

成功した自分の姿をイメージする方法は挫折に弱い人間を作りだし、マイナス思考をしめだそうとするとかえってマイナス思考に傾く。集団思考のように大勢で考えると実際には独創的なアイディアがでにくい、ほめて子どもを育てようとすると子どもは失敗を恐れるようになる。では、科学的根拠があり、簡単しかも効き目は抜群と三拍子揃った方法は？　意識して笑顔を作っているとしあわせになれる、面接で成功するには弱点は最初に長所は最後にだすほうがいい、人はときどきヘマをしたほうが愛される、自分の目標は人に話してしまったほうが達成できやすい、などなど目的にあわせた具体策がぎっしりつまっている。

リチャード・ワイズマンは、これまでにも人の運のよしあしはどこでちがってくるのか、運を好転させるにはどうすればいいのかを科学的に解き明かした「The Luck Factor（邦題：運のいい人、悪い人）」をはじめ、つぎつぎにベストセラーを送り出してきた。わかっているようでわからない身近なことがらを、人の心理の働きからわかりやすく解いていく達人である。エディンバラ大学で博士号を取得し、ハートフォードシャー大学に研究室をもつ心理学者だが、前身はプロのマジシャンという変わり種でもある。人の心理を誘導するすべを熟知しているだけあって、書き手としても読者を惹きつけるこつを十分心得ているようだ。随所にユーモアがちりばめられ、学問的な内容が魅力的に解説されているのがうれしい。

本書は、各章ごとになぜこれまでの方法に落とし穴があるのか、さまざまな研究結果にもとづいて説明したあと、実際に効力があって手早くできる方法をこれまた科学的な研究結果をもとに紹介するという構成になっている。そして読者が実際にすぐその場で試せるよう、具体的な実践計画や自己診断用のチェックリストやテストも添えられている。この本の原題は「五十九秒／ほんの少し考えて大きく変わろう（59 Seconds / Think a little, Change a lot）」。ワイズマンが紹介する方法は、かならずしもすべて59秒でできるわけではないが、どれも肩に力を入れずに日常的にできるものばかりだ。読者の方々も、思わず鉛筆を手にして、書き込みたくなることだろう。

日本版を作るにあたっては、文藝春秋出版部の西本幸恒氏が、魅力的な本にするためさまざまな工夫をしてくださった。感謝します。

二〇〇九年十二月

木村博江

参考文献

はじめに

1 L. Tabuk (2007). 'If Your Goal is Success, Don't Consult the Gurus'. *Fast Company*, 18 December.

2 J. Rodin and J. E. Langer (1997). 'Long-term Effects of a Control-Relevant Intervention with the Institutionalized Aged'. *Journal of Personality and Social Psychology*, 35 (12), pages 897-902.

実験Ⅰ 「自己啓発」はあなたを不幸にする！

1 S. Lyubomirsky, L. A. King and E. Diener (2005). 'The Benefits of Frequent Positive Affect: Does Happiness Lead to Success?' *Psychological Bulletin*, 131, pages 803-55.

2 D. G. Myers (2000). 'The Funds, Friends, and Faith of Happy People'. *American Psychologist*, 55, pages 56-67.

3 P. Brickman, D. Coates and R. Janoff-Bulman (1978). 'Lottery Winners and Accident Victims: Is Happiness Relative?' *Journal of Personality and Social Psychology*, 36, pages 917-27.

4 D. G. Myers (2007). The work relating to the relationship between GNP and happiness involved examining data from the World Bank and the 'happiness' and 'life satisfaction' scales of the 1990-1991 World Values Survey.

5 同前

6 S. Lyubomirsky, K. M. Sheldon and D. Schkade (2005). 'Pursuing Happiness: The Architecture of Sustainable Change'. *Review of General Psychology*, 9, pages 111-31.

7 D. M. Wegner (1989). *White Bears and Other Unwanted Thoughts: Suppression, Obsession, and the Psychology of Mental Control*. New York: Viking.

8 J. L. S. Borton and E. C. Casey (2006). 'Suppression of Negative Self-Referential Thoughts: A Field Study'. *Self and Identity*, 5, pages 230-46.

J. A. K. Erskine (2007). 'Resistance Can Be Futile: Investigating Behavioural Rebound'. Appetite, 50.

9 E. Zech (1999). 'Is it Really Helpful to Verbalize One's Emotions?'. *Gedraf en Gezondheid*, 27, pages 42-7.

10 E. Zech and B. Rimé (2005). 'Is Talking About an Emotional Experience Helpful? Effects on Emotional Recovery and Perceived Benefits'. *Clinical Psychology and Psychotherapy*, 12, pages 270-87.

11 S. Lyubomirsky and C. Tkach (2003). 'The Consequences of Dysphoric Rumination'. C. Papageorgiou and A. Wells (eds), *Rumination: Nature, Theory, and Treatment of Negative Thinking in Depression*, pages 21-41. Chichester, England: John Wiley & Sons.

12 S. J. Lepore and J. M. Smyth (eds). *The Writing Cure: How Expressive Writing Promotes Health and Emotional Well-Being*. Washington, DC: American Psychological Association.

13 S. Spera, E. Buhrfeind and J. W. Pennebaker (1994). 'Expressive Writing and Coping with Job Loss'. *Academy of Management Journal*, 3, pages 722-33.

14 R. A. Emmons and M. E. McCullough (2003). 'Counting Blessings Versus Burdens: An Experimental Investigation of Gratitude and Subjective Well-Being in Daily Life'. *Journal of Personality and Social Psychology*, 84, pages 377-89.

15 L. A. King (2001). 'The Health Benefits of Writing About Life Goals'. *Personality and Social Psychology Bulletin*, 27, pages 798-807.

16 C. M. Burton and L. A. King (2004). 'The Health Benefits of Writing About Intensely Positive Experiences'. *Journal of Research in Personality*, 38, pages 150-63.

17 K. Floyd, A. C. Mikkelson, C. Hesse and P. M. Pauley (2007). 'Affectionate Writing Reduces Total Cholesterol: Two Randomized, Controlled Trials'. *Human Communication Research*, 33, pages 119-42.

18 M. E. P. Seligman, T. Steen, N. Park and C. Peterson (2005). 'Positive Psychology Progress: Empirical Validation of Interventions'. *American Psychologist*, 60, pages 410-21.

19 L. Van Boven and T. Gilovich (2003). 'To Do or to Have: That Is the Question'. *Journal of Personality and Social Psychology*, 85, pages 1193-202.

20 M. L. Richins, and S. Dawson (1992). 'A Consumer Values Orientation for Materialism and Its Measurement: Scale Development and Validation'. *Journal of Consumer Research*, 19 (3), pages 303-16.

21 同前

22 E. W. Dunn, L. Aknin and M. I. Norton (2008). 'Spending Money on Others Promotes Happiness'. *Science*, 319, pages 1687-88.

23 W. T. Harbaugh, U. Mayr and D. Burghart (2007). 'Neural Responses to Taxation and Voluntary Giving Reveal Motives for Charitable Donations'. *Science*, 316 (5831), pages 1622-5.

24 S. Lyubomirsky, K. M. Sheldon and D. Schkade (2005). 'Pursuing Happiness: The Architecture of Sustainable Change'. *Review of General Psychology*, 9, pages 111-31.

25 L. N. Chaplin and D. R. John (2007). 'Growing up in a Material World: Age Differences in Materialism in Children and Adolescents'. *Journal of Consumer Research*, 34 (4), pages 480-94.

26 J. D. Laird (2007). *Feelings: The Perception of Self*. New York: Oxford University Press.

27 J. Förster (2004). 'How Body Feedback Influences Consumer's Evaluation of Products'. *Journal of Consumer Psychology*, 14, pages 415-25.

28 F. Strack, L. L. Martin and S. Stepper (1988). 'Inhibiting and Facilitating Conditions of the Human Smile: A Nonobstrusive Test of the Facial Feedback Hypothesis'. *Journal of Personality and Social Psychology*, 54, pages 768-77.

29 S. Schnall and J. D. Laird (2003). 'Keep Smiling: Enduring Effects of Facial Expressions and Postures on Emotional Experience'. *Cognition and Emotion*, 17, pages 787-97.

30 T. A. Roberts and Y. Arefi-Afsha (2007). 'Not All Who Stand Tall Are Proud: Gender Differences in the Propioceptive

Effects of Upright Posture'. *Cognition and Emotion*, 21, pages 714-27.

31 S. Gosling (2008). *Snoop: What Your Stuff Says About You*. London: Profile Books.

32 K. M. Sheldon and S. Lyubomirsky (2007). 'Is it Possible to Become Happier? (And if so, How?)'. *Social and Personality Psychology Compass*, 1, pages 129-45.

K. M. Sheldon and S. Lyubomirsky (2006). 'Achieving Sustainable Happiness: Change Your Actions, Not Your Circumstances'. *Journal of Happiness Studies*, 7, pages 55-86.

実験Ⅱ　「面接マニュアル」は役立たずだった！

1 M. R. Lepper, D. Greene and R. E. Nisbett (1973). 'Undermining Children's Intrinsic Interest With Extrinsic Reward: A Test of the "Overjustification" Hypothesis'. *Journal of Personality and Social Psychology*, 28, pages 129-37.

2 本実験は英ＢＢＣテレビの番組「*The People Watchers*」にて放映された

3 A. Kohn (1993). *Punished by Rewards: The Trouble With Gold Stars, Incentive Plans, A's, Praise and Other Bribes*. Boston: Houghton Mifflin Company.

4 C. A. Higgins and T. A. Judge (2004). 'The Effect of Applicant Influence Tactics on Recruiter Perceptions of Fit and Hiring Recommendations: A Field Study'. *Journal of Applied Psychology*, 89, pages 622-32.

5 E. Jones and E. Gordon (1972). 'Timing of Self-Disclosure and its Effects on Personal Attraction'. *Journal of Personality and Social Psychology*, 24, pages 358-65.

6 K. D. Williams, M. J. Bourgeois and R. T. Croyle (1993). 'The Effects of Stealing Thunder in Criminal and Civil Trials'. *Law and Human Behavior*, 17, pages 597-609.

7 T. Gilovich, V. H. Medvec and K. Savitsky (2000). 'The Spotlight Effect in Social Judgment: An Egocentric Bias in Estimates of the Salience of One's Own Actions and Appearance'. *Journal of Personality and Social Psychology*, 78, pages 211-22.

8 P. Raghubir: and A. Valenzuela (2006). 'Centre-of-Inattention:Position Biases in Decision-Making'. *Organisational Behavior and Human Decision Processes*, 99, pages 66-80.

9 A. Alter and D. M. Oppenheimer (2006). 'Predicting Short-Term Stock Fluctuations by Using Processing Fluency'. *Proceedings of the National Academy of Sciences, USA*, 103, pages 9369-72.

10 D. M. Oppenheimer (2005). 'Consequences of Erudite Vernacular Utilized Irrespective of Necessity: Problems With Using Long Words Needlessly'. *Journal of Applied Cognitive Psychology*, 20, pages 139-56.

11 T. Sanders (2005). *The Likeability Factor*, New York: Crown Publishers.

12 J. Jecker and D. Landy (1969). 'Liking a Person as Function of Doing Him a Favor'. *Human Relations*, 22, pages 371-8.

13 E. Aronson, B. Willerman and J. Floyd (1966). 'The Effect of a Pratfall on Increasing Interpersonal Attractiveness'. *Psychonomic Science*, 4, pages 227-8.

14 This study was conducted as part of the BBC series *The People Watchers*.

15 J. J. Skowronski, D. E. Carlston, L. Mae and M. T. Crawford (1998). 'Spontaneous Trait Transference: Communicators Take on the Qualities they Describe in Others'. *Journal of Personality and Social Psychology*, 74, pages 837-48.

16 D. A. Small, G. Loewenstein and P. Slovic (2007). 'Sympathy and Callousness: The Impact of Deliberative Thought on Donations to Identifiable and Statistical Victims'. *Organisational Behavior and Human Decision Processes*, 102, pages 143-53.

17 D. J. Howard (1990). 'The Influence of Verbal Responses to Common Greetings on Compliance Behavior: The Foot-in-the-Mouth Effect'. *Journal of Applied Social Psychology*, 20, pages 1185-96.

18 G. H. S. Razran (1940). 'Conditional Response Changes in Rating and Appraising Sociopolitical Slogans'.

Psychological Bulletin, 37, page 481.

19 G. V. Bodenhausen (1993). 'Emotions, Arousal, and Stereotypic Judgments: A Heuristic Model of Affect and Stereotyping', in D. M. Mackie and D. L. Hamilton (eds), *Affect, Cognition, and Stereotyping*, pages 13-37. San Diego, CA: Academic Press.

20 P. Y. Martin, J. Laing, R. Martin and M. Mitchell (2005). 'Caffeine, Cognition, and Persuasion: Evidence for Caffeine Increasing the Systematic Processing of Persuasive Messages'. *Journal of Applied Social Psychology*, 35, pages 160-182.

21 M. S. McGlone and J. Tofighbakhsh (2000). 'Birds of a Feather Flock Conjointly: Rhyme as Reason in Aphorisms'. *Psychological Science*, 11, pages 424-8.

22 R. Garner (2005). 'Post-It Note Persuasion:A Sticky Influence'. *Journal of Consumer Psychology*, 15, pages 230-7.

23 G. V. Caprara, M. Vecchione, C. Barbaranelli and R. C. Fraley(2007). 'When Likeness Goes With Liking: The Case of Political Preference'. *Political Psychology*, 28, pages 609-32.

24 K. O'Quin and J. Aronoff (1981). 'Humor As a Technique of Social Influence'. *Social Psychology Quarterly*, 44, pages 349-57.

25 www.kewgardenshistory.com/kitty_genovese-001.html.

26 B. Latané and S. Nida (1981). 'Ten Years of Research on Group Size and Helping'. *Psychological Bulletin*, 89 (2), pages 308-24.

27 B. Latané and J. M. Darley (1968). 'Group Inhibition of Bystander Intervention in Emergencies . *Journal of Personality and Social Psychology*, 10, pages 215-21.

28 B. Latané and J. M. Dabbs (1975). 'Sex, Group Size and Helping in Three Cities'. *Sociometry*, 38, pages 180-94.

29 R. Manning, M. Levine and A. Collins (2007). 'The Kitty Genovese Murder and the Social Psychology of Helping:

The Parable of the 38 Witnesses'. *American Psychologist*, 62 (6), pages 555-62.

30 N. J. Goldstein, S. J. Martin and R. B. Cialdini (2007). *Yes! 50 Secrets From the Science of Persuasion*, London: Profile Books.

31 R. B. Cialdini and D. A. Schroeder (1976). 'Increasing Compliance by Legitimizing Paltry Contributions: When Even a Penny Helps'. *Journal of Personality and Social Psychology*, 34, pages 599-604.

32 P. R. Kunz and M. Woolcott (1976). 'Season's Greetings: From My Status to Yours'. *Social Science Research*, 5, pages 269-78.

33 D. T. Regan (1971). 'Effects of a Favor and Liking on Compliance'. *Journal of Experimental Social Psychology*, 7, pages 627-39.

34 D. B. Strohmetz, B. Rind, R. Fisher and M. Lynn (2002). 'Sweetening the Till: The Use of Candy to Increase Restaurant Tipping'. *Journal of Applied Social Psychology*, 32, pages 300-9.

35 M. E. Schneider, B. Major, R. Luhtanen and J. Crocker (1996). 'When Help Hurts: Social Stigma and the Costs of Assumptive Help'. *Personality and Social Psychology Bulletin*, 22, pages 201-9.

36 R. Goei, A. J. Roberto, G. Meyer and K. E. Carlyle (2007). 'The Effects of Favor and Apology on Compliance'. *Communication Research*, 34, pages 575-95.

37 M. W. Morris, J. Podolny and S. Ariel (2001). 'Culture, Norms, and Obligations: Cross-National Differences in Patterns of Interpersonal Norms and Felt Obligations Toward Co-Workers' in W. Wosinska, R. B. Cialdini, D. W. Barrett and J. Reykowski(eds), *The Practice of Social Influence in Multiple Cultures*, Mahwah, New Jersey: Lawrence Erlbaum Associates, pages 97-123.

38 F. J. Flynn (2003). 'What Have You Done For Me Lately? Temporal Changes in Subjective Favor Evaluations'. *Organizational Behavior and Human Decision Processes*, 91 (1), pages 38-50.

39 H. A. Hornstein, E. Fisch and M. Holmes (1968). 'Influence of a Model's Feeling About His Behavior and His Relevance as a Comparison on Other Observers' Helping Behavior'. *Journal of Personality and Social Psychology*, 10, 3, pages 222-6.

40 M. L. Kringelbach, A. Lehtonen, S. Squire, A. G. Harvey, M. G. Craske et al. (2008). 'A Specific and Rapid Neural Signature for Parental Instinct'. PLoS ONE, 3(2): e1664 doi:10.1371/journal.pone.0001664.

実験Ⅲ　イメージトレーニングは逆効果

1 L. B. Pham and S. E. Taylor (1999). 'From Thought to Action : Effects of Process-Versus Outcome-Based Mental Simulations on Performance'. *Personality and Social Psychology Bulletin*, 25, pages 250-60.

2 G. Oettingen and T. A. Wadden (1991). 'Expectation, Fantasy, and Weight Loss: Is the Impact of Positive Thinking Always Positive?'. *Cognitive Therapy and Research*, 15, pages 167-75.

3 G. Oettingen and D. Mayer, D. (2002). 'The Motivating Function of Thinking About the Future: Expectations Versus Fantasies'. *Journal of Personality and Social Psychology*, 83, pages 1198-212.

4 M. Deutsch and H. B. Gerard (1955). 'A Study of Normative and Information Social Influences Upon Individual Judgement'. *Journal of Abnormal and Social Psychology*, 51, pages 629-36.

5 S. C. Hayes, I. Rosenfarb, E. Wolfert, E. Munt, Z. Korn and R. D. Zettle (1985). 'Self-Reinforcement Effects: An Artifact of Social Setting?'. *Journal of Applied Behavior Analysis*, 18 (3), pages 201-14.

6 S. Schnall, K. D. Harber, J. K. Stefanucci and D. R. Proffitt (2008). 'Social Support and the Perception of Geographical Slant'. *Journal of Experimental Social Psychology*, in press.

7 B. V. Zeigarnik (1927). 'Uber das Behalten von erledigten und unerledigten Handlungen'('The Retention of Completed and Uncompleted Activities'). *Psychologische Forschung*, 9, pages1-85.

8 B. A. Fritzsche, B. R. Young and K. C. Hickson (2003). 'Individual Differences in Academic Procrastination

Tendency and Writing Success'. *Personality and Individuality Differences*, 35 (7), pages 1549-57.

9 G. Oettingen, H. Pak and K. Schnetter (2001). 'Self-Regulation of Goal Setting: Turning Free Fantasies About the Future into Binding Goals'. *Journal of Personality and Social Psychology*, 80, pages 736-53.

10 G. Oettingen (2000). 'Expectancy Effects on Behavior Depend on Self-Regulatory Thought'. *Social Cognition*, 18, pages 101-29.

11 G. Oettingen and P. M. Gollwitzer (2002). 'Self-Regulation of Goal Pursuit: Turning Hope Thoughts into Behavior'. *Psychological Inquiry*, 13, pages 304-7.

12 B. Wansink, J. E. Painter and J. North (2005). 'Bottomless Bowls: Why Visual Cues of Portion Size May Influence Intake'. *Obesity Research*, 13 (1), pages 93-100.

13 R. B. Stuart (1967). 'Behavioral Control of Overeating'. *Behavior Research and Therapy,* 5, pages 357-65.

14 C. K. Martin, S. D. Anton, H. Walden, C. Arnett, F. L. Greenway and D. A. Williamson (2007). 'Slower Eating Rate Reduces the Food Intake of Men, but Not Women: Implications for Behavioural Weight Control'. *Behaviour Research and Therapy*, 45, pages 2349-59.

15 B. Wansink and K. van Ittersum (2005). 'Shape of Glass and Amount of Alcohol Poured: Comparative Study of the Effect of Practice and Concentration'. *British Medical Journal*, 331, pages1512-14.

16 J. E. Painter, B. Wansink and J. B. Hieggelke (2002). 'How Visibility and Convenience Influence Candy Consumption'. *Appetite*, 38 (3), pages 237-8.

B. Wansink, J. E. Painter and Y. K. Lee (2006). 'The Office Candy Dish: Proximity's Influence on Estimated and Actual Candy Consumption'. *International Journal of Obesity*, 30 (5), pages 871-5.

17 P. Chandon and B. Wansink (2002). 'When are Stockpiled Products Consumed Faster? A Convenience-Salience Framework of Post-purchase Consumption Incidence and Quantity'. *Journal of Marketing Research*, 39 (3), pages 321-

35.

18 B. Wansink and S. Park (2001). 'At the Movies: How External Cues and Perceived Taste Impact Consumption Volume'. *Food Quality and Preference*, 12 (1), pages 69-74.

19 F. Bellisle and A. M. Dalix (2001). 'Cognitive Restraint Can Be Offset by Distraction, Leading to Increased Meal Intake in Women'. *American Journal of Clinical Nutrition*, 74, pages 197-200.

20 B. Wansink, K. van Ittersum and J. E. Painter (2006). 'Ice Cream Illusions: Bowl Size, Spoon Size, and Self-Served Portion Sizes'. *American Journal of Preventive Medicine*, 31 (3), pages 240-3.

21 A. B. Geier, P. Rozin and G. Doros (2006). 'Unit Bias. A New Heuristic that Helps Explain the Effect of Portion Size on Food Intake'. *Psychological Science*, 17, pages 521-5.

22 J. F. Hollis, C. M. Gullion. V. J. Stevens et al. (2008). 'Weight Loss During the Intensive Intervention Phase of the Weight-Loss Maintenance Trial'. *American Journal of Preventative Medicine*, 35, pages 118-26.

23 C. Abraham and P. Sheeran (2004). 'Deciding to Exercise: The Role of Anticipated Regret'. *British Journal of Health Psychology*, 9, pages 269-78.

24 K. A. Martin Ginis, S. M. Burke and L. Gauvin (2007). 'Exercising With Others Exacerbates the Negative Effects of Mirrored Environments on Sedentary Women's Feeling States'. *Psychology and Health*, 22, pages 945-62.

25 S. M. Sentyrz and B. J. Bushman (1998). 'Mirror, Mirror on the Wall, Who's the Thinnest One of All? Effects of Self-Awareness on Consumption of Fatty, Reduced-Fat, and Fat-Free Products'. *Journal of Applied Psychology*, 83, pages 944-9.

26 R. Coelho do Vale, R. Pieters and M. Zeelenberg (2008). 'Flying Under the Radar: Perverse Package Size Effects on Consumption Self-Regulation'. *Journal of Consumer Research*, 35, 3, pages 380-90.

27 E. Jonas, J. Schimel and J. Greenberg (2002). 'The Scrooge Effect: Evidence that Mortality Salience Increases

Prosocial Attitudes and Behavior'. *Personality and Social Psychology Bulletin*, 28, pages 1342-53.
28 C. Peterson (2006). *A Primer in Positive Psychology*, Oxford:Oxford University Press.

実験Ⅳ　まちがいだらけの創造力向上ノウハウ

1 A. F. Osborn (1957). *Applied Imagination*, New York: Scribner.　邦訳『独創力を伸ばせ』(ダイヤモンド社)
2 B. Mullen, C. Johnson and E. Salas (1991). 'Productivity Loss in Brainstorming Groups: A Meta-Analytic Integration'. *Basic and Applied Social Psychology*, 12, pages 3-23.
3 M. Ringelmann (1913). 'Recherches sur les moteurs animés:Travail de l'homme'. *Annales de l'Institut National Argonomique*, 12, pages 1-40.
4 S. J. Karau and K. D. Williams (1993). 'Social Loafing: A Meta-Analytic Review and Theoretical Integration'. *Journal of Personality and Social Psychology*, 65, pages 681-706.
5 A. Dijksterhuis and T. Meurs (2006). 'Where Creativity Resides : The Generative Power of Unconscious Thought'. *Consciousness and Cognition*, 15, pages 135-46.
6 R. S. Ulrich (1984). 'View Through a Window May Influence Recovery From Surgery'. *Science*, 224, pages 420-1.
7 E. O. Moore (1982). 'A Prison Environment's Effect on Health Care Service Demands'. *Journal of Environmental Systems*, 11(1), pages 17-34.
8 F. E. Kuo and W. C. Sullivan (2001). 'Environment and Crime in the Inner City: Does Vegetation Reduce Crime?'. *Environment and Behavior*, 33, pages 343-65.
9 A. F. Taylor, A.Wiley, F. E. Kuo and W. C. Sullivan (1998). 'Growing Up in the Inner City: Green Spaces As Places to Grow'. *Environment and Behavior*, 30, pages 3-27.
10 A. J. Elliot, M. A. Maier, A. C. Moller, R. Friedman and J. Meinhardt (2007). 'Color and Psychological Functioning: The Effect of Red on Performance in Achievement Contexts'. *Journal of Experimental Psychology: General*, 136, pages

154-68.

11 P. Kahnjr, B. Friedman, B. Gill, J. Hagman, R. Severson, N. Freier, E. Feldman, S. Carrere and A. Stolyar (2008). 'A Plasma Display Window: The Shifting Baseline Problem in a Technologically Mediated Natural World'. *Journal of Environmental Psychology*, 28, pages 192-9.

12 C. J. Nemeth and M. Ormiston (2007). 'Creative Idea Generation: Harmony Versus Stimulation'. *European Journal of Social Psychology*, 37 (3), pages 524-35.

13 H. S. Choi and L. Thompson (2005). 'Old Wine in a New Bottle: Impact of Membership Change on Group Creativity'. *Organizational Behavior and Human Decision Processes*, 98, pages 121-32.

14 A. Dijksterhuis and A. van Knippenberg (1998). 'The Relation Between Perception and Behavior, or How to Win a Game of Trivial Pursuit'. *Journal of Personality and Social Psychology*,74 (4), pages 865-77.

15 K. D. Vohs, N. L. Mead and M. R. Goode (2006). 'The Psychological Consequences of Money'. *Science*, 314, pages 1154-6.

16 B. Carey (2007). 'Who's Minding the Mind?'. *New York Times*, 31 July.

17 R. W. Holland, M. Hendriks and H. Aarts (2006). 'Smells Like Clean Spirit: Nonconscious Effects of Scent on Cognition and Behavior'. *Psychological Science*, 16 (9), 689-93.

18 A. C. Kay, S. C. Wheeler, J. A. Bargh and L. Ross (2004). 'Material Priming: The Influence of Mundane Physical Objects on Situational Construal and Competitive Behavioral Choice'. *Organizational Behavior and Human Decision Processes*, 95, pages 83-96.

19 J. Förster, R. Friedman, E. M. Butterbach and K. Sassenberg(2005). 'Automatic Effects of Deviancy Cues on Creative Cognition'. *European Journal of Social Psychology*, 35, pages 345-59.

20 A. Dijksterhuis, R. Spears, T. Postmes, D. A. Stapel, W. Koomen, A. van Knippenberg and D. Scheepers (1998).

'Seeing One Thing and Doing Another: Contrast Effects in Automatic Behavior'. *Journal of Personality and Social Psychology*, 75, pages 862-71.

21 R. Friedman and J. Förster (2002). 'The Influence of Approach and Avoidance Motor Actions on Creative Cognition'. *Journal of Experimental Social Psychology*, 38, pages 41-55.

22 R. Friedman and A. J. Elliot (2008). 'The Effect of Arm Crossing on Persistence and Performance'. *European Journal of Social Psychology*, 38, pages 449-61.

23 D. M. Lipnicki and D. G. Byrne (2005). 'Thinking on Your Back: Solving Anagrams Faster When Supine Than When Standing'. *Cognitive Brain Research*, 24, pages 719-22.

実験V　婚活サイトに騙されるな

1 S. Worchel, J. Lee and A. Adewole (1975). 'Effects of Supply and Demand on Ratings of Object Value'. *Journal of Personality and Social Psychology*, 32, pages 906-14.

2 E. Hatfield, G. W. Walster, J. Piliavin and L. Schmidt (1973). 'Playing Hard to Get: Understanding an Elusive Phenomenon'. *Journal of Personality and Social Psychology*, 26, pages 113-21.

3 N. Guéguen (2007). 'Woman's Bust Size and Men's Courtship Solicitation'. *Body Image*, 4, pages 386-90.

4 N. Guéguen (2007). 'Bust Size and Hitchhiking: A Field Study'. *Perceptual and Motor Skills*, 105, pages 1294-8.

5 N. Guéguen (2007). 'The Effect of a Man's Touch on Woman's Compliance to a Request in a Courtship Context'. *Social Influence*, 2, pages 81-97.

6 同前.

7 B. Major and R. Heslin (1982). 'Perceptions of Cross-Sex and Same-Sex Nonreciprocal Touch: It Is Better to Give Than Receive'. *Journal of Nonverbal Behavior*, 6, pages 148-62.

D. L. Summerhayes and R. W. Suchner (1978). 'Power Implications of Touch in Male- Female Relationships'. *Sex*

Roles, 4, pages 103-10.

8 C. Hendrick and S. S. Hendrick(1986). 'A Theory and Method of Love'. *Journal of Personality and Social Psychology*, 30, pages 392-402.

9 R. B. van Baaren, R. Holland, B. Steenaert and A. van Knippenberg(2003). 'Mimicry for Money: Behavioral Consequences of Imitation'. *Journal of Experimental Social Psychology*, 39, pages 393-98.

10 Reported in A. Dijksterhuis, P. K. Smith, R. B. van Baaren and D. H. Wigboldus (2005). 'The Unconscious Consumer: Effects of Environment on Consumer Behavior'. *Journal of Consumer Psychology*, 15, pages 193-202.

11 P. W. Eastwick, E. J. Finkel, D. Mochon and D. Ariely (2007). 'Selective Versus Unselective Romantic Desire: Not All Reciprocity Is Created Equal'. *Psychological Science*, 18, pages 317-19.

12 S. Chu, R. Hardaker and J. E. Lycett (2007). 'Too Good to Be "True"? The Handicap of High Socio-Economic Status in Attractive Males'. *Personality and Individual Differences*, 42, pages 1291-1300.

13 S. Kelly and R. Dunbar (2001). 'Who Dares Wins: HeroismVersus Altruism in Female Mate Choice'. *Human Nature*, 12, pages 89-105.

14 D. G. Dutton and A. P. Aron (1974). 'Some Evidence for Heightened Sexual Attraction Under Conditions of High Anxiety'. *Journal of Personality and Social Psychology*, 30, pages 510-17.

15 C. M. Meston and P. F. Frohlich (2003). 'Love at First Fright:Partner Salience Moderates Roller-Coaster-Induced ExcitationTransfer'. *Archives of Sexual Behavior*, 32, pages 537-44.

16 B. Cohen, G. Waugh and K. Place (1989). 'At the Movies: An Unobtrusive Study of Arousal-Attraction'. *Journal of Social Psychology*, 129, pages 691-3.

17 A. Aron, E. Melinat, E. N. Aron, R. Vallone and R. Bator(1997). 'The Experimental Generation of Interpersonal Closeness: A Procedure and Some Preliminary Findings'. *Personality and Social Psychology Bulletin*, 23, pages 363-77.

18 B. C. Jones, L. M. DeBruine, A. C. Little, R. P. Burriss and D. R. Feinburg (2007). 'Social Transmission of Face Preferences Among Humans'. *Proceedings of the Royal Society of London B*, 274 (1611), pages 899-903.

19 V. Swami and M. J. Tovee (2005). 'Does Hunger Influence Judgments of Female Physical Attractiveness'. *British Journal of Psychology*, 97 (3), pages 353-63.

20 E. Aronson (1999). *The Social Animal* (8th edn.), New York : Worth Publishers.

E. Aronson and D. Linder (1965). 'Gain and Loss of Esteem as Determinants of Interpersonal Attractiveness'. *Journal of Experimental Social Psychology*, 1, pages 156-71.

21 J. K. Bosson, A. B. Johnson, K. Niederhoffer and W. B. Swann Jr (2006). 'Interpersonal Chemistry Through Negativity: Bonding by Sharing Negative Attitudes About Others'. *Personal Relationships*, 13, pages 135-50.

22 E. Krumhuber, A. S. R. Manstead and A. Kappas (2007). 'Temporal Aspects of Facial Displays in Person and Expression Perception. The Effects of Smile Dynamics, Head-Tilt and Gender'. *Journal of Nonverbal Behavior*, 31, pages 39-56.

23 G. C. Gonzaga, R. A. Turner, D. Keltner, B. C. Campos and M. Altemus (2006). 'Romantic Love and Sexual Desire in Close Bonds'. *Emotion*, 6, pages 163-79.

24 D. T. Kenrick, J. M. Sundie, L. D. Nicastle and G. O. Stone (2001). 'Can One Ever Be Too Wealthy or Too Chaste? Searching for Nonlinearities in Mate Judgment'. *Journal of Personality and Social Psychology*, 80, pages 462-71.

実験Ⅵ　ストレス解消法のウソ

1 B. J. Bushman (2002). 'Does Venting Anger Feed or Extinguish the Flame? Catharsis, Rumination, Distraction, Anger, and Aggressive Responding'. *Personality and Social Psychology Bulletin*, 28, pages 724-31.

2 H. Tennen and G. Affleck (2001). 'Benefit-Finding and Benefit-Reminding' in C. R. Snyder and S. J. Lopez (eds), *Handbook of Positive Psychology*, Oxford: Oxford University Press, pages 584-97.

3 M. E. McCullough, L. M. Root and A. D. Cohen (2006). 'Writing About the Benefits of an Interpersonal Transgression Facilitates Forgiveness'. *Journal of Consulting and Clinical Psychology*, 74, pages 887-97.

4 C. Peterson and M. E. P. Seligman (2003). 'Character Strengths Before and After September 11'. *Psychological Science*, 14, pages 381-4.

5 C. Peterson, N. Park, and M. E. P. Seligman (2006). 'Greater Strengths of Character and Recovery from Illness'. *Journal of Positive Psychology*, 1, pages 17-26.

6 N. Krause (2003). 'Praying for Others, Financial Strain, and Physical Health Status in Late Life'. *Journal for the Scientific Study of Religion*, 42, pages 377-91.

7 S. Chafin, M. Roy, W. Gerin and N. Christenfeld (2004). 'Music Can Facilitate Blood Pressure Recovery from Stress'. *British Journal of Health Psychology*, 9, pages 393-403.

8 M. C. Keller, B. L. Fredrickson, O. Ybarra, S. Cote, K. Johnson, J. Mikels, A. Conway and T. Wager (2005). 'A Warm Heart and a Clear Head. The Contingent Effects of Weather on Mood and Cognition'. *Psychological Science*, 16, pages 724-31.

9 H. M. Lefcourt (2005). 'Humor' in C. R. Snyder and S. J. Lopez(eds), *Handbook of Positive Psychology*, Oxford: Oxford University Press, pages 619-31.

10 E. Friedmann and S. A. Thomas (1995). 'Pet Ownership, Social Support, and One-Year Survival After Acute Myocardial Infarction in the Cardiac Arrhythmia Suppression Trial (CAST)'. *American Journal of Cardiology*, 76, pages 1213-17.

11 D. L. Wells (2007). 'Domestic Dogs and Human Health: An Overview'. *British Journal of Health Psychology*, 12, pages 145-56.

12 K. Allen, J. Blascovich and W. B. Mendes (2002). 'Cardiovascular Reactivity and the Presence of Pets, Friends, and

Spouses: The Truth About Cats and Dogs'. *Psychosomatic Medicine*, 64 (5), pages 727-39.

13 D. C. Turner, G. Rieger and I. Gygax (2003). 'Spouses and Cats and Their Effects on Human Mood'. *Anthrozoös*, 16, pages 213-28.

14 E. Friedmann and S. A. Thomas, 前掲10と同書

15 K. Allen, B. Shykoff and J. Izzo (2001). 'Pet Ownership, but not ACE Inhibitor Therapy, Blunts Home Blood Pressure Responses to Mental Stress'. *Hypertension*, 38, pages 815-20.

16 J. J. Lynch, S. A. Thomas, M. E. Mills et al.(1974). 'The Effects of Human Contact on Cardiac Arrhythmia in Coronary Care Patients'. *Journal of Nervous and Mental Disease*, 158, pages 88-98.

17 D. L. Wells (2004). 'The Facilitation of Social Interactions by Domestic Dogs'. Anthrozoös, 17 (4), pages 340-352.

18 S. J. Hunt, L. A. Hart and R. Gomulkiewicz (1992). 'Role of Small Animals in Social Interactions Between Strangers'. *Journal of Social Psychology*, 132, pages 245-56.

19 M. R. Banks, L. M. Willoughby and W. A. Banks (2008). 'Animal-Assisted Therapy and Loneliness in Nursing Homes: Use of Robotic Versus Living Dogs'. *Journal of the American Medical Directors Association*, 9, pages 173-7.

20 D. Wells (2005). 'The Effect of Videotapes of Animals on Cardiovascular Responses to Stress'. *Stress and Health*, 21, pages 209-13.

21 A. J. Crum and E. J. Langer (2007). 'Mind-Set Matters. Exercise and the Placebo Effect'. *Psychological Science*, 18, pages165-71.

22 同前

実験Ⅶ　離婚の危機に瀕しているあなたに

1 J. M. Gottman, J. A. Coan, S. Carrere and C. Swanson (1998). 'Predicting Marital Happiness and Stability from Newlywed Interactions'. *Journal of Marriage and the Family*, 60, pages 5-22.

2 K. Hahlweg, L. Schindler, D. Revensdorf and J. C. Brengelmann (1984). 'The Munich Marital Therapy Study' in K. Hahlweg and N. S. Jacobson (eds), *Marital Interaction:Analysis and Modification*, New York: The Guilford Press

N. S. Jacobson, K. B. Schmaling and A. Holtzworth-Monroe(1987). 'Component Analysis of Behavioral Marital Therapy : 2-Year Follow-up and Prediction of Relapse'. *Journal of Marital and Family Therapy*, 13, pages 187-195.

3 J. Kellerman, J. Lewis and J. D. Laird (1989). 'Looking and Loving: The Effects of Mutual Gaze on Feelings of Romantic Love'. *Journal of Research in Personality*, 23, pages 145-61.

4 A. Aron, C. C. Norman, E. N. Aron, C. McKenna and R. Heyman (2000). 'Couples' Shared Participation in Novel and Arousing Activities and Experienced Relationship Quality'. *Journal of Personality and Social Psychology*, 78, pages 273-83.

5 R. F. Baumeister, E. Bratslavsky, C. Finkenauer and K. D. Vohs(2001). 'Bad Is Stronger Than Good'. *Review of General Psychology*, 5, pages 323-70.

6 J. Gottman (1984). *Why Marriages Succeed or Fail*, New York : Simon and Schuster.

7 R. B. Slatcher and J. W. Pennebaker (2006). 'How Do I Love Thee? Let Me Count the Words. The Social Effects of Expressive Writing'. *Psychological Science*, 17, pages 660-4.

8 B. P. Buunk, F. L. Oldersma and C. K.W. de Dreu (2001). 'Enhancing Satisfaction Through Downward Comparison: The Role of Relational Discontent and Individual Differences in Social Comparison Orientation'. *Journal of Experimental Social Psychology*, 37, pages 452-67.

9 S. L. Murray and J. G. Holmes (1999). 'The (Mental) Ties that Bind: Cognitive Structures that Predict Relationship Resilience'. *Journal of Personality and Social Psychology*, 77, pages 1228-44.

10 S. D. Gosling, S. J. Ko. T. Mannarelli and M. E. Morris (2002). 'A Room with a Cue: Judgments of Personality Based on Offices and Bedrooms'. *Journal of Personality and Social Psychology*, 82, pages 379-98.

11 A. Lohmann, B. Ximena, X. B. Arriga and W. Goodfriend(2003). 'Close Relationships and Placemaking. Do Objects in a Couple's Home Reflect Couplehood?'. *Personal Relationships*, 10, pages 437-49.

12 J. K. Maner, D. A. Rouby and G. Gonzaga (2008). 'Automatic Inattention to Attractive Alternatives: The Evolved Pscychology of Relationship Maintenance'. *Evolution and Human Behavior*, 29, pages 343-349.

実験Ⅷ　決断力の罠

1 J. A. F. Stoner (1961). 'A Comparison of Individual and Group Decisions Involving Risk'. Unpublished master's thesis, Massachusetts Institute of Technology.

2 D. G. Myers and G. D. Bishop (1971). 'Enhancement of Dominant Attitudes in Group Discussion'. *Journal of Personality and Social Psychology*, 20, pages 386-91.

3 G. Whyte (1993). 'Escalating Commitment in Individual and Group Decision-Making: A Prospect Theory Approach'. *Organizational Behavior and Human Decision Processes*, 54, pages 430-55.

4 I. L. Janis (1982). *Groupthink*, 2nd edn, Boston: Houghton-Mifflin.　邦訳『リーダーが決断する時』(日本実業出版社)

5 S. J. Solnick and D. Hemenway (1998). 'Is More Always Better? A Survey on Positional Concerns'. *Journal of Economic Behavior and Organization*, 37, pages 373-83.

6 J. M. Burger (1986). 'Increasing Compliance by Improving the Deal: The That's Not All Technique'. *Journal of Personality and Social Psychology*, 51, pages 277-83.

7 M. Santos, C. Leve and A. Pratkanis (1994). 'Hey, Buddy, Can You Spare Seventeen Cents? Mindful Persuasion and the Pique Technique'. *Journal of Applied Social Psychology*, 29, pages 755-64.

8 B. P. Davis and E. S. Knowles (1999). 'A Disrupt-Then-Reframe Technique of Social Influence'. *Journal of Personality and Social Psychology*, 76 (2), pages 192-9.

9 J. Freedman and S. Fraser (1966). 'Compliance Without Pressure: The Foot-in-the-Door Technique'. *Journal of Personality and Social Psychology*, 4, pages 195-202.

10 A. L. Beaman, C. M. Cole, B. Klentz and N. M. Steblay (1983). 'Fifteen Years of the Foot-in-the-Door Research: A Meta-Analysis'. *Personality and Social Psychology Bulletin*, 9, pages181-96.

11 R. Cialdini, J. Vincent, S. Lewis, J. Catalan, D. Wheeler and B. Darby (1975). 'Reciprocal Concessions Procedure for Inducing Compliance: The Door-in-the-Face Technique'. *Journal of Personality and Social Psychology*, 31, pages 206-15.

12 A. Pascual and N. Gueguen (2006). 'Door-in-the-Face Technique and Behavioral Compliance: An Evaluation in a Field Setting'. *Psychological Reports*, 103, pages 974-8.

13 A. Dijksterhuis and Z. van Olden (2006). 'On the Benefits of Thinking Unconsciously: Unconscious Thought Increases Post-Choice Satisfaction'. *Journal of Experimental Social Psychology*, 42, pages 627-31.

14 T. Betsch, H. Plessner, C. Schwieren and R. Gutig (2001). 'I Like it but I Don't Know Why: A Value-Account Approach to Implicit Attitude Formation'. *Personality and Social Psychology Bulletin*, 27, pages 242-53 and A. Dijksterhuis, M. W. Bos, L. F. Nordgren and R. B. van Baaren(2006). 'On Making the Right Choice: The Deliberation-Without-Attention Effect'. *Science*, 311, pages 1005-7.

15 T. Gilovich and V. H. Medvec (1995). 'The Experience of Regret: What, When, and Why'. *Psychological Review*, 102, pages 379-95 and T. Gilovich and V. H. Medvec(1994). 'The Temporal Pattern to the Experience of Regret'. *Journal of Personality and Social Psychology*, 67, pages 357-65.

16 B. Schwartz, A. Ward, J. Monterosso, S. Lyubomirsky, K. White and D. R. Lehman(2002). 'Maximizing Versus Satisficing: Happiness is a Matter of Choice'. *Personality and Social Psychology*, 83 (5), pages 1178-97.

17 S. S. Iyengar, R. E. Wells and B. Schwartz (2006). 'Doing Better but Feeling Worse. Looking for the Best Job

Undermines Satisfaction'. *Psychological Science*, 17, pages 143-9.

18 C. Peterson (2006). *A Primer In Positive Psychology*, Oxford : Oxford University Press, page 191.

19 R. Highfield (25 March 1994). 'How Age Affects the Way We Lie'. *Daily Telegraph*, 26, A. Vrij (2000). Detecting Lies and Deceit, Chichester: John Wiley and Sons; survey conducted by the Royal and Sun Alliance Insurance Company (2007).

20 R. H. Gramzow, G. Willard and W. B. Mendes (2008). 'Big Tales and Cool Heads: Academic Exaggeration Is Related to Cardiac Vagal Reactivity'. *Emotion*, 8, pages 138-44.

21 L. A. Stromwall, P. A. Granhag and S. Landstrom (2007). 'Children's Prepared and Unprepared Lies: Can Adults See Through Their Strategies?'. *Applied Cognitive Psychology*, 21, pages 457-71.

22 B. M. DePaulo and W. L. Morris (2004). 'Discerning Lies from Truths: Behavioural Cues to Deception and the Indirect Pathway of Intuition' in P. A. Granhag and L. A. Stromwall (eds), *The Detection of Deception in Forensic Contexts*, Cambridge: Cambridge University Press, pages 15-40.

23 P. Ekman and M. O'Sullivan (1991). 'Who Can Catch a Liar?'. *American Psychologist*, 46 (9), pages 913-20.

24 A. Vrij (2004). 'Why Professionals Fail to Catch Liars and How They Can Improve'. *Legal and Criminological Psychology*, 9, pages 159-83.

25 J. T. Hancock, J. Thom-Santelli and T. Ritchie (2004). 'Deception and Design: The Impact of Communication Technologies on Lying Behavior'. *Proceedings, Conference on Computer Human Interaction*, 6, pages 130-6.

26 R. Buehler, D. Griffin and M. Ross (2002). 'Inside the Planning Fallacy: The Causes and Consequences of Optimistic Time Predictions' in T. Gilovich, D. Griffin and D. Kahneman (eds), *Heuristics and Biases: The Psychology of Intuitive Judgment*, Cambridge: Cambridge University Press, pages 250-70.

27 R. Buehler, D. Messervey and D. Griffin (2005). 'Collaborative Planning and Prediction: Does Group Discussion

Affect Optimistic Biases in Time Estimation'. *Organisational Behavior and Human Decision Processes*, 97, pages 47-63.

28 J. Kruger and M. Evans (2004). 'If You Don't Want to Be Late, Enumerate: Unpacking Reduces the Planning Fallacy'. *Journal of Experimental Social Psychology*, 40, pages 586-98.

実験IX 「ほめる教育」の落とし穴

1 F. H. Rauscher, G. L. Shaw and K. N. Ky (1993). 'Music and Spatial Task Performance'. *Nature*, 365, page 611.

2 F. H. Rauscher, G. L. Shaw and K. N. Ky (1995). 'Listening to Mozart Enhances Spatial-Temporal Reasoning: Towards a Neurophysiological Basis'. *Neuroscience Letters*, 185, pages 44-7.

3 A. Bangerter and C. Heath (2004). 'The Mozart Effect: Tracking the Evolution of a Scientific Legend'. *British Journal of Social Psychology*, 43, pages 605-23.

4 C. F. Chabris (1999). 'Prelude or Requiem for the "Mozart Effect"?' *Nature*, 400, page 827.

5 W. F. Thompson, E. G. Schellenberg and G. Husain (2001). 'Arousal, Mood, and the Mozart Effect'. *Psychological Science*, 12, pages 248-51.

6 K. M. Nantais and E. G. Schellenberg (1999). 'The Mozart Effect: An Artifact of Preference?'. *Psychological Science*, 10, pages 370-3.

7 E. G. Schellenberg (2004). 'Music Lessons Enhance IQ'. *Psychological Science*, 15, pages 511-14.

8 C. M. Mueller and C. S. Dweck (1998). 'Praise for Intelligence Can Undermine Children's Motivation and Performance'. *Journal of Personality and Social Psychology*, 75, pages 33-52.

9 C. S. Dweck (1999). 'Caution-Praise Can Be Dangerous'. *American Educator*, 23, pages 4-9.

10 A. Cimpian, H.-M. C. Arce, E. M. Markman and C. S. Dweck(2007). 'Subtle Linguistic Cues Affect Children's Motivation'. *Psychological Science*, 18, pages 314-16.

11 Y. Shoda, W. Mischel and P. K. Peake (1990). 'Predicting Adolescent Cognitive and Self-Regulatory Competencies

from Preschool Delay of Gratification'. *Developmental Psychology*, 26 (6), pages 978-86.

12 A. L. Duckworth and M. E. P. Seligman (2005). 'Self-Discipline Outdoes IQ in Predicting Academic Performance of Adolescents'. *Psychological Science*, 16, pages 939-44.

13 J. L. Freedman (1965). 'Long-Term Behavioral Effects of Cognitive Dissonance'. *Journal of Experimental Social Psychology*, 1, pages 145-55.

14 D. Filley (1999). 'Forbidden Fruit: When Prohibition Increases the Harm it is Supposed to Reduce'. *Independent Review*, 3, pages 441-51.

15 C. E. Cameron Ponitz, M. M. McClelland, C. M. Connor, A. M. Jewkes, C. L. Farris and F. J. Morrison(2008). 'Touch Your Toes! Developing a Direct Measure of Behavioral Regulation in Early Childhood'. *Early Childhood Research Quarterly*, 23, pages 141-58.

M. M. McClelland, C. E. Cameron, C. M. Connor, C. L.Farris, A. M. Jewkes and F. J. Morrison (2007). 'Links Between Behavioral Regulation and Preschoolers' Literacy, Vocabulary, and Math Skills'. *Developmental Psychology*, 43, pages 947-59.

16 S. Tominey and M. M. McClelland (April 2008). '"And When They Woke Up, They Were Monkeys!" Using Classroom Games to Promote Preschoolers' Self-Regulation and School Readiness'. Poster presented at the biennial Conference on Human Development, Indianapolis, IN.

実験X　心理テストの虚と実

1 B. L. Beyerstein (2007). 'Graphology-A Total Write-Off' in S. D. Sala (ed.), *Tall Tales About the Mind and Brain: Separating Fact From Fiction*, Oxford: Oxford University Press, pages 233-270.

2 G. Matthews,I. J. Deary and M. C. Whiteman (2003). *Personality Traits*, 2nd edn. Cambridge: Cambridge University Press.

3 L. R. Goldberg (1993). 'The Structure of Phenotypic Personality Traits'. *American Psychologist*, 48, pages 26-34

4 http://ipip.ori.org/

5 F. J. Sulloway (1996). *Born to Rebel: Birth Order, Family Dynamics, and Creative Lives*, New York: Pantheon.

T. Jefferson, J. H. Herbst and R. R. McCrae(1998). 'Associations between birth order and personality traits : Evidence from self-reports and observer ratings'. *Journal of Research in Personality*, 32, pages 498-509.

6 G. Casanova (1997). *History of My Life: Giacomo Casanova, Chevalier de Seingalt*, vol. 11, trans. Willard R Trask. Baltimore, Maryland: The John Hopkins University Press. 邦訳『カザノヴァ回想録』（河出文庫）

7 J. T. Manning (2008). *The Finger Book: Sex, Behaviour and Disease Revealed in the Fingers*, London: Faber and Faber. 邦訳『二本指の法則』（早川書房）

8 D. A. Putz, S. J. C. Gaulin, R. J. Sporter and D. H. McBurnley (2004). 'Sex Hormones and Finger Length:What Does 2D:4D Indicate?'. *Evolution and Human Behavior*, 25, pages 182-99.

9 J. T. Manning and D. Sturt (2004). '2nd to 4th Digit Ratio and Strength in Men'. Unpublished study, cited in Manning's, *The Finger Book*, op.cit.

10 J. T. Manning, P. Bundred and R. Taylor (2003). 'The Ratio of the 2nd to 4th Digit Length: A Prenatal Correlate of Ability at Sport'. *Kinanthropometry*, 8, pages 165-74.

11 J. T. Manning and R. P. Taylor (2001). '2nd to 4th Digit Ratio and Male Ability in Sport: Implications for Sexual Selection in Humans'. *Evolution and Human Behavior*, 22, pages 61-9.

12 同前

13 B. Fink, J. T. Manning and N. Neave (2004). 'Second to Fourth Digit Ratio and the "Big Five" Personality Factors'. *Personality and Individual Differences*, 37, pages 495-503.

E. J. Austin, J. T. Manning, K. McInroy and E. Mathews (2002). 'A Preliminary Investigation of the Association

Between Personality, Cognitive Ability and Digit Ratio'. *Personality and Individual Differences*, 33, pages 1115-24.

G. D. Wilson (1983). 'Finger-Length as an Index of Assertiveness in Women'. *Personality and Individual Differences*, 4, pages 111-12.

14 V. Sluming and J. Manning (2000). 'Second to Fourth Digit Ratio in Elite Musicians: Evidence for Musical Ability as an Honest Signal of Male Fitness'. *Evolution and Human Behaviour*, 21, pages 1-9.

15 W. J. Szlemko, J. A. Benfield, P. A. Bell, J. L. Deffenbacher and L. Troup (2008). 'Territorial Markings as a Predictor of Driver Aggression and Road Rage'. *Journal of Applied Social Psychology*, 38 (6), pages 1664-88.

16 Y. Ida (1987). 'The Manner of Hand Clasping and the Individual Differences in Hemispheric Asymmetries'. *Japanese Journal of Psychology*, 58, pages 318-21.

Y. Ida (1988). 'The Manner of Clasping the Hands and Individual Differences in Perceptual Asymmetries and Cognitive Modes'. *Psychologia*, 31, pages 128-35.

C. Mohr, G. Thut, T. Landis and P. Brugger (2003). 'Hands, Arms and Minds: Interactions between Posture and Thought'. *Journal of Clinical and Experimental Neuropsychology*, 25, pages 1000-1010.

17 J. F. Diaz-Morales (2007). 'Morning and Evening Types : Exploring Their Personality Styles'. *Personality and Individual Differences*, 43, pages 769-78.

単行本　二〇一〇年一月　文藝春秋刊
章扉デザイン　番洋樹

文春文庫

その科学《かがく》が成功《せいこう》を決《き》める

定価はカバーに表示してあります

2012年9月10日　第1刷

著　者　リチャード・ワイズマン
訳　者　木《き》村《むら》博《ひろ》江《え》
発行者　羽鳥好之
発行所　株式会社　文藝春秋

東京都千代田区紀尾井町 3-23　〒102-8008
TEL　03・3265・1211
文藝春秋ホームページ　http://www.bunshun.co.jp

落丁、乱丁本は、お手数ですが小社製作部宛お送り下さい。送料小社負担でお取替致します。

印刷・大日本印刷　製本・加藤製本

Printed in Japan
ISBN978-4-16-765184-8